给你一个公司你能赚钱吗

企业不烧钱还赚钱的100个铁律

刘如江◎著

CNS PUBLISHING & MEDIA 中南出版传媒
湖南文艺出版社
HUNAN LITERATURE AND ART PUBLISHING HOUSE
博集天卷
CS-BOOKY

前言

忙忙碌碌，不知不觉中，从事咨询职业已经五年多了，自己从一个新兵逐渐成长，并最终走上了创业之路。其间的艰难曲折虽没有当红影视作品中主人公那样富有传奇色彩，但也在千折百回、痛苦挣扎和不断反思中慢慢有了自己的体验。对待自己知道的大大小小创业者，经历了狂热崇拜、盲目鄙视，到客观认识、理性评价，再到换位思考、与之神交的过程。

在创业的滚滚洪流中，总会有明星不断涌现出来，总会不乏年轻才俊，他们耀眼的光环总是给我们带来希望和激情，他们传奇般的经历更是越传越神，被追随者津津乐道。一个难以回避的事实是，古往今来，无论任何行业和事业，成功者的比例都不会太高，他们背后都是数以万计的累累白骨。“一将功成万骨枯”，不光适用于战场，在商海同样是颠扑不破的真理。作为明星背后的陪衬者，他们遭受着各种各样的煎熬，之所以没能像前者一样万众瞩目，原因各不相同，有的是战略上有失误，有的则是方法不当，有的是手中资源与环境匹配程度低，有的则是时运不济，抑或小富则安，等等。然而，毋庸置疑，只要是有过创业经历的，就像进入实战状态中的士兵，几乎百分之百都曾奋力拼搏过，因为面临着巨大的生存压力。也正因如此，在战场上牺牲或伤残的士兵们，同样受到自己战友发自内心的尊重，虽败犹荣。基于相同的理由，我们应当敬重每一个正在创业的和曾经创业的人，而非以成败论英雄。

受所从事职业的影响，虽然本人并不专门从事项目研究，但是经常会接到朋友们各种各样的来电，以及登门拜访，咨询一些创业和项目选择方面的问题。几年下来，不经意间这样的案例已有数十起之多。为了应付更多这样的场面，我不得不对自己所关注领域众多企业的新项目运作情况进行长年观察，对咨询过自己的创业项目跟踪研究。在这些长期关注的鲜活案例当中，除了朋友们的中小初次创业项目外，还有不少成熟企业的新项目运作、跨国公司在华开拓业务的个案。正是这上百个动态跟踪中的企业或项目，给本人的创业研究带来了丰富的素材和养分，不断激发灵感。在案例解析与创业实践持续地结合中，自己的商海悟道日趋走向深入，本书所要呈现的就是本人领悟到的点滴心得。

对创业者而言，每一分钱、每一份资源都弥足珍贵。每当看到朋友们在创业中走了本不该走的弯路，花掉很多本该省下的冤枉钱的时候，我的心就犹如在滴血，万分伤痛。越是这样，我就越感到非常有必要将自己的心得记录下来，并使之系统化，与更多的人去分享。本书在更大程度上讲的是，如何在自己能够掌控的范围内，规避创业过程中的一些风险，促使成功概率更高。也许本书并不能告诉您创业如何成功，但是会让您明白怎样避免烧钱，使得资源配置更有效率。

尽管本书的主题是创业，但书中的创业与人们通常理解的创业有着很大不同。不光指的是一张白纸上的初次创业，还包括成熟企业新项目运作和大型企业在新区域拓展市场，是一个“大创业”概念。创业研究博大精深，本人勤奋有余、智慧不足，所能领悟的也只是沧海一粟，且未必正确，权当作抛砖引玉，以资先辈与大师们笑评。

刘如江

2010年8月11日于北京

目录/contents

了市场所能接受的程度，就是质量过剩，容易导致成本奇高和产品滞销，项目遭遇滑铁卢基本没有什么悬念。

铁律07 守住商业道德底线，别把自己逼进死胡同/020

产品质量底线在很大程度上也是商业道德底线，在产品基本质量尚缺乏稳定性、技术仍不过关的情况下，一意孤行，硬要将产品推上市场，或者压根儿经营的就是假冒伪劣产品，虽然从短期来看可能会获利丰厚，但很快就会将项目逼入死胡同，运营者自己也会损失惨重。

铁律08 导入期的风险只能自己承担，风投不可能雪中送炭/023

运作任何项目，导入期的风险基本上都需要自己承担，不要指望将这个阶段的风险转移到风投身上。越是专业的风投，越倾向于在你距离成功只有一步之遥，或者快要上市的时候介入。风投需要的是财富爆炸式增长，所做的事情更多的是锦上添花，而非雪中送炭。

铁律09 媒体类项目导入期门槛过高，中小创业者需慎入/026

互联网、DM和其他一些时髦的广告载体，与报纸、杂志、广播及电视相同，在本质上都是一种媒体。在我国现有传媒模式下，媒体要想最终真正获利，需要双重投入，第一重投入发生在获取影响力过程中，第二重投入发生在广告主开发过程中。

铁律10 机构、岗位和人员编制要随着企业规模不断调整/029

在公司初创期的组织机构设计中，最好不要以大企业为样板，搞一个“麻雀虽小，五脏俱全”，而应当根据自身实际情况设置，基本做到事事有人负责即可。在人力资源上的考虑也应该如此，中小企业根本没有实力和能力去支撑人浮于事的状态。

铁律11 维护自己的利益，尊重别人的利益/032

经商的一个重要原则，就是风险和收益均应该由利益相关方分担。将风险最大限度地放在自己或者别人身上，抑或收益尽量由自己或者别人分享，都是违背商业规律的行为，注定要受到惩罚，从长远来看几乎没有什么例外。

铁律12 创连锁品牌不要犯撒胡椒粉的错误/035

连锁经营的优势在于统一标准、统一采购、统一配送和统一推广，而这一切都是和网络密度联系在一起的。如果光注重数量以及行政区域上的布点，无异于撒胡椒粉，难以有效形成聚焦效应。对项目本身发展不太有利，优势反而有可能变成劣势。

铁律39 要充分考虑执行和监管的可行性及成本/118

在制定某项制度的时候，不仅要考虑逻辑和道德合理性，还必须考虑执行和监管的可行性及成本。如果没有考虑后一个因素，即使制度看上去非常美好，也只是纸上谈兵，在实践环节中最终只能不了了之。制度执行成本与执行的主体、方式、发展阶段都有很大关系。

铁律40 保持对各种商业模式的研究和关注/121

作为创业者，无论多忙，每周都应确保有一定的时间读书和研究新的商业模式。这样做主要是为了自己的思维能够跟得上趋势，不至于落伍，同时能够发现自己项目的一些不足，积极主动地将其补正，规避掉很多潜在的风险。

铁律41 站在客户的立场上设计需求，而不是追着客户问需求/124

通常情况下，服务和产品的提供者总比客户要专业得多。我们以客户为中心，就是要站在有益于对方的立场上，提出各种建议方案供其选择，而不是天天追着客户问需求。这样一来，既能提高沟通效率，又可以保证服务质量。

铁律42 流通领域的创业者也要重视自身品牌建设/127

任何项目，品牌和字号都是非常重要的。即使规模做得再大，如果没有将自己的牌子闯出去，就可能随时猝死。在这个问题上，大多数流通领域的创业者做得都不是太到位。他们热衷于帮助厂家塑造品牌，而忽视了自身品牌建设，终遭嫁衣之虞。

铁律43 利率不是“利润÷成本×%”算出来的/130

一些看上去利润很高的产品，不一定能赚到钱。经商是比较复杂的行为，除了利润空间外，还要考虑销售期限、畅销程度、损耗比例、灰色成本、资金流转和客户流量等其他重要因素。只有这样，才能对项目作一个比较客观和全面的评估。

铁律44 中小企业谨慎从跨国公司空降经理人/133

尚处于成长期的中小企业，要慎重引入有名企背景的职业经理人。即使确需引进，也要给他们一个过渡性的适应期，不能直接放在重要岗位上。否则无论是对企业，还是对引进的人才，都将是巨大的伤害。

铁律45 学会时间管理，否则再过十年还是原地打转/136

在创业初期，很多事情确实需要当老板的亲历亲为，同时，应该刻意培养自己的团队

们当然可以采取这种方式。如果靠现有资源，无论怎么运作都难为自己争得短期的利益，难以有效挑战竞争对手，就应该将有限的资源集中到长远的准备上。

作为草根创业者，不要相信天上掉馅饼的好事，没有艰辛的努力，就不可能获得真正的成功。天天幻想一夜暴富，不劳而获，或者轻而易举地获得一些财富，本身就是违背人类价值准则的。即使真的遇到这种情况，其引发的负面效应也不容忽视。

模型的真正价值，在于将复杂的问题简单化、框架化，使得宝贵的经验便于传播和复制，因此其不可避免地存在着各种漏洞和缺陷。作为创业者，应该以一个理性的态度对待模型，既不迷信也不苛求，还要善于将自己的经验模型化。

亲朋好友前来捧场，一定要按照正常价格，或者稍微优惠的价格收取费用。这不但符合商业理性，同时也有利于他们捧场行为的持续进行。在这种情况下，最为忌讳的就是过度优惠，或者是杀熟行为的出现。

创业者从一开始，就要树立比较严格的数据观念，应当将自己的各项收入、支出、业绩等各种数据建立相应的档案。这些数据的积累，可以为以后相关分析和决策提供依据，从而使项目发展建立在更为科学与理性的基础之上。

创业过程中，日程安排确实需要具有一定的弹性，不能安排过紧，但在此基础上也要基本按照日程推进自己的工作，不要太多因为看似合理的借口，而致使进度无限期推移。如不能有效做到这点，即使理由再合理，也只能说明你不太适合创业。

随着工业化的大力推进，很多为老百姓所喜闻乐见的传统工艺以及产品，越来越难觅踪迹，但并不意味着没有市场。作为草根创业者，倘若我们通过某种方式来复活这些东西，就比较容易为自己掘到第一桶金，甚至是开创一番大的事业。

主的判断，只是希望通过别人来论证自己想法的合理性。这是非常有害的一个倾向，如此一来，非但不能发挥出应有的效果，还可能使自己走火入魔。

铁律91 娱乐属于创意性产业，它没有什么老本可吃/275

猎新猎奇、寻求刺激，是人本性一种永恒的表露。但就其具体需求而言，又具有相当大的不稳定性和易变性。娱乐领域的这种特征，在很大程度上决定了大多数项目生命周期较短，难以长久，经营者需要不断推出新项目以保证持续发展。

铁律92 创业者破除对别人迷信的过程，也是树立自信的过程/278

创业者成长的过程，就是不断破除对成功人士迷信的过程。很多导致他们成功的因素，并不具有普遍性。创业最为重要的，就是不断针对自己的现实情况寻求解决方案，而不是以别人为蓝本，去刻意模仿其中的一些细节。

铁律93 那些曾在《赢在中国》节目赚足掌声的优胜者，为何大多数人的创业实践都不太理想？/281

无论理论如何娴熟，所掌握的理论怎样精巧和切合实际，都不意味着你创业当中的表现就一定比别人强。成功的创业实践，除了思路对路之外，还跟资源与环境的匹配程度，相关问题的解决难度，以及团队执行力等要素有很大关系。

铁律94 在与合伙人相处的过程中，一定要杜绝老大情结/284

在创业过程中，要杜绝合伙人过分争夺话语权的现象。大家争论的焦点应该是事情本身的对错，而非谁说了算的权利。求同存异，相互尊重，是至关重要的。否则只能使双方越来越对立，缺乏起码的信任，导致项目分崩离析。

铁律95 人生的什么阶段属于创业的黄金期？/287

打工和创业是完全不同的两种思维和人生体验，打工虽然可以为创业积累各种经验和资源，但持续提高的空间有限。如果立志创业，黄金期是在进入社会五到八年的时间。在这个时期内，倘若苦心经营，该积累的基本都已经积累到位。

铁律96 创业中的企业“做事”，成熟的企业“用人”/290

处于创业阶段的中小企业，对老板以及股东的要求，和大型企业有着很大的不同。中小企业的要求主要集中在“做事”之上，即具体的专业素养，而大型企业则主要体现在“用人”上面，即如何利用合适的人去做合适的事，达到效益最优。

铁律01 赢利前的投入远大于最初预想

任何项目都有导入期，在开始真正实现赢利之前，所需投入往往远大于最初预想。创业者必须有足够资金确保能够顺利度过这一阶段，如果不能有效做到这一点，前期无论投入多少，都将有去无回，石沉大海。

事实上，这是一个非常浅显的道理，但更易被创业者忽略，甚至不少令人艳羡的老板都难逃覆辙。有很多朋友一年下来的收入也就2万～3万元，按夫妻二人同时上班进行计算，年家庭收入在5万～6万之间，虽然居于二三线城市或者是县城，消费水平相对要低得多，但总是感觉手头紧张，一月之中人情往来稍微多些，经济上便捉襟见肘。同时，不时看到左右邻居、亲朋故旧当中谁谁谁又买了房、添了车、换了家电，到海南旅游了一趟，心里不免上下翻腾，隐隐作痛。虽有攀比之想，无奈囊中羞涩，自然少不了眼睛红红，胸中发堵，反省几日。更有人到中年之辈，上有老下有小，父母看病，小孩上学，月月房贷，物业水电，压得喘不过气来。看看周遭人中，原来脑子没有自己好，学习比自己差，家庭背景相当一般，倒也有几个比自己发展得好，现在顺风顺水，手头阔绰，出入宝马香车的。于是最终狠一狠心，选择了一个项目，开始了创业历程。

然而现实往往是残酷的，很多项目看上去不打眼，但当你真的去运作时，发现前期需要投入的成本并不低。就拿开家服装店来说，小的县城一年房租1万～3万，二三线城市一年4万～8万，一线城市稍好一点的地段得10万以上；简单装修2万～3万，水电暖气物业费5000～8000元，如果雇人经营还得加上近2万的费用。即使成本再低，当年需要的投入也不会低于3万元。这还没有考虑所需要的流动资金，以及可能面临的房租暴涨等因素在内。

对很多有钱人来说，3万～5万根本就算不了什么，但对并没有多少积蓄的工薪阶层而言，这基本相当于他们个人或者家庭一年的收入。这就意味着，绝大多数人在进行创业之前都面临资金短缺，不得不向亲朋好友四处拆借。他们的预算是建立在非常脆弱的平衡上的，需要当年基本实现收支平衡，第二年能够回本。换言之，大多数人的创业，在财务上只能允许当年就获得成功，支撑不了更长的导入周期。

令人遗憾的是，几乎所有的初次创业者都对自己的项目充满信心，盲目乐观，认为当年就能打开局面，至多一年半的时间，因而在资金上没有更多的准备。按照项目运作规律，即使前期构想得再好，项目再切合实际，考虑得再周密细致，项目和市场之间的磨合也不可避免，导入期一般需要两年左右的时间，甚至更长。更长的导入期，在很大程度上意味着需要追加更多的资金，否则，原有的投入就成了沉没成本。此时此刻，这些人才真正体会到什么叫“钱到用时方恨少，事非经过不知难”。

当然，从项目运营角度来看，钱多有钱多的运作模式，钱少有钱少的操作方法。如果可动用的资金本来就非常有限，却非要玩一个大手笔，无疑是自讨苦吃。有个朋友在中关村卖显示器，几年下来，备感竞争激烈，疲惫不堪，就想转行改做无污染无公害的绿色小杂粮，认为该领域前途甚广。他准备投入50万资金，在位于自己居住的北京海淀某高档小区租一商铺运作此事，走节日礼品市场。商铺房租一年下来就达14万，这位朋友还想进入连锁超市网络，以实现销量上的快速增长。本人听后笑了笑说，如果换成我，绝对不会这样操作，每个超市都要进场费、上架费和促销费，而且都有账期，需要自己垫付大量资金。50多万看上去数目还可以，倘若按照你的思路去做，什么还都没有做，钱就已经枯竭，没等产生任何效果就弹尽粮绝了。

C君，经销韩国某世界500强企业产品十多年，年营业额达7000多万，在北方同行内很有名气。2008年年底，厂家以经销协议到期为由，终止了其代理资格，该君不得不选择新的项目。经过一番详细考察、调研和论证，最后决定选择某新型汽车保养类产品，自己认为前景广阔，大有可为。我听朋友讲起此事，就摇摇头说，尽管选择的方向很好，但C君的项目很难做起来。他只有几百万资金，这样的项目导入期的投入至少需要3000万，两年内恐怕都不会有什么效果，最终的结局很可能是项目未见成效弹药就已打完。最终这个项目运作了不到一年，就由于资金上的原因草草收场。投入泥牛入海不说，历经十年苦心打造出来的非常专业的一个团队也被迫解散。

现实中，创业失败者常常被指责为是做事浮躁，未能坚持下去，半途而废。这些批评自有其合理之处，但更多时候未必是他们自己不想坚持，而是实在没有办法坚持，不得不选择放弃，大有“出师未捷身先死，长使英雄泪满襟”的感慨和无奈。对项目而言，资金犹如人体中的血液，要么能够自己实现造血，以战养战；要么需要外界不断输血以维持生命。如果血液消耗过大，自身造血能力没有恢复，同时外界输血无法继续，单靠坚定的毅力，想活下去很难。资金犹如行军打仗中的粮草，在获得大批战利品之前，皆须自己解决。即使指挥官自己可以忍冻挨饿，下面的士兵也不太可能长期跟你遭罪。即使士兵可以，马匹也不可以。

在选择项目及其运作方式之时，朝最好的方向努力固然重要，但在资金和时间上必须留出一定余地，作好打游击和持久战的心理准备。创业和打仗另一个重要的共同之处是“剩者为王”，而非“胜者为王”。无论多么艰难曲折，只要坚持到最后，你就是实至名归的成功者，前提是手中的资金能保证你等到“解放”的那一天。

铁律02 商业模式必须建立在对自己资源整合的基础上

成功的商业模式，往往建立在对自己原有资源整合的基础上。资源基础不同，商业模式理应不同，不顾自身条件，盲目跟风，复制别人的成功模式，即使作了适当的改良，自己也难以获得成功，最起码在方法论上就已经失败了一半。

特别需要指出的是，本人并不反对创业者复制别人的成功模式，但有一个极为重要的前提，就是你各方面的资源条件支撑你这么做，否则会越陷越深，劳而无功。对项目而言，原有的资源储备相当于一个人的潜质，在很大程度上决定了你最有可能会在哪些领域获得成功。司空见惯的例子是，某个小孩语言能力很强，擅长写作，很有文艺天赋，而数理学得一塌糊涂。但家长总认为理科要比文科好，正好亲戚家孩子某名校软件专业毕业，在跨国公司谋得一份差事，月薪上万，于是竭尽全力洗脑施压，力图孩子能够跟上自己的战略思路。孩子在家长的教导诱压和榜样力量的鼓舞下，拼命恶补数理，但效果不是太明显，最终被一所三流高校的计算机软件开发专业录取，在万分痛苦中勉强完成学业，仅仅拿到一个学位而已，根本不具备软件开发的能力。但是，后悔晚矣，人生有很多事情是没有办法重新来过的。

人人都有自己擅长之处，也都有资源相对集中的方向。如果将这些优势不断加强、整合与补充，并按照项目运营的标准，持续完善改进，三年下来，一个较为独特且非常适合自己的商业模式就会呱呱坠地。这样诞生的商业模式，血缘和基因与自身基础非常亲近，又孕育了多年，运作起来问题自然要少得多。我们不妨观察那些风光无限的大企业和他们的创建者，观察自己周围大大小小的老板，很容易发现，绝大多数人现在建立的事业与其创业前资源储备的集中领域有着很高的重合性。通用电器的爱迪生，微软的比尔·盖茨，蒙牛乳业的牛根生，百度的李彦宏，日照钢铁的杜双华，新东方的俞敏洪，网易的丁磊，安邦咨询的陈功，都是这样的典范。

2005年前后，神州大地掀起了一股行业网站投资热潮，大大小小的投资人对“我的钢铁”、“中国联合钢铁网”、“中国氯碱网”的成功羡慕不已，于是纷纷克隆他们的模式，以求在信息网络化时代为自己争得一份蛋糕。而大家看到的恰恰只是模式成功的表象，忽略了支撑模式背后所需要的配套资源。“我的钢铁”老板朱军红早年毕业于华东冶金学院（现安徽工业大学），曾在中国钢铁炉料总公司任职七年，其后还从事过证券研究、企业并购咨询等工作，自己对钢铁行业非常熟悉，同时拥有非常广泛的优质人脉资源。与其一同创建网站平台的核心团队，部分人直接来源于一些大型钢铁企业的中层管理岗位。“中国联合钢铁网”创建者杨小宁曾任冶金工业经济发展研究中心主任，平台创立时，以中国钢铁工业协会名义牵头，并由国内16家大型钢铁生产和流通企业共同出资建设，其良好的资源背景由此可见一斑。而“中国氯碱网”则是由中国氯碱工业协会发起，联合上海氯碱等5家知名氯碱企业共同出资成立的。现任CEO的组建者张培超早年毕业于中国人民大学产业经济学专业，并曾执掌北京化二市场部。

我认识的一个老板天真地认为，只要在网上找一些公开信息，分类整理，就能搭建一个赢利性行业网站，其后的发展还可以通过向厂家建立信息源来解决。他原来只是在咨询公司做信息工作的，在任何一个实体行业都缺乏必要的人脉，只是经过简单论证之后，招了20多个人来运作此事。这20多个人中，做信息处理和推广工作的分别有10人，分散到5个行业频道中去，另外还有1个网管，人员平均月薪1500元，每月工资成本3万多元，电话营销成本3000元上下，平台制作费用2万多。他投入了50多万，想在当年就打开局面，但到了一年，毫无起色，人员经验严重不足。通过公开渠道搜集来的信息过于垃圾，厂家信息源本来就没有开发成功几个，由于不能给人家提供对等的帮助，越来越不受待见。尽管这样，还幻想虎口夺食，最终结果可想而知。

在我国电子商务领域，有两大公认的巨头——阿里巴巴和慧聪。阿里巴巴成立于 1999 年，创建之初就直接切入电子商务领域，面向大批中小企业，为个体业主和众多创业者提供服务，针对的是集中度相当低的服装、小商品和五金等行业，同时，阿里巴巴所在的江浙地区是传统的小商品生产和流通集中地。数以万计的小业主需要通过新的渠道寻找更多商机，客观上也需第三方支付平台，来解决不能当面交易而产生的信用问题。阿里巴巴正是因为服务模式与目标群体特征之间的高度契合性，在十多年的时间里得以飞速成长，并逐渐走向世界。马云本人也实至名归。

慧聪成立于 1992 年，靠纸质行业细分商情类广告起家，并在 2000 年正式进入互联网领域，以“剪报”资讯信息模式得到迅速发展，2003 年年底在香港创业板实现上市。2004 年，慧聪启动了更为激进的扩张计划，开通了 40 余个行业频道和 76 个行业搜索引擎，高调进入 B2B 电子商务领域。在电子商务上，慧聪虽然认真解剖了阿里巴巴及国外的几个网站，在模式上也作了一些改良，但由于其所针对的客户群体主要来自钢铁、机电、化工、汽车等领域，这些产业行业集中度高，且都拥有一批超大规模企业，无论是上游的供应商，还是下游的贸易商，业务都是围绕特定的大企业展开的。该领域现款现货交易比例低，厂家向上压着供应商货款，向下要求贸易商提前打款，大多存在一定账期。同时，企业有实力建立自己的电子商务平台，将与之配套的供应商和贸易商都整合过来。因此，独立的第三方电子商务在这类客户群中发展缓慢，困难重重。作为我国电子商务主要客户群的中小企业主和个体创业者，一方面已经习惯了阿里巴巴的平台；另一方面由于慧聪平台刚建，体验性和效果都不太理想，因此不太乐意接受慧聪。在这种情况下，作为慧聪新项目的 B2B 业务注定会流年不顺，需要经历更多的波折。好在慧聪家大业大，驼峰里面准备了足够的养料，再加上大家长郭凡生撞了南墙也不回头的个性，才得以坚持下去，于 2009 年度过了低潮期。

克隆别人的商业模式，成功的比例很低。第一种情况是自己的基础资源状况，与别人非常接近；第二种情况则是财大气粗，经得起折腾；第三种情况就是自己的资源比榜样更占优势。除了这三种情况，其他都是极端的冒险行为。值得注意的是，中小创业者复制别人的成功模式，成功的概率更低。如果哪位朋友真的想创业，就需要狠下苦功，在某个方向上拼命积累资源，并将优势加强。

铁律03　引入合伙人可以分担压力、减少失误

创业者面临很大的一个问题，就是经验不足、思维盲区较多，因此引入合伙人非常必要。他既可以帮你分担投入和精神上的压力，又可以在很大程度上帮你减少决策上的失误，具有普通员工难以替代的作用。而独自创业，自然要承担更多的风险。

与近百年来欧美重视股权相对分散的公司治理结构不同，国人受文化传统的影响，更倾向于股权集中。首先最好自己独立经营，其次要绝对控股，再次也要相对控股，否则就会产生被剥夺感，很是不爽。至于超过五个股东的创业项目，大多数人更是难以接受，似乎这样一来容易为别人抬轿。股东的多少，与项目本身的大小以及难易程度，呈高度正相关性。这点古今中外都比较一致。

敢走出去创业的，大多还有些激情和冲劲，高度自信。当然，其中也不乏不愿接受命运摆布，逼上梁山，背水一战之辈。他们作出决断，往往靠的是自己的智慧和直觉，在一些拿不准的事情上，把员工集中起来开开会，或者向熟人云山雾罩地请教一番。轮回下来，似乎已经竭尽所能，思维拓展方面该做的都做了，大不了最后仰天长叹，用一句“谋事在人，成事在天”来安慰自己。

创业初期能够招来的员工，经验与能力肯定不太理想，思维局限性更强，所能提出的看法往往限于几个点上，难以真正适应决策的需要。冷不丁有那么一两个经验较多、思维系统的员工，你也别指望他们能给你带来太大帮助。水平再高，员工毕竟是员工，与老板之间是一种从属性很强的等级关系。这种关系，决定了

员工的任何言论和行为，在大多情况下都以不惹恼老板为底线。他们处处察言观色，说话点到为止，有所保留，基本不会发生争吵，有的甚至还会积极主动地论证老板英明。

而亲朋好友，你去请教他们，很大程度上也是给他们出难题。一方面他们未必熟悉你所从事的领域；另一方面也会对一些真实想法有所顾虑，说得轻了感觉对不起朋友，说得重了担心伤到你的自尊。更何况，你去拜访他们的时候，由于种种原因，很多实际情况并没有讲出来。在这种情况下，沟通往往是粗线条进行的，双方说话躲躲闪闪，都是一些非常正确的废话，不着边际，不切要害，其效果可想而知。

合伙人，也只有合伙人，在地位上与你平等，对项目情况也比别人熟悉得多，同时牵涉很多个人利益，才可能把他真实的想法跟你完完全全地讲出来，甚至不惜吵得面红耳赤。尽管合伙人说得也不一定正确，但总是切合实际一些，可以在很大程度上弥补你思维的不足，而且在深度沟通的过程中，还可以激发出更多新想法。

我非常敬重的一位大姐，非常热心，在深圳开了家公司，每天忙前忙后，干到深夜一点是家常便饭。她不时抱怨员工笨，不动脑子，做事浮躁，未能为她分忧，经营过程中也有很多因考虑不周而引发损失的事情。几年下来，人日见消瘦。说句实话，一个不到四十岁的女人，完全靠自己支撑着一家30多人的公司，已七年之久，里里外外、大大小小的事情基本靠自己搞定，不管现在经营得怎么样，我内心是非常佩服她的。我也曾暗示过她、应当引入合伙人为其分忧，但她似乎兴趣不大。光从个人能力角度来看，这位大姐早已超凡脱俗，技压群雄，但只要你不是上帝，在思维上就会有盲区和漏洞，需要通过一些有效方式来弥补。显然，她还没有意识到引入合伙人的重要性，曾寄希望于引入优秀员工和职业经理人来解决问题，但效果不太理想，最终又回到全能式老板的老路上了。到目前为止，她名下的公司在圈子内小有名气，但服务模式、质量还有规模，多少年来并没有太大进展。她本人也被越来越繁杂的琐事重重包围，很少能腾出时间考虑长远和方向上的一些事情。在这里，只能默默地祝福她好运常在。

一个非常有意思的现象是，在我国现有的民营企业大军中，规模越大、合伙人越多、发展速度越快的企业，股权越分散，特别是年营业额过亿的群体中，更是这样。我们当然不能就此认为，合伙人数量、股权结构和经营业绩之间存在着明显的因果关系，但其中有某种关联是不言而喻的。增加合伙人，分散股权，意味着有可能快速激活一些资源。比如加大资金和人力的投入，比如引进更为优秀的人才，比如大量减少盲目决策，比如迅速拓展人脉，再比如企业能力结构得到优化，等等。这些无疑都有助于提高项目本身的竞争力，促使企业资源配置效率朝着更为高效的方向发展。

罗斯柴尔德家族曾控制世界金融达两百年之久，在国际舞台上属于真正意义上的“无冕之王”，在宋鸿兵的《货币战争》中一次又一次被神化。就这么一个金融家族，为什么名声越来越小，日趋式微，其在“二战”后的表现，连大批鼓吹“阴谋论”的著作中都基本不再提及？这其中的原因固然很多，有的说他们没有意识到美国一个多世纪的崛起，有的说是受纳粹和苏联势力的打击，事实上这些都不是最为关键的因素。20 世纪 60 年代，欧美大银行纷纷上市，通过分散股权筹集了大量资金，原来与罗斯柴尔德旗鼓相当的一些企业迅速崛起，规模呈爆发式增长态势，变得更为耀眼夺目。而罗斯柴尔德直到现在还抱着家族企业理念不放，当然这是他们的祖训，自然也就丧失了二次腾飞的机会。

在创业过程中，引入合伙人，绝非有百利而无一弊，相互扯皮，暗自拆台，走向敌对之事也时有发生。这涉及另一个问题，即如何选择合伙人。引入合伙人并不意味着所作出的决策质量一定就好，但可以尽可能减少盲目决策，避免发展势头良好的项目因一时失误而落入万劫不复之地。如果你是从事创意类项目运作的，引入合伙人更为关键，因为这样可以最大限度地激发灵感，服务好客户，同时可以确保人才这一核心资产不会流失。这也是律师事务所、会计事务所、咨询公司、公关公司和广告公司普遍设立合伙人制度的重要原因。

铁律04 与政府、事业单位和行政公司官员合作项目要慎重

从政和经商是完全不同的两套思路，官员可能需要的是面子、形象和政绩工程，而经商需要的是实实在在的利润，需要尽可能合理地降低成本，提高资源配置效率。两者之间有着明显冲突。

大力拓展人脉关系，是创业者重视程度非常高的一大课题。为此很多人削尖了脑袋，都要认识机关、事业单位和国企大大小小的领导。这本来无可厚非，很多时候，他们确实能帮得上忙，储备多年的关系也就转化成现实的生产力。但是，尽量不要直接与官员合作项目，特别是让他们参与到项目的具体运作当中。他们在官场养成的思维惯性，很有可能成为成本的制造者和利润杀手；那些在“高、大、全”思维指导下的项目，往往难以运作起来。

H君十年前毕业于某名牌大学新闻学专业，刚踏入职场，就到某知名财经媒体任职，月薪15000元。H君极富朝气和进取心，想实现超常规发展，每月发完薪水，半个月之内保证花完，主要用于结交大大小小的官员，他认识的朋友有不少来自各大部委、行业协会和超大型企业，其中不乏挂着处长头衔的。时间久了，大家自然要搞一些项目运作，捞些外快。无奈官员们缺钱，也不太愿意冒险挪用公款投入，一起合作项目只说是给你政策，帮你疏通关系，前期投入你自己去找，项目要做得大一些，要短平快，最好数百万上千万，搞得小了没意思。该君听了之后自然热血沸腾，心中窃喜，掂量了一番，只要能做成功这么一个项目，就能实现自己干上一单就能提前退休的愿望，到时候如范蠡一般，泛舟四海。

要命的是，前期投入的钱从哪里来？需要的大量人力物力如何解决？项目越大，需要的配套资源就越大，更何况还要求短平快，短短几个月之后就能分肥。这样一来，官员自己倒是安全了，可项目运作起来的难度太大。搞一个几十万的项目吧，H君自己倒也无所谓，往往是官员那边瞧不起。十年下来，H君搞了好几个项目，也与不同的官员合作过，非常遗憾的是，项目都没有运作起来。自己一次次为了提前退休的理想，忙前忙后，受着苦，流着汗，最终还是一事无成。

H君的例子可能有些极端，但在我们生活中如下现象并不少见。有某某官员股份背景的项目开业，先是举行了非常隆重的开业仪式，并请当地党政官员和社会名流来捧场，并全程录像，还在地方媒体上大作宣传。在项目规划上，动不动就要搞一个上下游一体化，一站式服务，在当地创一个什么什么纪录，三年内要达到何种程度，五年内要达到何种程度。装修方面也极尽奢华。似乎只有这样，才够气派，项目的前景才广阔，运作起来才能赚到大钱。整个过程下来，哪里是平民百姓在搞创业项目，分明是政府机关在搞活动，或者大型企业在炫耀自己的霸气。

这些体面的背后，是无比宝贵的创业资金被集中消耗。在项目导入期，本来产出就少得可怜，即使以节俭型导向进行投入，事先准备的资金也可能不够用，而在这些只为体面的事情上投入过多，只会加重资金方面的压力，并不会有相应的产出，还可能导致真正需要资金的地方更加缺钱。在创业初始阶段，最为重要的事情不是发展，而是生存下来，这在相当大的程度上需要资金这一项目的血液来保证。换言之，在项目导入期，我们根本就没有任何浪费资源的权利。与机关、事业单位和大型企业赢得起也亏得起不同，普通创业者在创业初期，赢得起但亏不起，一旦资源浪费了，很有可能会由于失血过多而死亡。

当然，并不是说所有的官员运作项目都存在问题，关键的一点在于某个特定人员的思维模式和结构，与经商特别是创业所需之间的匹配程度有多大。如果两者匹配程度较高，无论你是什么身份，都比较适合创业；倘若匹配程度较低，无论你原来是什么身份，创业都会遇到比别人多很多的问题，也更容易烧钱。

虽然从个案上我们并不能排除个别官员思维与环境的契合程度较高，但从统计学的结果来看，这种比例还是非常低的，毕竟一个人的思维模式非常容易受到他的经历、背景尤其是职业环境的影响，很少有例外。因此，与官场中人合作项目，要慎之又慎，否则是自讨苦吃。同时，这在逻辑上也蕴涵了另外一个道理，就是正在走仕途的，如果选择创业，虽说未尝不可，但必须在更多方面努力补课，使得自己的思维模式更加适合经商。

在创业过程中，最为关键的是，打铁还要自身硬，选择合理的赢利模式，锻炼自己优秀的经营能力至关重要。人脉资源、借势营销固然很好，但是切忌舍本逐末。如果将大部分精力放在与一些官员发展关系方面，更是大错特错。创业初始阶段，与其拼命去搞定官员，还不如拼命理清业务模式，搞定市场。除非你创业之初资金就非常雄厚，而且搞的是房地产、采矿、路桥、水泥、钢铁、化工、环境工程等重大项目。除了这几种情况，真的没有必要给自己找麻烦，忙来忙去一场空。

除了思维习惯不利于创业之外，与官员走得太近，容易产生重大政治和法律风险。君不见，每个因贪渎倒台的官员背后，都会牵涉一批与之密切相关的商人。目前的社会错综复杂，我们为了生存，自然不得不与一些官员打交道，但是需要有一个度，不要为了暂时的暴利不择手段，钱还是赚得干净一点为好。

铁律05　不断更换项目，无异于一次次失血

任何成熟行业，都有自己不同的周期，都有大大小小的成功者。任凭风吹雨打，不盲目跟风，不随意转行，坚守住阵地，是创业者应当遵循的一大法则，这似乎是最笨的一个办法，但也是走向成功非常有效和成本较低的一个方式。

从表面上看，什么热门做什么，最为省心省力，是聪明人所为。但大家几乎都忽略了一个极为重要的现象，那就是每一次新的选择都意味着重新投入，每一次放弃都意味着血本无归，这样极易导致资源的高度分散和浪费。对资金本来就不太宽裕的创业者而言，不断更换项目，无异于一次次失血，是非常致命的。如果将在不同项目上沉没掉的成本集中起来，继续在原有项目上追加投入，可能早就度过导入期，进入飞速发展阶段。有的朋友总是不断抱怨自己命运很差，做一个项目，不行，再换一个，不行，连续换了五六次，还是没有从失败的泥淖中挣扎出来。都说天道酬勤，但自己比别人辛苦多了，也努力多了，尝试过不同的方向，但总是功败垂成，岂非命欤？事实上，并非老天跟你过不去，而是你跟老天过不去，因为你这样做违背了成功的规律，自然要受到惩罚。

大多数人做项目，其实选择的都是成熟和传统领域，模式也是一些常规的模式，在大方向上不会有太多问题，主要是如何与市场磨合与早日度过导入期。在这种情况下，如果将资源集中投放在该项目上，努力坚持下去，就容易形成聚焦效应，成功的概率也大大提高。当然，过程也是非常考验一个人毅力的。看着钱一点

一点投入进去，各方面持续作了一些改良，但效果都不是太明显。员工情绪波动较大，来自不同方面的质疑声不绝于耳，创业者的内心不免备受煎熬，心理底线一次又一次受到冲击，几欲放弃。

行百里路半九十，固然令人遗憾，但接连不断地行百里路而半九十，更令人遗憾。最起码说明你是愿意投入的，同时还有办法持续投入，只是为了紧急止损，投入自认为更有前途的项目上，说白了，就是这山望着那山高。事实上，绝大多数项目在导入期都是满路荆棘，痛苦万分，不要天真地认为下一个项目运作起来，要比现在这个顺利和容易。条条大路通罗马，任何一条路，坚持下去都能到达，但也确实存在一些曲折和顺直的差别。如果我们“不幸”选择了一条更为曲折的路，选择走下去还是要比退回去从头来过好得多。浙江有位朋友，原是某乡镇的领导，1992年之后下海经商，在接近二十年的时间里，搞过石化、保健品、饮料、采矿和白酒等七八个项目，每个项目都过了导入期，但都在盈亏线上挣扎，每个项目坚持下去，还是有做大的机会的，但他总是感觉赚钱太辛苦，不断寻找高利润和来钱快的产品。为此，他转战大江南北，跑遍长城内外，江湖上的朋友倒是认识了不少，但终究是一个不太成功的商人，还赢得了“行行通”的美誉。

试图通过不断更换项目来取得创业成功，不但容易造成资金上的极大浪费，无效投入倍增，还有一个巨大的隐性危害，就是创业者的能力无法得到真正提升，老处于“半罐子醋”的低水平轮回状态中，而自己浑然不觉，历尽沧桑倒是真的，但未必干练老到。这又是其事业发展道路上的一大杀手。

时下，有不少经营者特别是创业人士练起了“草上飞”的功夫，今天运动鞋热门卖运动鞋，明天电风扇热门卖电风扇，后天四件套热门卖四件套。一番折腾下来，很多人在某个阶段确实狠赚了一笔，但从长期来看，更多人账面上看似赢利，实际上资金大多转化为难以处理的库存，资金依旧紧张，资本原始积累尚未完成。为什么会出现这种情况呢？原因实际上也很简单。热门在逻辑上就意味着数以万计的人快速进入某一领域，进而使人对形势盲目乐观，很自然就会产生竞争过度、供给过剩的现象，大多数新进入者不得不面对货物积压和利润空间缩水的问题。

朋友的妹妹夫妻二人，在塞外某城买了辆面包车搞流动地摊，游击卖货。2010

年春夏之交，旅游鞋卖得很火，利润空间也比较大，于是像他们这样的游击队闻风而动，集中资金大批量进货，以求赚个好市头。朋友的妹夫难以抵御诱惑，准备跟进，但遭到他老婆的强烈反对，最终在女方的坚持下，改进了一批老北京布鞋销售。就在他们货到不久，旅游鞋市场突然收紧，鞋卖不动，价格便宜，连回本都困难，突击进旅游鞋的遇到了很大困境。而这两口子的布鞋卖得虽然也不是太理想，但毕竟还赚了一些钱，至少要比那些跟风者强很多。我开玩笑地跟他们说，你们这些人眼光很准，看好什么，什么就 90% 会疲软。

我的家乡地处蒙古高原，一般年份最热的时候也不过三十三四摄氏度，且昼夜温差大，夏季是避暑的好去处。但七月底八月初，正好有一周热得要命，气温在 40 摄氏度上下徘徊，晚上也很少有风。这样的天气放在北京和南方地区，都不难应付，因为大家都准备了空调或者电扇和凉席。而家乡夏天大多时候清爽宜人，大多数家庭并不会准备这些东西。这下可好，赶上酷热难耐，只去竞相应急购买。家电商家突击进了一批，按照平常价格的两倍销售，仍能在两天之内脱销。一些卖五金的店铺看到这种情况，倍觉眼馋，也组织资金突击进货。结果天不作美，一个星期过后，一切恢复正常，而不少商家的大批凉席、电扇和空调压在库里，只能等待来年慢慢销售。

2006—2007 年，各地普遍进入了一个结婚高峰期，婚礼用品生意成为一大热门。于是婚礼用品店四处开花，不少初次创业的更是跃跃欲试。这本是一个细分式市场，空间不是太大，投资者集中涌入的结果，是一年半之内 80% 以上的店面倒掉，开业以来一直没有好好赚过钱。非常有意思的是，当大家纷纷撤离之后，仍能坚守下来的后来都还比较赚钱。这样的事情在 2008 年前后母婴用品热中，又一次重演。

特别应当提到的是，不随意跟风，其内涵有两个方面的意思，既包括不随意跟风进入某些项目，同时也包括不随意退出某些项目。虽然当初确系跟风进入，但只要整个行业市场比较成熟，仍具发展空间，就有坚持下去的必要。因为一阵疯狂之后，大多数进入者由于种种原因会选择退出，你只要熬过寒冬，春天就会向你招手。此时竞争环境相对宽松，同时你也积累了丰富的行业经验，这些都为项目真正成功奠定了基础。

铁律06 质量不好企业难以生存，质量过剩同样致命

任何产品和服务的质量都是有标准和分等级的，也存在一个市场所能接受的区间，过犹不及的原理对质量问题同样适用，切忌认为质量越高越好。质量超过了市场所能接受的程度，就是质量过剩，容易导致成本奇高和产品滞销，项目遭遇滑铁卢基本没有什么悬念。

在项目运作中，偷工减料、偷奸取巧早已司空见惯，不足为奇。但盲目追求高端路线，因质量严重过剩而导致项目败北的例子也并不少见。这类现象大多发生在已经拥有相当知名度，且属于大型或者特大型企业的新项目运作中，相比较而言，国企更容易发生这种情况。在这类企业中，新项目从一开始就定位非常高，上马之初就要打造同行一流品牌。而由于历史原因，团队成员习惯了成熟品牌的运作，新项目操作经验严重缺乏，但又容易盲目自信，向外界学习流于形式。项目实际负责人不求有功但求无过的心态，使得其对质量问题最为关心，生怕因新产品质量存在瑕疵而给公司带来市场信任危机，连累主营产品，因此实际质量只会过剩、不会不足。

某国企主营化工产品，在行业内属于佼佼者，一年有上百亿的营业额，地位相当稳固。2002 年前后，受多元化思潮的影响，开始切入汽车养护品领域，产品包括玻璃水、车用蜡、燃油添加剂、轮胎护理剂和光触媒等大类。初期项目整体规划定位很高，产品质量存在严重过剩问题，结果市场开发难度超乎想象。以档次最低的玻璃水为例，2L 玻璃水的建议零售价为 16 元 / 瓶，给一级商的到岸价为 7.2 元 / 瓶，

实际折扣为 4.5 折，另准备 0.5 个点浮动操作。乍看起来，经销商的利润空间很大。当时玻璃水在市场上已经有标杆品牌——蓝星，是该细分市场最为强势的品牌。蓝星 2L 同类玻璃水的零售价为 7 ~ 8 元 / 瓶，其他同类品牌的价格参照蓝星确定，大多零售价为 6 ~ 9 元 / 瓶，个别低档的价格大致为 4 元 / 瓶。大部分玻璃水经销商的到岸价是零售价的 4 ~ 5 折。当然，该企业玻璃水价格高自然有高的理由，它选用的是环保型乙醇，无公害无污染，酒精浓度要远远高于市场主流品牌，塑料瓶包装采用环保可降解原料，韧度和光泽好，瓶盖采取了相应的高附加值技术。单从产品本身来看，堪称玻璃水中的艺术品。项目负责人也为此经常扬扬得意，贬损市场其他品牌的品质。

奈何在市场已有标杆品牌的情况下，商家和消费者对此类产品的价格都有一个预期的心理区间。你的产品品质卓越，自然价格可以卖得高一些，但也不能太离谱。就拿该案例中的产品来说，零售价在 10 元 / 瓶上下，消费者仍可接受。如果按照 10 元进行销售，厂家直销尚可，如果走流通渠道，利润空间根本不足以支撑经销商操作。经过一年左右的市场运作，操盘手开始意识到当初的战略失误，但事已至此，没有办法，只能以“没有不好的产品，只有不好的销售”为由，加大考核力度，天天向业务人员施压。

在他们的市场推广过程中，受公司主营产品名气响亮的影响，大部分商家第一反应往往是很感兴趣，当看完价格体系并进行一定程度的市场调研后，就望而却步，有的干脆就没有下文，连客套话都省掉了。当然在这种情况下，最苦、最累、最易受到不公正待遇的还是一线拼命干活的，很多人就此牺牲也毫不奇怪。

事情到此还没有结束，经过两年时间的痛苦挣扎，该项目负责人最终还是顾不了太多的面子，选择向市场妥协，重新确定市场定位和价格体系，将质量标准和价格体系调整到与市场标杆品牌接近的位置上，才开始慢慢打开局面。虽然还是不太理想，但毕竟开始在市场上站住脚跟。

这个案例发展到最后还不算悲剧，因为这家公司究竟家大业大，资金实力雄厚，能经得起折腾，虽然与市场磨合周期过长，但最终还是走上了正轨。如果换成个人创业者，将永远没有成功的希望，前期的巨额投入基本上是血本无归。

这个世界上，总有一群理想主义者，凭着感觉和想象去做事。高端高价暴利的思维已内化到他们的灵魂深处。然而，定位高不但需要更高的成本投入，也意味着面临更大的风险。倘若光凭想象，产品质量过剩，价格严重超越各个档次上的标杆品牌，只能是自找麻烦。

对待质量过剩问题理应动态看待。有的领域，人们对质量的需求基本不会发生太大的变化，稳定程度很高，比如面包、毛巾、食用油、玻璃水等。而有的领域，人们对质量的需求升级很快，比如各类数码和电子类产品，再如汽车及其配套的润滑油。前者一旦产生质量过剩，很难通过需求升级来实现平衡，而后者质量过剩可以通过需求升级来消化，只是这些项目市场导入期要长很多，没有足够的资金储备，很难坚持到春天的到来。

这里应当提到的是，对后一种质量过剩，除了需要更长的市场导入期和更多的资金投入外，还面临着巨大的“为他人作嫁衣裳”的风险。由于产品超前，用户接受起来需要一个过程，客观上要求不断增加投入以培养市场和教育消费者。可是一旦市场成熟，进入井喷状态，则会有一批挑战者进入，试图争得一块蛋糕。如果是普通进入者倒也罢了，假若是比你实力强大数十倍甚至上百倍的，那么你很有可能会由先驱变成先烈。这样的情况在数以万计的创业案例中并不鲜见。

铁律07 守住商业道德底线，别把自己逼进死胡同

产品质量底线在很大程度上也是商业道德底线，在产品基本质量尚缺乏稳定性、技术仍不过关的情况下，一意孤行，硬要将产品推上市场，或者压根儿经营的就是假冒伪劣产品，虽然从短期来看可能会获利丰厚，但很快就会将项目逼入死胡同，运营者自己也会损失惨重。

创业在很多时候跟炒股一样，相当比例的人希望通过短平快的操作迅速积聚财富，江湖上流传甚广的一些传说也对此种心态起到了推波助澜的作用。大家看到的往往只是一部长剧中最为精彩的片段，更多的故事被人们有意无意中屏蔽掉了。那些所谓的成功案例本身就带有很多似是而非的色彩，容易给人误导。如果我们以更长的时段和更多的样本来考察类似的现象，就会发现大多数没有什么好的归宿。即使原本踏实能干之辈，后来走上这样的路，最后也难免折戟沉沙，英雄挥泪。

某省润滑油经销商，行伍出身，为人爽快，复员后在一政府部门任职，于20世纪90年代前期下海经商。凭借着自己年轻，讲究义气，冲劲十足，聪明能干，在短短的几年内不仅站稳了脚跟，而且开始拥有江湖威望，与该省其他12个同样具有较大影响力的润滑油经销商携手，相互协调，共进共退，号称“十三太保”，这位仁兄也就成了小团体中的带头大哥。虽然在该省业界还算不上呼风唤雨，但由于他影响力巨大，国内某大型润滑油生产企业屈尊为其代工联合品牌产品，其模式曾被视为行业的一个典范。

2006年前后，行业形势发生了很大变化，企业和品牌整合之风四处蔓延。为其

代工联合品牌的企业，出于整体发展需要，终止了双方的合作关系。该兄自然难以服气，于是同一家技术实力并不算强的小油厂合作，在市场上推出自己独立品牌的产品。虽然独立品牌新近才出现，但原本就是联合品牌的重要组成部分，后者在市场上已有十多年的影响力，再加上以这位仁兄合作的另外十二太保作为车辅，上市之初的短短几个月内居然取得了数千万的销售额，眼看形势一片大好。此时这位仁兄踌躇满志，想趁此机会，再接再厉，大干一场。

可是天不遂人愿，紧接着各地火情不断，机油质量问题集中爆发。很多车辆使用他们的产品后爆瓦烧轴，"十二太保"也不得不面对纷繁复杂的投诉和索赔问题。仁兄刚开始还想认真对待此事，该赔的则赔，该退的则退，尽量将负面影响降到最低。然而，他很快发现不能这样处理，问题比想象的严重得多，如果认真赔付下去，可能把所有家当搭进去都不够，不少案子最终不了了之。

这毕竟是大伤元气之事，这位仁兄虽然最终没有破产，但也损失惨重，二次创业遭到较为彻底的失败。商誉受损，合作反目，员工流失，自己不得不四处避债，在高档写字楼买下的400多平方米的办公场所也被迫转让。本来二次创业是一件很好的事情，倘若顺利过关，就可以在更高的平台上发展，展翅腾飞，一日千里。但就是因为技术关没有把握好，在质量尚不稳定的情况下，为了巨大的经济利益，抱着侥幸心理强行上市，结果好事变成了坏事，烧钱不说，前途尽毁，给世人留下了无限遗憾。

还有一个较为典型的例子。南方某润滑油企业，凭借着一流的营销手段和优质的员工队伍，在短短的几年内，将年营业额做到了两亿，在当时的市场环境下算是放了卫星。但在快速成功面前，老板的大脑开始犯晕，刚开始是往其生产的防冻液中掺兑海水，在发现没有出现问题之后，第二年干脆直接以海水充当防冻液。由于最初产品销售异常火暴，老板大发横财。随后汽车水箱腐蚀事件大面积爆发，企业被推上了风口浪尖，信誉受损，索赔不断，本来没有质量问题的产品销量也急速下滑。该油厂在继续坚持了一年多之后，最终破产，还拖欠了大批员工工资。

也许有朋友认为这两个例子比较极端，不少人偷奸取巧捞到钱之后，就选择迅速退出或跑路，根本不会烧钱，再华丽地转身去做其他项目，甚至可以举出不少这样的例子。谈到这里，大家需要注意的是，一个人靠弄虚作假取得成功之后，即使去运作其他项目，在相当大程度上也还是摆脱不了惯性思维的影响。也就是说，很有可能再去投机取巧，但并不是每次都会有这么好的运气。另外，靠旁门左道取得财富之辈，一般并不真正懂得运营，还好自以为是，又想通过某个项目来保值增值，最终项目选择不慎，投资最后往往以失败告终，所快速积累的财富又以很快的速度释放回社会。

任何国度和时代，经商底线都是共同的，就是要坚守产品和服务的最低质量标准。无论是有意、无意抑或放任自流，底线一旦突破，经营者就会受到市场的惩罚，不但处理这些事件本身的花费异常惊人，而且还会伤及好不容易砸出来的各种资源，轻则伤筋动骨，重则项目猝死。如果算起总账来，得不偿失。

在众多的创业案例中，很多人突破质量底线，并不是他们自己故意这么做，而是质量超出了他们所能掌控的范围，比如技术不太成熟，或者代理别人产品，上当受骗等。然而，无论什么原因，都是你内部的问题，市场并不会因为那么多所谓的“客观理由”而原谅你。一旦出现这种情况，产生巨额损失就在所难免，没有任何悬念。即使你抱有侥幸心理，该来的终究还是要来的，即使躲过了初一，也躲不过十五。

铁律08 导入期的风险只能自己承担，风投不可能雪中送炭

运作任何项目，导入期的风险基本上都需要自己承担，不要指望将这个阶段的风险转移到风投身上。越是专业的风投，越倾向于在你距离成功只有一步之遥，或者快要上市的时候介入。风投需要的是财富爆炸式增长，所做的事情更多的是锦上添花，而非雪中送炭。

不少接受过高等教育的创业者，凭借着自己的冲劲、经验和直觉，经过一段时间的市场调研，就写出了一份自认为完美可行的商业计划书，然后就怀揣至宝般地去同一些风险投资接触。但一圈下来，投出去的计划书往往是石沉大海，无影无踪。于是，这些朋友就开始抱怨风投有眼无珠，自己怀才不遇。

事实上，这类事情能怪风投吗？显然不能。虽然你的方案确实写得很好，结构严密、贴近实际、细节合理，项目本身具有很大的张力，几乎无可挑剔，但计划总归是要和市场磨合的，需要团队去执行的。在磨合方面看不到任何实况，团队能力没有得到验证的情况琥，方案即使再好，也还是纸上谈兵。更何况，多数方案本身就写得漏洞百出，经不起推敲。简单凭借着一个方案去找风投，显然是非常幼稚的事情。本人在数年前就犯过这样的错误，至今回想起来仍觉得好笑。

这样去找风投的并不多见，更多的情况是，当项目进入深水区，弹药快要打光，但还未度过导入期时，创业者不得不向风投求救。即使到了这个时候，风投也未必会出兵相援。他们首先考虑的还是投入获得爆炸式回报的可能性有多大，其次考虑的是自己会不会被深度卷入进去，血本无归。

媒体上，某某人创业成功找到风险投资的故事并不鲜见，而这些案例在IT、互联网、连锁经营、广告媒介、新能源、环保工程等领域比较集中，因此也向社会释放出一个错误的信号，似乎只要在这些领域选择创业，就可以与风投沾边儿。这种理解显然似是而非，本末倒置。近些年来，以上领域之所以融到的风险投资较多，并不是风投对这些领域有什么偏好，而是这些行业处于快速发展期，成功稍欠火候，有可能获得迅猛发展的项目比例较大而已。如果在其他行业存在这样的项目，他们还是照投不误。只认项目合适与否，不认行业，是风投的职业本性。

2005年前后，互联网进入了新一轮的投入高峰期。李想和郑立们的神话不断鼓舞着大大小小的站长，大家期待着又一个神话的出现，风投如天使般受到膜拜。我的一个朋友从那个时候开始专门做本地信息网站，一直坚持到今年才选择放弃。五年当中，他找过、接触过不少风投，也写了无数商业计划书，但人家对发展现状进行深度评估后，无一例外地认为还没有发展到具备投资价值的阶段。好在这位哥们儿家底厚，父母赚钱颇丰，老婆贤惠支持，支撑了整整五年，项目虽说没有做起来，但也无伤大雅，还有实力去干其他事情，最终选择开饭馆去了。用句时髦话说，有点玩票性质。如果换成别人，可能早就倾家荡产，一蹶不振。

越是专业的风投，越倾向于不见兔子不撒鹰。摩根斯坦利当年注资蒙牛，就发生在蒙牛快要上市但还缺乏资金之时。马云也曾爆料，在他艰难创业之初，并没有任何风投伸出援助之手，而当阿里巴巴的模式成熟之后，不少风投经常围着自己转，要求投资。在绝大多数情况下，风投就是这样现实，他们是更为专业化的商人，追逐暴利是他们的本性。顺便应当提到的是，尽管风投不见兔子不撒鹰，但还是有投资失败的时候，这样做毕竟只是降低风险，而非消灭风险。离成功只有一步之遥与真正的成功，是两个差别非常大的概念。

当然，也有在创业伊始就直接介入的风险投资者。这类投资者要不就是创业者本人的亲朋好友，思维理念和偏好非常接近，要不就属于那种缺乏真正商业经验的暴富者，比如原来是煤老板、传销头目，或者财富是靠贪污腐败、走私等不正当途径来的，靠“忽悠”能够说服他们。能够遇到这样的人傻钱多速来之辈，算你的运气，但这种概率小得可怜，无依无靠的初次创业者更不要这样去幻想。非常有意思的是，这两类情况中的投资者，绝非职业的投资者，更非专业化程度非常高的风投。

如果一个创业者在创业之前，就想着在导入期可以通过风险投资解决资金问题的话，其创业基本上注定是要失败的。因为一旦有了这样的想法，势必会在导入期的资金上心理准备不足。当真正发生问题，资金缺口较大，导入期结束为时尚早的时候，除非撞了狗屎运遇到人傻钱多的主儿，否则不会引入任何风险投资，项目难以坚持下去，前期的所有投资都就打了水漂。

在北京、上海、广州和深圳等一线城市，不少人在玩一些概念比较新奇的创业项目，把很多本来应当非常简单易行的模式给搞复杂了，自己做上一段时间之后，就明白不可能真正赢利。于是大搞形象工程，忽悠各类投资者进入，以期自己全身而退，运气好的话还会赚上一大笔。虽然目前好项目确实难找，社会上大批游资也在四处考察，他们可能对你的项目感兴趣，接触比较多，但如果真的要他们大幅投入，这些人就会非常慎重。除非你的模式已经成熟，能够真正赢利，否则合作基本还是打哈哈的事，并不靠谱。一般而言，投资者从接触到考察到意向再到正式合作，周期都很长，其中每一个环节都有可能出现变数。

铁律09 媒体类项目导入期门槛过高，中小创业者需慎入

互联网、DM和其他一些时髦的广告载体，与报纸、杂志、广播及电视相同，在本质上都是一种媒体。在我国现有传媒模式下，媒体要想最终真正获利，需要双重投入，第一重投入发生在获取影响力过程中，第二重投入发生在广告主开发过程中。

曾几何时，互联网、DM杂志和分众广告备受国内投资者的追捧，大大小小的创业者试图在这些领域跑马圈地，一展拳脚。接受过高等教育并经常读书看报的，更对类似项目充满激情和希望，似乎摆在眼前的是一座又一座金矿，觉得此时若不出手，更待何时。在这股潮流下，全国各地数以万计的80后都开始践行自己的财富梦，纷纷当起了站长。

我认识的很多朋友，经过一番考察后，认为互联网前途无量，而且门槛很低，只需那么一两个人，坚持两年左右，将网站流量和Alexa排名做上去，广告和投资自然会滚滚而来。但随着项目的持续深入，越做越感觉不是那么回事。光网站流量和排名做起来，就非常耗费成本与精力。在内容不具有独特性和吸引力的情况下，虽然可以采用诸多方法与技术手段，在短期内迅速提升访问量，但这样做的效果往往是昙花一现。于是又开始在内容上做文章，有的搞点美女图片，弄些花边新闻，有的四处搜索和拷贝，还有的四处约稿，增强独创性，但效果还是不明显。因为这样一来，带来的工作量非常巨大，绝非一两个人能应付得了。如果大量招聘人员，又会引发成本居高不下的问题，大大超出了个人创业者所能承受的范围。当然，也

有人在谷歌搜索优化和百度关键词推广方面想办法，这样确实可以降低人员成本，然而同时优化和推广费用又迅速飙升，原本并不宽裕的资金显得更为紧张。最终大多数人只能选择在支出可控的条件下，哥儿几个尽量多想办法死撑，但这样一来导入期无限期拉长，赢利遥遥无期，最后不了了之。事实上，很多个人网站就是这样死掉的。

以上谈的是内容型网站，还有很多朋友在运作商机型网站，试图通过发展会员实现赢利上的突破。但这类网站的特点更是“强者愈强，弱者愈弱”，因为越是会员多的网站，用户越容易找到真正的商机，注册数量也就越大，会员登录频次也会越高。他们在体验性良好的情况下，自然愿意付费，即使费用很高也是可以接受的。相反，会员本来就少的网站，即使你去强拉，注册数量也不会很理想，即使有人注册，登录频次也难以得到保证，比例相当高的会员长期处于休眠状态，体验性也会相当差。你让他们付费，更是难上加难。这类网站虽然在模式上与内容型网站有着很大不同，内容维护压力较小，但前期都需要花很大力气推广，在影响力上来之前产出都微不足道，而要作出影响力，一方面是周期较长，另一方面投入也非常巨大。

淘宝网目前风光无限，但这种光鲜是阿里巴巴用巨资花五年多的时间砸出来的。有关材料表明，淘宝网成立于 2003 年 5 月，直到 2008 年 8 月，才开始实现当月收支平衡。在这长达五年之久的导入期，阿里巴巴投入了 14.5 亿元。这还是在马云的财力和能力基础上取得的效果，如果换成普通投资者，特别是初涉商海的个人创业者，最终结果不言自明。

我几年前曾经遇到过一位大姐，原在国内某具有强大影响力的经济类报纸任职，许多年下来，自己手中掌握了一些资源，因而于 2004 年创办了一本定位于健康养生方面的 DM 杂志。由于她是大牌媒体出身，本人采编发行和业务能力都很强，于是想当然地认为只要拿到批文（那时拿到 DM 杂志批文的难度非常大），项目运作到一年左右的时候，拉些广告小发一笔问题不大。企业投放平面广告，最主要的是看发行量、到达率和受众群，在这些指标尚未达标的情况下，即使是你的亲姑亲舅，也很难投入。这位大姐首先遇到的是发行方面的问题。虽然原有资源和现需渠道重合度不高，他们不得不招聘一批人员去做发行。尽管在发行思路上也突出了重点受众，并执行网格化管理，但效果改善进程非常缓慢。半年下来，稳定的派发点只有十多个，连稳定的有效发行量都保证不了，其影响力更是海市蜃楼，可望而不可即。DM 杂志本身免费派发，发行环节属于纯粹的成本中心，不像普通平面媒体那样还会产生一些收益，故在影响力出来之前基本不可能有任何收入，而导入期所需的配套资金甚至比报纸和杂志还要大，风险自然也要高很多。这位大姐坚持了两年之后，最终由于资金严重不足而选择放弃。

如果将赢利点主要定位在广告方面，类似的项目即使在影响力方面取得巨大突破，距离真正成功也还有很长的路要走。一个非常简单却容易被忽视的常识是，影响力并不能自动带来广告，只是为广告开发奠定了基础，广告客户开发仍需要独立的资金投入来配套。如果我们对现有一些知名网站进行梳理，就会发现不少处境尴尬、实至而名不归的案例。当然，如果有足够的财力作为支撑，这个阶段最终是会度过的，只不过仍需要较长的周期。

任何事情，有利就必有弊，有弊就必有利。本专题中提到的这类项目，尽管在运作前期千辛万苦，千难万险，但是一旦度过导入期，就会非常稳定。此类项目导入期门槛过高，这在很大程度上就把不少潜在的竞争对手消灭在了萌芽状态。因此，这些项目基本上属于巨富们的游戏，对中小创业者而言，在资金上更需要有非常充分的准备，否则，无论你前期投入多少，最终都是肉包子打狗——有去无回。

铁律10　机构、岗位和人员编制要随着企业规模不断调整

在公司初创期的组织机构设计中，最好不要以大企业为样板，搞一个“麻雀虽小，五脏俱全”，而应当根据自身实际情况设置，基本做到事事有人负责即可。在人力资源上的考虑也应该如此，中小企业根本没有实力和能力去支撑人浮于事的状态。

这种情况尽管不是很多，但一些带有完美主义倾向的创业者还是会不同程度地犯这类错误，特别是有大企业资深工作背景的人士。可能在他们看来，组织结构和人员安排上已经非常节简，而事实上仍存在人浮于事的现象。我们经常见到一些中小企业，虽然项目已经度过导入期，能够实现自我滚动发展，前期比较成功，但距离做大做强还有很长的路。而恰恰就在这时，老板受自己教育和从业背景的影响，开始动了企业正规化的念头，在很多细节性问题还没有考虑清楚的情况下，效仿大公司设立建制，招聘人员。

本人多年前认识的一个老板，早年从中国人民大学毕业，进入社会后，前五年任职于某国际著名咨询公司，2002 年，自己创办了一家市场研究机构。正好赶上中国新一轮的经济快速增长周期，他的业务也自然巧借东风，经过三年多时间，已经拥有员工 50 多人，年营业额达到了 400 多万。相对于大多数创业者而言，这位老兄前期发展得还算比较顺利。在这种情况下，他不免踌躇满志，组织属下员工开始制订公司未来五年的发展规划，部门设置和人力资源都实施积极地扩张政策。原来财务、行政、人事、文秘和客服等方面的工作由一个小姑娘一肩挑；研究部 30 多人，

设主管 1 名，每个研究员配备 1 位助理；市场部 20 人左右，设经理 1 名；另外 1 公司还配备有 1 名专职网管。

在新规划制定之后，按照专业之人做专业之事原则，组织结构和人员安排调整为：新成立综合管理部，设经理 1 人，财务、行政、人事、文秘、客服、前台分别由专人来负责，网管归综合管理部管辖；研究部编成 6 个小组，每组 5 人，分别设主管 1 人，每名主管配备 2 个研究员和 2 名助理，主管之上设有经理；市场部与研究部相对应，同样分成 6 组，每组销售人员 3 人，同时每两组新增主管 1 名，主管之上设有专门的经理。与此同时，又成立了专门的策划部，配置 4 人，1 人负责研究项目前期选题，1 人负责同行动态跟踪和发展趋向研究，1 人负责推广工作策划，此外还配备有经理。到此时为止，光从框架上来看，公司已经开始步入正规化轨道，但在人员上最起码要增加 13 人，这还不包括研究部隐性增加的人员 6 名。而老板本人认为，这样调整非常必要，公司一年半载之后就会进入快速发展通道。

在这里我们别的暂且不表，大家可以先看看新增加的成本。综合管理部经理月薪 5000 元，其他人员每月 1500 元；研究部主管每人涨薪 1000 元；市场部新增的主管每人月薪 4000 元；策划部员工每人月薪 2500 元，经理月薪 5000 元。这个待遇水平，在 2005 年的北京并不算高，但每月新增成本 43000 元，每年增加成本 50 多万元。在公司发展前景尚不明确的情况下，一下子增加了 50 多万的成本，对他这样的企业来说算是很大的一笔支出。

在机构和人员扩编之后，问题很快就出现了。综合管理部虽然做到了专岗专人，但每一个人的工作量都很不饱和；策划部的 4 个人也没有那么多事情要做；研究部和市场部新设的主管们看上去也非常轻闲。其实这种现象非常正常，因为机构和人员可以搞突击扩张，但营业额的增长是需要过程的，周期相对要长得多。原来大家相互之间工作量相当饱和，倒也没有什么怨言。现在有的人还跟以前一样，有的人显得异常清闲，而新增两个部门的经理不但清闲，拿的钱还比一些累死累活的人多很多。清闲的人靠玩玩连连看，聊聊 QQ，上上天涯来打发时间，入迷的时候竟然连正经事都耽误了。于是不满情绪迅速蔓延，忙活的人感觉受到了不公正待遇，变相怠工现象时有发生。

屋漏偏逢连夜雨，船迟又遇打头风。也许是这位老板时运不济，这一年正好行业形势发生大的逆转。在北京、上海、广州和深圳等一线城市，大批创业者看好市场研究领域，纷纷进入，在报告目录和摘要上先是模仿上述老板的公司，后来直接在其基础上改良，而价格直压到那位大哥原来售价的二分之一。更为要命的是，不少新进入者都是原来公司研究部和市场部的核心员工，他们在创业之初倾向于直接抢夺老板的客户资源。

虽然老板通过开发更多的客户来弥补销售价格上带来的损失，客户数量也确实在增加，但每月流水降到了原来的60%，而人员成本和其他一些费用是刚性的，并不能压缩多少。这位老板本人非常执著，再加上以往成功带来的自信，并没有马上对扩展后的机构和人员进行缩减，而是在此基础上继续坚持了一年多时间。即使本人不说，大家也能想象得到，公司人浮于事的现象更为严重，员工心理不平衡感越发滋生。最终，这位老板不得不一再裁员，缩小规模，由看似前途无限的私营业主退化到自由职业者状态。

当然，在这个案例中，此位老板遭受挫折，不单单是由于机构和人员扩张太快、人浮于事造成的，但这无疑是其中非常重要的一个原因。如果没有这件事情，最起码能省下五十多万的费用，也不会导致员工大面积消极怠工现象的出现，能给自己留下更多的回旋余地。

事实上，专业之人干专业之事、专岗专人存在一个隐含的前提，就是要保证工作量和人员的设置相匹配，要因事设岗，在工作量饱和的前提下，保证事事都有人做即可。人浮于事的最大危害还不是直接增加人员成本，而是对员工内心公平感的巨大冲击，进而大幅降低企业运营效率。从企业的成长历程来看，机构、岗位和人员定编应该是一个胎儿不断发育的过程，该做什么事的时候就做什么事，整体早熟，或者婴儿性早熟，都会带来巨大危害。鞋总是要随着脚的变化而适当调整的，给小孩买鞋买大了同样不是好事情。大公司折腾几回一般出不了大的事情，顶多损失一些资金，但对尚处于成长期、实力不算雄厚的中小企业，尤其是个人创业者而言，这样就可能会面临灭顶之灾，不折腾才是福中之福。

铁律11 维护自己的利益，尊重别人的利益

经商的一个重要原则，就是风险和收益均应该由利益相关方分担。将风险最大限度地放在自己或者别人身上，抑或收益尽量由自己或者别人分享，都是违背商业规律的行为，注定要受到惩罚，从长远来看几乎没有什么例外。

在很多人的思维当中，经商的本质就是为了己方利益最大化。这种人们早已习以为常的观念，其实只说出了一半内容，而另一半则是应当尊重别人的利益，不要损人利己。大家想象一下，如果你做事情什么风险都不想承担，只要收益，主观上可能没有什么恶意，但客观上是在坑害别人。这样的事情，再笨的人时间一长都会发觉。当意识到自己利益受损的时候，他要么态度消极，要么伺机报复，要么断绝往来。无论对方采用何种方式，都势必会影响你的利益，最终自己的小算盘不但没有打成，反而距离真正的利益最大化越来越远。

某位浙江宁波地区的老板，开了家工厂，在创业初期，实力较小，资金短缺。为了有效降低成本，规避经营过程中的风险，怪招频出。其中非常有意思的一招，就是招聘来一批业务员，天天洗脑，然后放到市场上去拼杀。而他老人家只给提成，不承担任何前期费用，销售人员外出开发市场，吃喝拉撒乘，全部自己垫支，连标准最低的工资都省下了。如果业务人员运气较好，销售提成还能弥补一下各种费用；如果时运不济，就只能亏本，而且可能跑得越多亏得越多，直到失血过多，倒卧在地。从老板角度来看，这样一来，前期市场开发的风险大大降低，不可控的费用大

为压缩，客户开发成功了，我支付你佣金；开发不成功，我一分钱也不用出。市场风险在更大程度上转嫁到了销售人员身上，自己的如意算盘确实打得不错。

类似模式如果放在大牌企业，可能还能行得通。无奈这位老板的企业名气实在太小，销售人员虽然非常努力，但终究难被客户所接受。如此一来，销售人员招聘困难自不待言；即使有人想去开发市场，大多数也难以承担前期费用，开发的积极性和力度就会打折扣；偶尔也会有不信邪、拼命去开发市场的，最后基本上都是弹尽粮绝、负债一身。几年下来，这位老哥不但没有反省，还为自己的聪明而庆幸，节约了那么多有去无回的成本。哈哈，现在社会的愣头青还是不少。他没有意识到，由于缺乏力度和深度俱佳的市场开发，企业已经丧失了很多机会。起步比他晚的，已有几个做到了接近一个亿的规模。自己的项目从未进入快速发展期，奄奄一息，自己建设工厂、购置设备的投入可能将永远无法收回，同时还派生了更为巨大的机会成本。是不是就此做到利益最大化了，恐怕直到现在，连他自己都觉得很难说。

也许有人认为，现实中基本都是风险转嫁给别人的例子。其实不然，有不少人虽然历练十多年，但不少商海铁律仍没有吃透。我们可以经常看到阴差阳错，主动将风险全加到自己头上的案例。

一位朋友在北京某家商贸公司干了十多年，具有丰富的行业经验。2009 年年底，老板移民国外，于是他和同事们组建了一支专业的销售外包团队，为同行刚进入中国市场的某品牌开发市场。他们向厂家收取比例较高的佣金，同时负责相关技术和客服支持，客户直接与厂家结算，货物配送也由厂家负责，而厂家其他支持一概没有。在创业之初，他们感觉这种模式非常适合自己，库存和物流不需要占用资金，同时靠团队十多年人脉和经验的沉淀，市场开发难度不会很大，虽然也会存在同市场的磨合期，但总体下来还是可以大有所为。通过半年多的市场开发，他们越来越意识到自己想当然的成分太多。首先是市场环境与他们当年打江山时大不相同，新品牌导入的难度超出想象；其次每人每月最起码需要支出 6000 多元的差旅费用，另加每月 4000 元左右的家庭消费成本，由于前期市场拓展效果不太理想，全部需要自己垫支。实际上这相当于变相给厂家免费打工，厂家自己聘请业务员跑市场，每天还得支付一定标准的差旅费，差别只在于标准如何确定。时间一长，这位朋友有些吃不消了，但也无可奈何，这样的模式是他们自己主动向厂家提出来的。

他深有感触地对我说，自己虽然有十多年的市场拓展和管理经验，并最终坐到经理的位置上，但即使最优秀的员工跟老板也还是有很大不同，很多原来认为不是问题的问题，等到自己真正创业时，可能都是很难绕过去的坎儿。他说，他们团队原来非常优秀，现在竟然自己把自己玩进去了，佣金再高也只能望梅止渴，而市场开发成本，每天是需要发生的，自己越努力成本也就越大。当初即使要求厂家承担30%的差旅费用，也比现在强得多。本来应当与厂家分担的风险，现在全由自己给背了。他很坦诚地说，这是他们团队最大的失误，为了项目能够坚持下去，自己连2009年年初买的房子都卖了。这位朋友最后告诫我，做任何事情，风险都应当由利益相关方来分担，不要占别人便宜，也不要自己吃亏。

在创业过程中，自己过多承担风险的例子并不少见，只是表现形式差别较大，没有我们这位朋友典型而已。譬如，有的老板对待员工过于人性化，工资固定而且在当地或者同行偏高，没有较细的绩效考核，也不随着效益浮动。问起原因，他们很有可能会跟你说，现在处于创业初期，人员难招，队伍不稳，为了留人，这是没有办法的办法。这种说法似乎非常有道理，但这些人没有想过，没有任务量底限，没有绩效考核，员工收入不随公司效益上下浮动，这将意味着什么，会带来怎样的恶果。如果长期这样执行，对员工来说，就意味着干多干少一个样，干与不干一个样，公司效益好不好也跟自己无关。老板的本意是为了稳定队伍，自己为此承担了更多风险，反而会造成自由散漫、偷懒、磨洋工等低效率现象的出现。内部不满情绪滋生，抱怨增多，最终事与愿违，人员会变得更不稳定。事实上，员工更多考虑的是一个月下来能到手多少钱，而绩效考核不考核、待遇同效益挂不挂钩倒在其次。只要这些制度在现有条件下公平合理即可，将来的事情，还可以根据实际情况调整。倘若单纯为了留住人，而管理混乱，坏了规矩，会给项目带来更大的危害。

铁律12 创连锁品牌不要犯撒胡椒粉的错误

连锁经营的优势在于统一标准、统一采购、统一配送和统一推广，而这一切都是和网络密度联系在一起的。如果光注重数量以及行政区域上的布点，无异于撒胡椒粉，难以有效形成聚焦效应。对项目本身发展不太有利，优势反而有可能变成劣势。

在各类创业项目当中，连锁经营无疑是一大热门，且不说麦当劳、肯德基、家乐福、沃尔玛、易初莲花，就连全聚德烤鸭、国美、苏宁、小肥羊、真功夫、谭木匠、永和大王和西北莜面村，都留给人们无限遐想。连锁经营的魅力在于，对授权方来说能够实现快速成长和做大做强的梦想，对加盟者而言则是便于复制成功模式与借力营销，降低经营风险。近年来，数以万计的创业者对连锁经营表现出了极大的兴趣。实力强大且富有野心的，将创建品牌作为自己努力的方向；而实力较小的初次创业者，不少人将开家加盟店当做走向成功的捷径。

虽然连锁经营模式容易产生协同效应，但也需要在网络密度等各个细节给予充分保证。除非你是国美那样已红遍半边天的连锁品牌，否则“飞地”般的布点并不会给项目带来多大的帮助，尤其是刚创建不久的牌子更是如此。当然，如果你是以连锁为名进行圈钱，那就另当别论。在这种情况下，所谓的品牌根本就算不上品牌，只是一个骗钱的道具而已，顶多这个道具用烂了换个马甲再骗。即使如此，导入一个新的连锁品牌也是很费时、费力和费钱的事。如果缺乏足够的实力，你就操作不了几个马甲。因此，无论是基于哪种原因走上创建加盟连锁品牌之路，都应当认真对待，规避其中的一些误区，走向真正成功。

本文中提到的连锁经营，是一个更为宽泛的概念，既指传统意义上专门的连锁经营事业，同时也包括品牌形象店、门头店和专卖店等终端网络。

耐人寻味的是，也许是我们民族受行政文化影响太深，不少连锁经营操盘手一上马，首先想到的是应该在省内、华北甚至全国如何布点，不这样做似乎没有魄力、胸无大志、会被人小看。于是，北京一家店、天津一家店、石家庄一家店、唐山一家店、邯郸一家店、太原一家店地干了起来。两年下来，数数店面的数量，似乎还有些成效，已经有十五六个了，再看看这些店面的经营状况，好像都不太理想，有的早已挂着羊头卖狗肉了。左思右想，不得其解，怪来怪去，最后只能埋怨商业环境不断恶化。

产生这种现象的原因固然很多，但网络布点思路是非常重要的一个因素。对一个并没有多大知名度的连锁品牌来说，你在一个城市开一家店，实际上跟开单店就没有太大区别了。因为如此一来，你标准上如何统一，目标消费群体都很难感受得到；统一采购和配送成本不但没有降低，反而升高了，最终流于形式；在每个城市的推广都是在“孤岛”状态下进行的，难以相互支撑、相互促进；从视觉感知上看，也不易形成密集布局状态下的冲击力。由于布点不当，连锁经营所应具备的优势被一个个消解掉了。在这种条件下，即使品牌经营者投入真金白银去推广，也很难取得理想的效果。

上面提到的例子有些极端，在现实中，更多的案例是连锁品牌的创建先在相邻的几个区县分别布点。这样做自然要比按重要城市布点科学得多，但高度离散布局所带来的问题在相当程度上还是存在的。倘若我们在创建连锁品牌之初，直接按照“根据地”而非“据点”思维进行运作，则可能会要好得多。譬如，你要在北京创建一个海鲜酒店连锁经营品牌，可以考虑先在中关村、上地、亚运村和四季青各开一家店，在运行基本成熟之后，再沿着特定的路线和区域进行拓展，逐渐发展到马甸、三元桥、国贸、方庄、梨园等地。在这种布点模式下，消费者很容易接触到某一连锁机构的数个店面，在其中任何一家的良好体验，都有可能给另外几家带来客源；统一管理、统一采购和统一配送，实施起来也比较便捷；不要说通过媒体投放广告，单靠这些店面的门头和装修，就能带来很好的传播效果，给消费者留下非常深刻的印象，聚焦效应突显。在多年的咨询生涯中，本人创建了“三点定位理论”，即建议厂商在终端建设过程中，针对目标城市或线路，至少建设三家门头店，以形成掎角传播之势。

事实上，现在大多数名气比较响亮的连锁品牌，当年都有意无意地实施过密集布局的聚焦式根据地战略，然后在此基础上再向外辐射。目前万众瞩目、备受营销界推崇的国美电器，当年就是以北京三环沿线为基础，以北京市场为根据地发展起来的，现在发展成为中国大陆最大的家电零售连锁企业，并在北京、太原、天津、上海、广州、深圳、青岛、长沙、香港等城市设立了42家分公司，以及1200多家直营店面。尽管黄光裕个人因罪入狱，事业遭受巨大挫折，但作为连锁品牌，国美还是非常成功的。麦当劳、家乐福进入中国之后，并未急于向全国市场进军，而是在相当长时间内，在重点城市采取了密集布局的策略。

当然，我谈到的这些，对大牌连锁经营机构早已是轻车熟路，属于再普通不过的一个常识。但很多生产性企业，包括一些名列世界500强的跨国公司，在终端建设和形象店布局上依旧大量存在着不得要领、四处开花的现象。倘若他们多读一些毛主席著作，深刻领悟建立根据地和集中优势兵力的极端重要性，就不会犯撒胡椒粉的错误，把本来很好的一件事情办砸。

这个思路换个角度，也可以应用到加盟者如何选择连锁品牌上面。品牌经营者的思路在很大程度上直接决定了加盟商的生死存亡，个人创业者本身就没有太强的实力，根本经不起折腾。加盟者在选择项目之前，除了对产品或服务本身进行考察外，对品牌创建者或者运营负责人的经营思路进行的严格评估亦非常必要。

铁律13　贯通产业链，是馅饼也是陷阱

企业发展到一定规模，贯通产业链是非常必要的，这在很大程度上有助于竞争力的提升。但对创业者和中小企业而言，无疑又是一个巨大的陷阱，极易造成人财物等宝贵资源的分散，有可能影响到项目运作效率和竞争力提升。

也许是喝墨水喝得比较多，不少朋友创业，总是倾向于上下游一体化，产业链通吃。似乎不这样，就会有一种受人压迫和盘剥之感。于是项目刚上马不久，就心急火燎地往上下游拓展，几个月下来就将自己搞得疲惫不堪。结果摊子虽然看上去很大，但每一块儿都没有什么突出表现，整体导入期被迫拉长，企业不得不在生死线上久久徘徊，经营风险被人为放大。

有位亲戚，年长本人两岁，2006年前在县城开饭馆，做了几年，小钱不断，大钱难赚，感觉没什么意思。再加上父亲瘫痪在床，自己成家较早，娇妻爱女需要照顾，弟弟妹妹尚小，压力超乎想象。重压之下，要么会垮掉，要么会反弹。这位亲戚左思右想，觉得自己不能再这样安于现状、小打小闹下去了，也许别人可以，但自己绝对不可以。一方面是因为这不符合自己的性格；另一方面也是各种必需开销比别人大得多，急切需要更多的钱来解决问题。于是他从银行贷款三十万，回村里圈了两亩地，盖起几间棚圈，开始养殖肉牛。大门上还挂了一副牌匾："致富何必学经商，养牛也能奔小康"。黄牛育肥亦是一个技术活，好在他打小就从农村长大，喂牛基本在行，同时开了多年饭馆，虽说没赚到多少钱，但还是积累了很多人脉，对行情了解较多，收牛看重量也看得很准，因而前期项目比较顺利。

任何行业，远距离看跟近距离看不一样，近距离看与置身其中还不一样。就拿黄牛育肥来说，上游是幼牛、草料和疫苗供应者，下游是批发商、零售店、饭店、肉料加工厂和消费者。几个月过后，这位亲戚逐渐开始抱怨幼牛和草料不断涨价，疫苗太贵，牛肉价格波动太大，竞争激烈，自己打造精品牛肉基地的想法受到了空前挑战。为了降低成本，他不得不对思路进行调整：一来牛肉质量不再坚持精品路线、随行就市；一来自己开始种植玉米、加工草料；三来上马风干牛肉干项目，通过牛肉深加工提高最终产品附加值。到此为止，光从理论上讲，他的思路还是蛮细致和前卫的。他要搞的已经不再是简单的黄牛育肥项目，而是一条较为清晰的牛肉产业链！

他调整后的想法，于2007年年初开始实施。起初同样满怀激情，仿佛一家蒙牛般的公司正在自己手中生根、发芽和快速长大，财富之路光明无限，蒙鹰品牌就此诞生。思路本身并没有对错之分，关键还是要看跟自有资源和环境的匹配程度。沿产业链向上下游拓展，就意味着需要投入更多的精力、资金和人员，意味着更多的前期投入。原来养肉牛，他自己跑销售，雇三个人就够了；现在向上下游拓展，种植玉米、加工草料增加两人，牛肉干厂新增十人，牛肉干厂施工和设备购置需要追加投资，另外需要配置两部汽车。原有的资金明显不够用了，又不得不动用关系另向银行贷款50万，但再向银行借贷的可能性已经不大。

由于处于创业初期，难以引进合适的管理者。他虽然聘用了一些人，还获得了政府颁发的“以创业带动就业先进个人”奖状，但还是处处需要自己把关操心，“起得比鸡早，睡得比狗晚”，很多事情依旧没有处理妥当，仍不时面临队伍不稳的困惑。2008年秋，历尽千辛万苦，牛肉干厂终于建成投产，对他来说是非常欣慰的一件事情。而此时，真正的考验才刚刚开始，牛肉干质量和配方尚待最终确定，内部管理需要理顺，而自己不得不将精力主要集中在市场开发上，种植和育肥项目无暇顾及，基本处于放任状态，情况一天不如一天。

此种状态持续了一年半时间，到2009年年底，这位亲戚的牛肉干项目基本算是站稳了脚跟，他开始认真审视这三个关联性很强的项目。结果发现，虽然初衷都是为了省钱，提高资金的利用效率，但折估下来，自己种植的玉米来喂牛并没有省多少钱，黄牛育肥成本高，供应量又难以满足生产牛肉干的需要，想不到精心培植的项目最后成了鸡肋。至此，他自己清楚地意识到，无论是精力还是资金和人员，都难以同时支撑这三个项目，必须择优留用和有所舍弃，最终选择保留牛肉干项目，停止种植玉米，逐渐关闭养牛场。他是不幸的，又是幸运的，虽然这几年来走了不少弯路，但最后还是找到了适合自己的事业，有两个项目最终被迫关闭，但毕竟闭关成本很小。如果换成是投资巨大的工业项目，很有可能从此血本无归、一蹶不振。

当然，在条件允许的情况下，沿产业链向上下游拓展还是非常不错的一个选择，但千万要考虑以下几个关键问题：第一，自己的资金是否充足，抽调到新项目上，会不会导致大本营资金紧张。第二，有没有专业的人员和团队来运作新项目，人员方面的问题能否通过招聘予以解决。第三，项目在长期来看是否有助于提高整体竞争力，能否帮助公司降低成本。第四，各项目之间所产生的协同效应有多大，是否会分散高管层的精力，从而最终造成必须有所舍弃或者满盘皆输。第五，在这几个领域储备的技术、经验、人脉和人员等资源能否支撑项目的发展。如果这几个问题都能得到满意的答案，就不妨去尝试。倘若其中任何一个存在疑问，就需要非常慎重了。除非你能想出新的办法将其妥善解决，否则前面等待你的只会是挫折。

铁律14 别被数据分析的把戏忽悠了

量化的数字能够给人带来一种信赖感，但也容易形成误导，特别是在一些项目效益分析的时候更是如此。我们在作效益评估的时候，需要考虑一般情况，同时还要顾及各种例外因素和突发事件，对后者要予以充分估计，才能保证计划的精准性。

受西方学术思维影响，数据分析、量化论证已经越来越广泛地渗入各类项目的评估之中。这本应该是好事，却被很多商家用来蒙骗客户及消费者，其中不乏一些名头很响的跨国公司。初次创业者由于缺乏必要经验，往往会被这些详细繁杂的量化分析折服，看不出什么破绽，只能心服口服地将真金白银拿出来，当项目运作之后，越做越感觉根本不是那么回事，但也无可奈何。

某国际知名品牌，旗下拥有汽车养护连锁项目，制作了一整套非常完备的项目说明和论证材料，给人感觉非常专业和正规，无论是产品性能，还是商务分析，都涉及大量具体数据。其中有一项分析是这样的，采用他们提供的技术和服务标准，平均下来每天能服务40辆车，按每辆车贡献50元的利润算，每天可以获利2000元，每月的纯利就是60000元，一年下来可达72万元。根据他们的论证，这还是比较保守的估计，如果运作得当，每年利润突破百万是没有问题的。我在这里也只是大致描述，他们甚至还将利润来源细化到了每一个产品和服务上。

表面上看起来，人家是国际大品牌，自然应该相信品牌的力量，其中每一项分析都细致入微，合情合理。如果接受了他们的逻辑，那就恭喜你，你受数字魅力的影响，已经成功落入量化分析的圈套。您从事的可是店面现场劳动密集型服务业，一天服务 40 辆车意味着什么？按每天 10 小时的营业时间算，平均每 15 分钟就得服务一辆车，而用户前期消费的时间是随机的，排队现象似乎难以避免；按 24 小时全天候营业算，可利用的时间资源到了极限，也得平均 36 分钟服务一辆车，时间上已经比较紧张。单店每天服务 40 辆车也不是说完全不可能，但工作量实际上已经饱和。

每辆车贡献 50 元的利润意味着什么？按对半利润来算，每个客户需要消费 100 元；按 1/3 的利润算，每个客户需要消费 150 元。当然也有暴利产品，十多块的进价卖六七十元，但这样的产品靠单店零售，一个月下来都卖不了多少。在大多数情况下，别说平均每位客户贡献 50 元的利润，他们每次消费 50 多元都再正常不过了。

每月按 30 天的营业日计算本身也有问题。除了正常的双休日不说，每月肯定会有几日天阴下雨，还有累计至少半个月的春节和其他节日假期，每年有五十多天的时间不能正常营业。这还没考虑临时应急性事件的发生，比如修路、交通拥堵、线路管制等。

如果有人真正想运作该项目，日均服务汽车应当按照 10 ~ 15 辆，每人次利润贡献按 30 元计算，一年的正常营业日以 300 天算比较合理。也就是说，通过努力经营，在较为理想的状态下，每年获得 9 万 ~ 13.5 万的毛利是可能的，去掉房租、水电和人员工资，大致能获得纯利 5 万 ~ 10 万元。当然，这里的计算是建立在营业状况较好、地段中等基础上，如果选择好一点的地段，可能成本还得在此基础上加 2 万 ~ 3 万元，同时毛利润贡献和客流量也要好一些。值得指出的是，这是一个中位数的算法，事实上能够生存下来的大致也就这么一种情况。我们并不排除有人能比这个经营得更好，但难度很大，比例也要低很多。即使能够赚上 5 万 ~ 10 万元，很大程度上也是靠自己起早贪黑、吃苦受累得来的。

这个问题，就跟大学生看待农民工一样。目前在国内很多大中城市，像泥瓦工、木工和腻子工等稍微有点技术含量的工种，每个工基本都在 150 ~ 200 元之间，水平好的自然还要高一些，而且大多当日结清。于是不少大学生和白领感到心理不平衡，因为在他们眼中，这些自己平时不大看得起的农民工，每月的收入竟然有 4500 ~ 6000 元，一年下来有 5 万 ~ 7 万。令人遗憾的是，社会上太多的人习惯于用月薪和年薪来计算收入，而忽略了日薪的含义。按日薪结算的，基本上就是打零工，这就意味着工作和收入的不稳定。他们虽然一天可能挣 300 元，但不能保证每天都有活干，每个月都有活干。我的一个表哥，在包头做砌墙师傅，水平还算比较好的，每干一天活赚 150 元。但每年下来也就能做 150 天左右，中秋过后到过完清明基本动不了工，夏秋季得考虑天气因素，也难免会有个头疼脑热需要休息的日子，此外还需考虑工程青黄不接在家等待的情况。因此，他每年下来收入也就两万多块钱，几乎所有的风险都得自己承担，并没有上班族想象的那么好。

对很多创业者来说，不但容易被别人的数据忽悠，而且也容易被自己的数据忽悠。从心理角度讲，只要一个人决定运作某个项目，他肯定是自信的，他认为的中等情况实际上就是最优状况，他那里最保守的估计往往就是最平常的情况。在项目运作之前，这里有一个方法供大家参考，可以在一定程度上避免自己被自己的数据忽悠。年成本费用（含推广）在你预计的基础上乘 2，年收益在你预计的基础上除 2，导入周期在你预计的基础上翻番。这样才可能避免由于自己盲目乐观和自信带来的准备不足，使项目能够真正坚持下去，不至于前功尽弃。数字是一个很好玩的东西，又是一个不能闹着玩的东西。如果你态度不认真、悟性不够，它就会牵着你的鼻子走，把你玩弄于股掌之间。

铁律15 老客户和口碑更大程度上决定你能否做大做强

回头客和良好的口碑，对于绝大多数公司，特别是处于初创期的项目来说，是非常重要的。但很多创业者在这个方面说得多做得少，认为这样得不偿失。没有老客户，口碑不太好，并不意味着项目坚持不下去，但经营状况肯定不会理想，发展速度自然要慢得多。

一位哥们儿在中关村经销液晶显示器，从2005年开始做，起步并不算晚。但刚做理念就发生了偏差，认为客户需要的是便宜货，价格低就好卖。于是他们就从深圳找了家专门组装机器的小厂子，出来的产品没有标明厂家地址、没有生产日期、没有检验合格证，更没有三包，只是定做了一批标签自己贴。准确地说，他们卖的产品属于别人代加工，但又缺乏必要的完整手续，与严格意义上的委托生产还不太一样。在这种情况下，他们起初还打算坚守质量方针，通过几年的时间做大做强，但后来越做好像越不对劲。由于产品是小厂子购置低质廉价零部件组装的，虽然价格上看上去很有竞争优势，无奈质量很不稳定，返修率超过了30%，而且绝大多数故障是用不了几天就出现黑屏。当然，几乎所有的故障产品经过售后技术服务还是能够修理好的，但其商誉还是严重受损。

好在他们所处的中关村属于华北地区最大的电子类产品集散地，无论零售还是批发，客流量都非常大，靠每天上门的客户就基本能够维持生存。几年下来，大钱虽然没有赚多少，小钱还是没少赚，不过一直没有进入快速发展阶段。面对并不理想的经营状况，他们也在不断想办法，譬如给网吧、KTV和单位用户供货，发展区域分销商，给下游客户一定账期，等等。像他们这样故障率比较高的产品，做散户还行，大不了你把产品拿来，给换一台新的，毕竟三星、飞利浦这样的大牌子，也不能保证自己的产品肯定不会出问题。但一遇到网吧等团购客户，就比较麻烦，人家用了你一百多台机器，最后二三十台屏幕不亮，你能交代过去吗？！即使最后全部修好，想结算余款，难度也超乎想象。尽管这样，他们还一次又一次抱着侥幸心理，去开发大的终端用户，然而每一次结果都大同小异。有一次，河北的一个网吧从他们那里拿了200多台机器，当面谈得非常合得来，付了一半款，回去以后一安装，有20多台不亮。人家就找上门来，非但余款不付，还以他们产品属于“三无”产品为由，要求给五万元私下了结。经过一番周旋，最终五万元倒是没有付，但上万元的余款还是打了水漂。

液晶显示器这种单品，终端用户产生回头客的可能性较小，如果运作得当，还是能够形成一批相对稳定的分销商。如果那位哥们儿真的能够做到这一点，五年下来，生意依旧有机会渐渐做大，不至于仍处于半死不活的状态，天天抱怨显示器行业江河日下，四处寻找新的项目。退一步来讲，液晶显示器可能真的不行了，但整个IT产品行业肯定不会垮掉，只要你手中掌握了较为牢固的分销网络，还可以在此基础上导入其他相关产品。事实上，在中关村还有另一家经营液晶显示器的，2007年才起步，比他们晚两年多。三年下来，人家做得风生水起，规模是他们的好几倍，项目也进入快速发展通道。其中一个非常重要的原因，就是老客户的贡献率要比上面那位哥们儿高很多。

谈到这里，也许有朋友会问，像超市、饭馆、便利店和发廊等类似的店面，以及食品、饮料、水果和服装这样的快速消费品，比较容易产生回头客；像冰箱、洗衣机、电脑这样生命周期较长的耐用品，也可以产生关联产品和分销渠道回头客。那像房子、瓷砖和装修这样的消费，无论你做得是好是坏，客户很有可能这辈子就消费你一次，有必要非得做得那么好吗？蒙混过关，差不多就行了。这个说法貌似非常有理，实际上似是而非。产品和服务之间的生命周期确实差别很大，有的可能每隔几天就得消费一次，属于快速消费品；有的每隔四五年就得更换一次，属于普通耐用品，像小家电和床上用品；有的消费周期长达数十年之久，比如房子和装修服务，则属于周期超长的耐用品。每个人在日常生活都能感受得到，生命周期越短的消费品，人们消费的随意性越强，而生命周期越长的消费品，人们在购买之前越谨慎。

就拿装修这点事来说吧，买瓷砖、厨卫、电器、涂料等产品，尽管大家事先都不是太了解，但基本都会先上网去查一下网友们的评价，或者向亲朋好友们打听打听，自己再不断地去问一些懂行人，比较一下各个牌子的材料和性能。选择装修公司或者施工队的时候，一般也更倾向于朋友介绍，而且能够亲眼看到实际效果的。这实际上就意味着，大多数人在生命周期超长的耐用品消费时，更为偏重专业人士推荐或者社会上的口碑，那些口碑较好且受到懂行人推荐的产品和服务，自然会受到更多被选择的机会。如果认为人家只消费一次，干好干坏都是一锤子买卖，能蒙就蒙、能骗就骗的话，也许维持生存没问题，但做大做强基本上没戏。

我认识一支装修队，领头的是安徽阜阳人，他们在北京做装修差不多有20年的时间了。虽然并没有注册公司，要价也不比装修公司低，但想找他们干活，需要提前两到三个月预约，如果预约晚了，轮都轮不上。他们的业务一年到头都处于较为饱和的状态，业务基本上都是靠他们服务过的客户介绍。我也在很多建材城旁边看到过一些拿着工具待雇的泥瓦工、腻子工、水电工，有的好像一整天都没有什么活，干脆躺在路边睡大觉。估计这样的人给人干活的时候，就是糊弄了事。

很多人天天抱怨时运不济，这么多年来，我也经常思考这个问题。中国人做事情一直讲究“天时，地利，人和”，能够做到这三点，你就能顺风顺水。如果做不到，难免会波折不断、磕磕碰碰。实际上要做到这三点，更大程度上还是要靠自己努力，“天时”和“地利”更多讲的是环境和你自己的资源储备，而“人和”更多的是别人对你的态度和评价。“人”更为重要，是“天”与“地”之间的桥梁和纽带。如果缺乏“人和”，你的“天时”和“地利”再好，也只能处于潜发状态，难以激活。应用到创业和经商当中，老客户和口碑对你的项目是非常关键的，能够在更大程度上决定你能否做大做强，甚至是否能够生存下去。创业者的命运，更大程度上存在于别人的口中。

铁律16 创业和打工，哪一个更能实现利益最大化？

一个人打工还是创业并不重要，重要的是如何使自己的人生价值最大化。从这个角度上讲，创业未必就比打工强，也许你打工所能达到的高度远远超越你创业所能达到的高度。每个人情况都不一样，创业之前一定要想明白，打工和创业哪个更适合自己。

在不少人眼里，创业似乎就是走上了财富之路，其实未必。即使你的项目已经实现了赢利，其收益水平也不一定能够赶得上你上班。不但从短期来看是这样，从长期来看也可能是这样。当然，如果你是属于玩票儿那种类型的，纯属为了体验，那就另当别论。这里更多的是从个人机会成本和项目选择角度来探讨问题的。

深圳一位朋友的老婆，35 岁上下，在某世界 500 强企业做财务工作，月薪 17000 元，早已有房有车。她本来日子过得蛮舒服的，但还是想去创业，看见人家 7-11 生意红火，于是开了家社区便利店，认为既能多一份人生体验，又能赚更多的钱，何乐而不为。在她的意识中，人家 7-11 雇工经营尚能赚钱，成为全球连锁企业中的翘楚，自己开家便利店，最起码收益也能比上班强。

但很多时候，鞋大鞋小只有自己知道，你远距离看，只是雾里看花、水中望月、朦朦胧胧。目前在北京和深圳等一线城市，开家社区便利店的成本和收益大致如下：每月房租 2000 ~ 3000 元，水电话费 200 元上下，雇一个员工每月支出 1000 ~ 1500 元，每日流水 1000 ~ 2000 元，平均毛利 15 个点左右，每个月下来大致上可赢利 1300 ~ 5800 元。如果自己打理，每月可以省下 1000 多元，一般情况整体收益也就2300～6800元。如果经营良好，按每日流水3000元计算，每月的纯利润在一万元左右。日均3000元流水，在便利店当中虽然不算太好，但已属相当不易，能够超过这个数目的少之又少。当然，这里分析用的数据都是建立在个体创业者所开单店基础上的。如果是连锁便利店，特别是大型连锁机构，费用和流水可能跟个人创业者差不多，但采购量大，谈判能力强，最起码在毛利这块儿要多5～10个点。可能通过一些方式的推广和品牌的影响力，日流水能达到5000元左右。他们还可以向一些供应商收取进店费和促销费等来弥补一些成本。但这些绝非个人开便利店能够做到的。如果以这些大型连锁便利店作为参照系，认为人家能赚钱，自己就能赚，本身在方法论上就已经犯了一个大错误。

这位大姐终于下定决心辞职开店，她还算比较顺利。前两个月就小有盈余，运行半年多之后，经营就进入了一个较为平稳的状态，基本上每月能够获利6000多元。当坚持到一年左右的时候，虽然她也在不断想办法，寻求新的突破，但似乎老天有意跟她开玩笑，营业额还是平缓地做着俯卧撑，并非她所愿。后来，她渐渐明白了其中的很多东西，感觉自己即使再努力下去，也不可能有太大的突破，自己身心疲惫，得不偿失，还不如上班过得潇洒。最终，店面在又坚持了几个月之后，转给了一位亲戚，自己又回去继续外企白领生涯了。

师兄C，早我两年毕业，先是在一家汽车经销公司干业务。2004年年底，跳槽到了给某国际大牌车企作整合营销外包的一家公关公司。从最基层的文案干起，到2009年年底，他已经做到了部门经理的位置，年薪二十多万。他们从事的是创意工作，压力相当大，很多时候为了应付客户临时的紧急任务，一天一夜都不能合眼。几年下来，收入确实能对得起自己了，但内心已经疲惫不堪，甚至是非常讨厌。2010年春节过后，他选择了辞职创业，在自己居住的燕郊开了家社区便利店，并代理某品牌儿童枕头。起初，他觉得自己策划能力强，开的店面营业状况应该比别人好得多。他倒是要求也不高，每月下来赚5000多元即可，能够还还房贷，有点零花钱，再做一个本地信息网站养着，坚持几年，就能实现真正的财富梦想。

经过半年多的运作，情况与想象中差别较大。房租一个月800元，水电和话费每个月100元，日均流水1000元，毛利15个点，一个月下来获利3600元左右。夫妻两人打理，人均产出1800元。虽然项目本身运作得还算顺利，但每个月需要还房贷1000多元，孩子上幼儿园花1000多元，剩下1600多元勉强维持一家三口的生活费。他本来是为了从高强度的工作压力中解脱出来，收入大幅下降也有心理准备，但没想到会降得如此厉害，同时一大堆事情照样繁杂，千头万绪，忙里忙外，压力并没有减轻多少。他目前希望本地信息网站能够获得重大突破，也就不枉此番辛苦。

被誉为“中国打工皇帝”的唐骏，早年也曾创业，但似乎不是太成功。如果他的项目坚持到现在，很有可能也就是个有一定特色的中等规模的企业，他自己可能只是一个拥有几千万资产的普通商人，名气绝对没有现在这么响。他后来选择了微软，一个已经成熟并处在高速发展期的平台，从基层技术员做起，一直干到微软（中国）有限公司总裁，后相继加盟盛大网络和新华都集团，年薪达到上亿元。按他一亿的年薪来算，实际上就相当于自己经营了一家年营业额为13亿~17亿的公司，大多数行业的纯利润率也就在6%～8%之间。在我国，年营业额超过13亿的民企虽然并不鲜见，但比例已经相当低了。按照正常发展水平，唐骏当年的项目坚持到现在，年营业额达到13亿的可能性也并不大。

诚然，唐骏的案例非常极端，并不具有普遍性，但仍能给我们带来很多启发。每一个人拥有的资源和机遇都有很大差异，究竟是选择创业还是打工来实现自己人生价值的最大化，需要根据自身的情况进行综合判断，本人也不敢妄言。如果能够找到一个非常适合自己发展的平台，也许打工要比创业强得多。倘若您点儿背，职场发展流年不利，找不到合适环境，自己又确有能力创建更好的平台，也许选择创业更有利于自身的长远发展。

铁律17 在大公司的锻炼和沉淀是创业的另一笔资本

对个人而言，最好在正规的单位踏踏实实锻炼上 3 ~ 5 年之后，再正式加入创业行列。这样一来，在资源储备、沟通能力、协调技巧以及看待问题的思维和角度方面都会有一定积累，在项目运作细节上能够做得比较到位，更有利于创业成功。

目前社会上广泛存在一个认识上的误区，认为找项目和创业才是有前途的正事儿，才是真正的上进，现在的工作应付一下就行了，没有必要认真对待，一切皆须服务于自己的千秋大业。这种想法看似很有道理，其实是极其有害的。无论是打工还是创业，很多东西都是需要锻炼和沉淀的，比如你的沟通能力、团队精神、时间管理、细节把握、思维结构等。这些东西实现起来其实并不难，在合适的平台上用心锻炼 3~5 年时间，基本上都能具备。前提是需要一个过程，需要许许多多事情去磨炼你，需要有一个来自外界的标准和规范去约束你。如果缺乏这些方面的积累，即使你已经走上创业之路，交学费也是难免的。尽管你也可以不断实践、不断领悟、不断进步，但你付出的代价要高得多，在不少细节上仍会存在欠缺。更为要命的是，你可能对所存在的问题浑然不觉。正因为如此，一进入社会就直接创业，或者尽管工作多年，但一直三心二意、吊儿郎当的，创业过程中遭受的挫折、付出的代价要比别人多得多。

做事情，无论做好做坏，最终都是你自己的。如果抱着一种应付了事的心态，可能短期来看并没有什么危害，但时间一长，巨大的负面作用就会暴露无遗。首先，这样容易形成应付差事、做事浮躁、拖拖拉拉、随意无序的坏习惯。其次，本应当沉淀下来的资源、经验和能力没有积累到位，难以承担更大责任，缺乏独当一面的能力。当某天机遇真的出现在面前时，你只能望洋兴叹。再次，好自以为是，盲目自信，本来自己能力欠缺、判断力有瑕疵，还总是感觉真理掌握在自己手中，听不进别人的意见。最后，沟通协调能力差，团队精神欠佳，未能真正尊重别人，成绩都归自己，问题总是客观造成的，自己没有责任，总是抱怨人心不古，别人太坏，怀才不遇和受迫害感较强。如果你一进入社会就直接选择创业，就会出现各方面储备不足或者干脆没有积累的问题，以上几方面危害在很大程度上是难以避免的。

某位小弟，初中毕业后在一电脑培训机构学习互联网技术，水平还勉强过得去。他于 2006 年踏入社会，当时正值互联网投资高峰期，李想们成了数以万计与互联网相关人士的光辉榜样和精神领袖。他父母帮着联系好了去京能集团一家新建的电厂做网管，刚开始月薪 2000 元左右。在很多人眼里，这应该是一份不错的差事，而这位兄弟总是感觉一旦进入，前程就一眼望到了头，没什么意思。于是他放弃了这次机会，选择创业，给一些中小企业维修电脑，并承揽网站制作业务，自己还创建了几个网站，试图靠别人的业务求得生存，通过自有网站实现发展。“玉不琢，不成器”，这个小弟将学生时代办事拖拉、时间观念差、随意性强等毛病无一例外地带到了项目运作过程中，又缺乏来自外力的直接性强制约束。办事能力严重不足尚且不说，沟通方面也自以为是，不管对错与否，总习惯于挑别人的刺，事情没有办好，客观理由一大堆。本来叔叔们在彼此领域大大小小属于领导，拥有广泛的人脉资源，帮帮他还算比较容易，但看到他这种状态，难免有些犹豫。他的一位舅舅，有次手中掌握着一个 10 万元预算的网站项目，左思右想打算交给他做，但几番斟酌之后还是不太放心，最终作罢。

这位小弟曾经运作过一个面向省会城市的本地论坛，本来就是个人网站，还偏要把栏目和板块细分到每一个街道、小区和学校。单从思路上讲，细分本身并没有什么不对，但问题在于，设计了数百个板块，内容靠什么充实，由谁来维护。靠网友吧，前期来说肯定不大现实；靠你自己努力吧，一来根本没那么多本地细分信息，而且自己精力上无法保证。时间一长，势必会造成绝大部分栏目空白的现象，即使个别栏目内有更新，也会显得非常单薄，难以吸引用户。这样的网站，靠个人运作，关门是迟早的，基本没有任何悬念。事实上他在坚持了八个月之后，深刻地意识到了这些问题，不得不选择放弃。

还有一位朋友，毕业之后仅仅在父母介绍的一家公司干过三个月，便匆忙走上了创业之路，先后搞过四五个项目，都不同程度地引入了合伙人。一方面，他总想自己拥有绝对的控制权，给合伙人的股权比例太低。比如曾有年赢利二十多万的项目，他占 70% 的股份，一个合伙人占 20%，另外一个占 10%，结果另外两个合伙人对项目很不上心，在较为红火的时候还给他使绊。另一方面，他在与合伙人沟通和协调的过程中，一味坚持自己的主张，喜欢较真，缺乏必要的妥协、迂回和容忍，最终搞得不欢而散，项目基本搁浅，自己还经常叫屈。事实上，他做事情的出发点都是好的，绝大多数事情都能站在公平合理的角度考虑，但在沟通的方法和技巧上存在瑕疵，团队合作精神较差。他还有一个致命的弱点，就是在沟通没有到位的情况下，太喜欢揣测别人心理，总是说我太了解某某人了，太知道他的想法了。也许他真的很聪明，非常擅长揣摩别人的心理，然而即使你水平再高，也难以保证你的判断百分之百的正确。准确度达到 85%，已经算是绝世高手了。要想了解别人真实的想法，当面作一个深入沟通，仍是最为可靠的方法。光靠揣摩，多少都有一些想当然的味道，在方法论上也存在重大缺陷。看他这么多年走了很多弯路，我有一次遇到他，半开玩笑半认真地说，你小子上班上得太少了，很多技巧和方法本应该通过在打工、别人鞭策你的过程中获得，而你恰恰缺省了那个重要环节。

正规一些的单位，一般都会不时地有一些职场礼仪、时间管理、客户谈判、沟通协调和岗位技能方面的培训。即使没有这些培训，领导和其他部门的人也会给你经常挑刺，甚至还会言传身教。他们不一定会提住耳根教你，但只要你用心去学习和领悟，三五年下来，自然会有很大长进。

当然，可能你没有基础，悟性较差，在一个平台上没干多久，就被人家礼送出境。但不要紧，你只是走人而已，最起码他还要付你工资。吃一堑长一智，到下一家后吸取一下教训用点心，还是有机会的，对自己来讲并没有致命损伤。倘若你自己创业，情况就远非这么简单。想一想，你真金白银投入进去了，很多还是东筹西借，一旦失败，就非常有可能伤筋动骨、肢体残缺。如果是由于基础能力欠缺而导致的，那失败就未免太冤枉了。

老天总是公平的。前期抱着要出去的创业想法，用一种应付的心态去对待工作，也许你确实占了老板很多便宜，但当你真正开始运作项目之后，你欠别人的会以另外一种形式加倍偿还。这是本人给正在打算创业的职场人士一个非常真诚的忠告，也是建立在大量真实案例长年跟踪基础上的一条铁律。

铁律18 保持商号、公司、品牌名称的严肃性和稳定性

商号、公司、品牌和项目名称与图形组合，以及VI体系，是和商誉、知名度及各种配套资源联系在一起的。如同一个人的名字，一旦确定，就要保证其严肃性和稳定性，切忌改来改去，进而避免出现资源浪费。

在中国人的传统意识当中，姓名涉及血缘、家族甚至辈分，如同身体发肤受之父母一般，是非常严肃的事情，因此便有了“行不更名，坐不改姓”的说法。即使到了现在，如果一个人频繁更改姓名，最起码会带给别人如下几种印象：一是非常浮躁，与这类人打交道需要谨慎；二是此人可能发展很不顺利，或者遇到的麻烦事较多；三是性格偏执和异常迷信，容易被人洗脑与误导；四是到处招摇撞骗，抑或干着很多见不得阳光的事情。

其实，作为项目和公司也一样，如果你频繁变动你的认知系统，就会给人留下很多非常消极的印象。商号、公司、品牌和项目名称与图形组合，以及VI体系，甚至网址、邮箱和电话号码等，一起构成了企业的认知体系。它们只有通过在各个方面、多个领域、诸多渠道不断重复和强化，才会变得颇具价值。企业认知体系任何部分的推广，哪怕是看上去很简单的一个400免费客服电话，都需要用时间、金钱和精力去沉淀。任何一次改动，所耗费的资源都是巨大的，而且企业规模越大、使用的时间越久，就越是这样。抛开别人的印象不谈，频繁改动这些企业认知元素，在相当大程度上意味着前功尽弃，推广工作需要从头来过。对创业者而言，更意味着项目处于极不稳定状态，资源本来就紧缺，现在又被极大浪费。

正因如此，如果原有体系不存在严重缺陷，或者不到万不得已的时候，原有的任何要素都不要随意改动。即使改动，也要考虑过渡性和连续性，不能彻头彻尾两张皮，否则只能是跟自己过不去。

一位朋友营销背景出身，非常信奉精准定位，但好像对自己的感觉不是那么自信，做事情总是变来变去的。人家毕竟喝过墨水，见过世面，又有长达十余年的实战经验，有些大师风范，无论变成什么样，总能找出一大堆理论和细节依据论证其合理性。听起来，还真的难以挑剔。他从 2005 年开始运作行业网站，为了寻找跟行业的最佳结合点，在半年内对自己的网站调整了六七次，而且还不是微调，不光换网站的名称，就连网址、框架结构和背景风格都统统换掉。每一次完成之后，他都会向我推销他的大作如何如何完美，怎样怎样切中市场要害。也许是本人愚钝的缘故，左看右看，上看下看，内容还是那些内容，并没有实质性变化，怎么也感觉不出其中精要所在。

然而他自己就惨了，每一次改版都要花费大量的精力，每天休息不到五小时。半年折腾下来，人整整瘦了八斤。同时，由于前期模式迟迟不能确定，下一个阶段的营销和推广活动根本无法进行。本来就准备不多的资金，在基本什么事情还没干的情况，一天天消耗掉。他自己倒是没什么，半年多下来还是有收获的，最起码对那套网站程序越来越熟悉，改动起来更加得心应手。但他老婆想的可就复杂了：一个大男人，上有老下有小，天天宅在家里盯着电脑，阴阳颠倒，吃饭须人叫，睡觉得人催，人都快变成机器了，但钱好像还是看不到半点影子，房贷、生活费、小孩幼儿园学费每个月还是要雷打不动地支出的，于是心里着急，未免时不时地数落一番，夫妻关系渐渐紧张了起来。

无论你着急还是不着急，很多时候结果都是一样的。创业本身就是非常困难和极具风险的一件事情，更何况他又这样变来变去，每次好不容易有些进展，又一次次归零。他的网站项目一直到现在还在坚持着，但已经不抱多大希望，主要收入来源靠给一些企业当顾问和给经管类杂志撰稿。他这样的例子实际上并不算极端，毕竟运营个人网站，顶多前期耗一些精力，并没有多大的资金投入，算不上什么烧钱。

在北京曾有一家润滑油企业，当年与现在名满神州的统一润滑油旗鼓相当。两家基本都在 20 世纪 90 年代中期起步，甚至有一年当它做到一亿的时候，统一润滑油才几千万的销售额。就是这么一家基础还算不错的企业，也不知道老板出于什么考虑，每隔一两年就注册一家新公司、上马一个新品牌，在市场上重新推广。当然，也可能是原有的马甲遇到了什么问题，难以继续下去。最夸张的时候，有三四副马甲在同时运作。在 21 世纪的最初几年，这种模式基本还能行得通，每个牌子一年卖上四五千万，算下来也有 1 亿 ~ 2 亿的营业额。但这明显是一种耗费资源的做法，每次重新策划、重新包装和重新推广，都需要较大投入，难以形成聚焦效应。结果几年下来，统一润滑油做到了 10 多亿，而这家企业则是王小二过年，一年不如一年。截至目前，统一润滑油年销售额接近 40 亿，早已由一家民营企业华丽转身为壳牌集团旗下的成员，而那家企业再也难觅踪影。这不能不算是一件非常令人遗憾的事情。

在大量个人创业案例中，类似上面两个例子的可能不是太多，但换门头和手机号码的事情较为常见。我经常理发的地方原来叫“金蛇飞剪”，名字叫得很有创意，能引发人们的无限遐想，极富诱惑力，门头也由红底黄字组合而成。老板手艺也如其名，剪一次头发五分钟搞定，又快又好，收费也算合理。后来牌子换成了“特别特”，白底红字艺术字组合。当本人再次去理发的时候，连续转了三大圈，也找不到“金蛇飞剪”，心中未免不快。这么好的手艺，生意还不错，老板怎么说不开就不开了，关门干什么去了？正在琢磨这事儿的时候，老板正要出去买东西，看见我打了个招呼，我这才知道原来老板仅仅是重新做了一块儿门头！还有一个的哥，我经常打电话用他的车，后来有一次小孩看病着急上医院，再打那个电话，是个女的接的，说是饭馆，于是郁闷至极，不得不深夜出去四处拦车。事情过后一段时间，我在街上偶然遇到了他。问起号码之事，他说原来是联通的号，现在换成移动的号码了，移动话费便宜，换号后移动还赠送了一些礼品。我心中暗暗为他叫冤，这样一换，得影响你多少业务，也不知道他算没算过这笔账。反正本人的号码自买手机以来，就一直没有换过，用了七年多，基本上已经成为另一个版本的“身份证”。

铁律19 开店不仅要考虑地段，还要考虑有效营业时间

在店面选址的时候，除了要关注位置和地段等重要因素之外，还须重点考虑其有效营业时间。由于人们思考问题往往是按照常理展开的，所以常会忽略一些非常关键的细节。特别是个人初次创业者，因经验缺乏，更易掉进其中隐藏的陷阱。

店面的租金和地段呈高度正相关，已经成为一个毋庸置疑的常识。因此在人们通常认为的好地段，比如车站、公园、步行街、高档小区、景点和商务区附近，租金都自然会价值不菲。而很多创业者也会想当然地认为，只要能在这些地段争得一席之地，就意味着项目成功了一半。这是一种典型的线性思维，一旦脱离更多细节，势必会使自己遇到很大麻烦。

2006 年，某位原来做保健品的朋友，打算转战餐饮。受传统地段思维的影响，最终在北京海淀上地信息产业园区盘下一个店面，重新装修一番，隆重开业。在他们看来，这里集中了联想、华为、许继、鲁能等一批国内知名企业，员工在北京大多属于高收入群体，消费能力很强，自己虽然实力一般，但定位在普通员工身上，项目还是大有可为的。自己实地考察了好几次，也看到一到中午，吃饭的多得还需要排队，生意异常火暴。他们正式营业一个多月之后，越来越感觉根本就不是那么回事，自己当初想当然的成分太大了，去掉房租和各种成本，在这里开规模不太大的饭馆，赚钱很不容易。

原来，上地信息产业园属于典型的大公司集中区域，兴建起来没有几年，基本

上没有小区。员工每天早晨从四面八方赶到这里上班，下班后又回到几十公里外的家中。而且，北京的上班时间是朝九晚五，中午只有一小时的休息时间。这就意味着，饭馆晚上和双休日基本没有什么生意。中午消费时间也比较集中，加上外卖，前后有效时间，满打满算也只有十一点半到一点半这两小时。这两小时内，你忙都忙不过来，客户要的菜又比较简单，每份大多不超过 20 元，利润并不算高。一旦过了这个时间段，基本上就没有什么事情了。即使按两分钟服务一位客户，每位客户平均消费 20 元，毛利 50% 来算，一天下来的流水也就 1200 元左右，毛利 600 元。事实上，每五分钟服务一位客户，效率已经非常高了，当日流水不到 500 元，毛利不到 240 元，也非常常见。如果再考虑到月均八天的休息日，则每月下来毛利不到 6000 元。我们继续按最低运营成本计算：厨师一名，月薪 1500 元，服务生一名，月薪 1000 元，送外卖一名，月薪 1000 元，剩下部分连租金都不够。

也许有人认为，本人是在胡说，在那样的地段，商务餐也是很大的一块。谈到这里，确实是，公司业务往来上的招待，单次消费额高，利润多，是比较不错的一个方向。无奈园区当中都是些大企业，商务招待自然要找条件好一些的酒店，比如周围的天外天烤鸭、鼓浪屿海鲜等，横着竖着数怎么也数不到你这种饭店来。这位朋友后来自然也拓展过商务餐市场，效果并不明显。直到此时，他终于明白了为什么这么好的地段，自己没花多大力气就盘到了一家饭店，心里只能傻笑。

我的家乡位于内蒙古中部地区，距离北京不到 400 公里。县城政府前面，几年前修建了一个中心广场，成为人们日常休闲娱乐的好去处。到了夏季夜晚，周围各种小吃店生意特别红火，露天大排档到处都是，人头攒动。朋友 M 看在眼里，馋在心里，总觉得这地方是个风水宝地，可以聚钱生财。于是他看中一家店面，租下来开了家“忘忧地带”烧烤店，房租一年 12000 元，他觉得还算合适。在他想象当中，每天流水上千应该问题不大，五张台面，平均每个桌子日循环四次，每拨人消费 50 元很正常。餐饮一般对半毛利，每月下来可获利 15000 元，去掉四个员工一个月 3200 元的工资和 1000 元的房租，还可以净赚万把元。当真正做起来，他才知道自己计算有误。一般这样的地方只有晚上才热闹，来上一拨人边吃边聊，坐上两个多小时再正常不过了，晚上十点之后很少再有人来。实际上，每张台面日平均循环两次，每天流水500元左右，毛利250元上下，每月还得考虑三天左右的阴雨天，算下来月均获利6700多元，去掉人员成本还有3500多元，再刨去1000元的房租，最起码还可以净赚2500多元。在一个小县城，这个收入基本也算过得去。

哪里知道这样算，还是有问题。那个地段虽然夏季非常热闹，但也只有五一到国庆短短五个月，其他时间晚上基本没有什么人。无奈他在外地待了十多年，早已习惯了常理，没有太多考虑这些细节。国庆长假一过，他什么都明白了，房租每月1000元的算法存在很大缺陷，因为一年有效经营时间仅仅为五个月，每月房租应该是2400元！自己无意当中房租成本少算了1400元，每月纯利润仅仅1000元多一点。如果再算上简单装修和用具购置，一年下来基本白忙活了。当然，这些东西还是可以通过下家转出去的。冬季他还打算做做火锅，但由于客流量实在上不去，最终只好作罢。

谈到这里，本人还可以讲一个比较有趣的现象。北京通州区近些年来房地产市场空前火暴，很多在CBD甚至是中关村上班的白领都选择在那边置业定居。白天数以万计的人如潮水般涌向市区，晚上又如潮水般涌回通州。不少小区集中的地方，白天人都很少，晚上却是人山人海。于是有人将通州戏称为“睡城”，即晚上睡觉的地方。正是在这种特定的背景下，通州一些小区周围的饭馆，中午并不营业，而晚上热闹异常，情况恰好与上地信息产业园区那边相反。

如果哪位朋友真的想开店，我建议最起码要考察两个星期，双休日、早中晚、季节、工作日和淡旺季等因素都要有所考虑，抽样上也要避免偶然性。只有这样，才能对项目在整体上有一个较为准确的把握，规避掉很多风险。

铁律20 同行未必是冤家，开店要考虑集群效应

很多创业者开店，都在想方设法远离同行，似乎这样能够减轻压力，为自己争得更多生存空间。其实这是一相情愿的想法，分散难以形成集群效应，倒不如与更多的同行靠拢在一起生意好得多，大家一起热闹才是真的热闹。

世界往往就是这么奇妙，人人都说大家挤在一起生意难做，但偏偏要聚在一起，你争我夺，面红耳赤。天天喊着竞争太激烈了，生意越来越难做，但还是有后来者居上，居然做强做大。似乎争来争去，最终还是聚集程度越来越高。比如，先是几家汽配店挨着，随后就形成了汽配一条街，后来又形成汽配城，再后来就形成了汽车配件产业基地，最终又演化成了区域性汽配产业集群。

这是为什么呢？难道他们不知道越往一起集中，竞争就会越激烈?！其实，这里面除了竞争之外，还另有玄机。从消费者和客户角度来讲，他们在某一方面可能非常专业，但在更多方面则只能是门外汉，他们客观上需要通过一些比较，来作出对自己有利的选择，正所谓是“不怕不识货，就怕货比货”。而他们只有在某类店面比较集中的地方，才能更为方便地做到这一点。另外，人是非常奇怪的一种动物，你只给他一个选择，也许这个选择对他来说实际上是最好的，他也会觉得很不舒服，心头总会笼罩着一种强加感。同时，绝大多数人消费购物，还附带着一种潜在的特殊心理需求，就是欣赏丰富的款式和花样，并从中找到一种快感。尽管最终他只卖一样东西，但还是要把十多家店逛个够。而你的店，无论品种和款式多么丰富，

只要你远离同行，就难以满足消费者这些附加的需求。很多时候，这些东西从他们口中的确讲不出来，但并不代表这种心理实际上不存在。

如果大家理解了上面的内容，就很容易明白为什么很多服装品牌的专卖店会以“店中店”的形式开到家乐福和沃尔玛的卖场中去，而且还是一家挨着一家；也很容易搞明白为什么在服装城和饮食一条街生意会更火。北京东直门内大街被称为“簋街”，含义就是饭馆一条街，也有人将此讹解为“鬼街”，据说是因为那里越晚人越多，越晚越热闹，越晚生意越好。这个我倒是没有考证过，但那里确实有特色的饭店非常集中，晚上领着外地来的朋友去逛逛，吃吃饭，也算一件雅事。

我国市场经济发展到现在，这本应该算是一个常识了，但还是有不少创业者对此类现象视而不见、充耳不闻。几年前去呼和浩特和朋友小聚，晚上一起出去吃饭。由于对周围环境不熟，就直奔一条街而去，心里想着肯定能找到几家饭馆。那天也是点儿背，足足走了半小时才找到一家饭馆，也是那条街上唯一的饭馆。那家做的是川菜，装潢算不上高档却也雅致，饭菜色香味都还不错。正是周末吃饭时间，本应该坐得满满当当，但客人寥寥无几。我们随口问了下服务小姐，说是已经开业三个多月了。朋友是位大学老师，对此大惑不解。我在叹惜之余，就边吃边聊，以此为由头说了很多话题。

还有一次，我陪老婆逛街，看到在服装店和饭店比较集中的一条街上，突然冒出来一家卖瓷砖的，而别的卖瓷砖、灯具、涂料、木门的店都集中在很远的另一条街上。我们当时就感觉这家店的老板以前肯定没怎么做过生意，要不就是煤老板和做传销那种类型的，该店面用不了三个月就得关门。后来果不其然。

本人某次在家乡买菜，在路边偶然听见两个摆摊卖菜妇女之间的对话。她们大致意思在说，卖菜也是有讲究的，你一个人跑到大老远的旮旯去卖，一天下来也卖不了多少钱。要是大家在路口一个摊位挨着一个摊位地去卖，好像是竞争激烈了，但到了晚上算下来还是不错的。她们两个都有切身体验，都走过弯路，吃过亏。我一听心里就乐了，谁说受教育少就见识差，这个社会永远是实践出真知，产业集群这么高深的概念被她们两句话就讲明白了。书读得多不一定有用，关键还是要明理，古人讲得一点也没错。

当然，她俩能明白这个道理，说明悟性还是不错的。卖菜毕竟还是小本生意，走些弯路交些学费，代价也并不算高。如果是开规模稍大一点的饭馆和瓷砖专卖店，付出的代价就要大得多，最起码装修费和进货费还有几个月的房租已经扔进去了。对一些上班族，可能就是一两年的工资，基本上算是伤筋动骨了。我们不能不对此类事情表示遗憾和痛心，不知道又会因此引起多少家庭矛盾。

事实上，与同行近距离竞技，还有一个非常明显的好处，就是可以相互观摩和借鉴，促进自己在各个方面取得全面进步。如果我们对国内现有的一些风云企业进行深入研究，就会发现，他们目前操作模式当中的大部分细节都不是自己原创，而是通过向同行借鉴和学习获得的。换言之，成功的企业在更大程度上属于细节创新的集大成者，而未必是每一个细节的原始创业者。他们更多的是站在别人的肩膀上，将同行更多的优点拿过来，将其变成自己的有机组成部分，并将性能发挥到最优状态。魔鬼往往存在于细节之中，成功的企业尚且能舍弃身段，向同行甚至是远不如自己的企业学习，而创业者就更应该如此。对大型企业来说，要做到这一点，他们会有专门的一套班子负责跟踪和落实。而在我们规模很小，还是一个小店的时候，则需要更多近距离的观摩来实现。

铁律21 谨慎进入免费服务模式

在很多创业者那里，免费服务正越来越成为切入市场的重要砝码。但免费服务也存在一个弊端，就是随意性强，缺乏来自外界和内心的约束力，自己的能力和服务质量提高缓慢，进而影响到业务模式的成长和真正成熟。

事实上，每个人身上或多或少都有一些惰性，如果缺乏来自外界的强制力，就会为自己寻找各种各样看似非常有道理的借口，做事情随意性很大，自己往往还浑然不觉。我们做任何事情，时间一长，都会出现倦怠感。如果你此时拿了别人的钱，你自己心里会感到一种压力，别人也会对你有一种要求，你咬紧牙关也得坚持下去。如果是免费服务，很有可能就会因疲倦和厌烦而不去做了。“拿人的手短，吃人的嘴软”，稍微正常一点的人都会有类似反应。一旦收了费，来自内心的强制会战胜自己情绪，甚至会强迫自己做得更好。

2005年，本人开始一边打工一边寻找项目。当时与朋友业余创建了一个论坛，每天写一些文章放上去，借以积累自己的人脉和影响力，为自己日后发展沉淀资源。在刚开始的一个月内，情绪高昂，得到众多网友支持，再加上之前积攒了不少想法，因此很有感觉，每天能够完成一篇2000～3000字的文章。由于是免费传播，不取得任何效益，因此在想法上有很多保留。本来能够说透的没有说透，能够说三句的也说成了两句，可以言简意赅表述清楚的，非要说得云山雾罩、模棱两可，总害怕自己苦思冥想出来的东西，被别人直接拿去无偿使用，最终弄得比窦娥还冤。

随着时间的延续，自己的激情开始慢慢消退，本职工作变得更加忙碌，储备的想法也差不多写完了。于是，忙碌的时候不写了，心烦的时候不写了，疲倦的时候不写了，没有思路的时候不写了，有临时性事情的时候不写了……终于有一天，当自己静下来反思，才发现已经变得非常可怕，原来自己写的东西越来越少，频次越来越低，篇幅越来越短，质量越来越差，每次没能坚持的理由都还合情合理，几乎接近快要放弃的地步，自己最初设计的路径眼看就要走不下去了。直到此时，才如梦初醒。痛定思痛，觉得不能再这样下去，终于给自己定下看似苛刻的任务：每周必须写一篇，每篇不少于3000字，每篇起码要涉及六个角度，这是底线，没有任何借口。男人嘛，就是要对自己狠一点，特别是对已经没有退路的创业者来说更是这样。一首元曲曾说："宁可少活十年，休得一日无权"。而自己当时的想法则是，宁可少活十年，也要创业成功。在目标调整和任务明确之后，状况慢慢好了很多，自己的功力也月有所进，但总觉得还欠缺一些什么。

2007年7月，经过长达两年之久的努力，终于找到了第一个客户，预付款，按年签订协议和提供服务。根据协议内容，我们向人家提供周报和月报两种产品。周报主要是行业动态分析，每周做4～6个选题，每个选题字数控制在2000～3000字之间，以专题形式进行，力图揭示现象背后所隐藏的原理、规律和趋势，主要涉及营销、品牌、管理和战略方面一些细节上的把握；而月报同样是按专题形式撰写，主要涉及宏观经济、上下游产业和行业整体走势方面的研究。在选题上，有一部分是客户指定，但更多的是由我们来完成。

虽然自己坚持写作有两年多时间了，方向也与给客户的服务相近，但在感觉上大不相同。原来做的事情，从本质上讲是一种雷锋式的无偿服务，虽然在很多方面也给自己定了很多规矩，但更多地体现在一些形式上，细节方面无人要求、无人指导，把握得还不是很到位。现在与客户签订了定期服务协议，人家在协议签订之后就给你付了全款，自己心理压力出奇的大。一是怕辜负了客户的信任；二是已经辞职没有了退路；三是每天不是写作就是选题，工作量很大，还必须在质量上有所保证；四是周期性很强，一到时间点就必须提供成果；五是客户有时的要求已经超出了你的能力范围，但又不能推托，硬着头皮也得上。

当然，压力只是一个方面，自己还是有些成就感的。客户能跟你签订这样的协议，最起码是对你能力的一种认可，自己两年多的辛苦并没有白费，也初步证明创业这条路还是能走的。看着自己的辛苦能够换回数量比较可观的人民币，心中的动力就更强了，这在很大程度上抵消了部分因压力带来的疲倦感。同时，每周干的都是创造性工作，要去完成看似几乎不可能完成的任务。每次给客户提交报告后，都有一种来自内心深处的愉悦。

经过半年多时间的适应，自己的体会就跟免费服务时大不一样了。

第一，来自内心和外界的双重压力，最大限度地压制你的随意性和懒惰性，再加上收入的激励，做事情越来越规范，效率也越来越高。

第二，原来在选题上无论怎么说都比较粗放，现在越来越注重细节上的把握，其中一些方面还达到了非常精细的程度。很多时候，自己写完的东西，当时感觉并没有什么，放一个月之后再拿起来看，都不敢相信这是自己写出来的，而且绝对是原创。

第三，再也不用担心创意和想法被别人无偿使用，被同行剽窃，自己却费力不讨好。写作的时候不但不会有所保留，还会把潜力最大限度地挖掘出来，由原来的月有所进，变成了现在的日有所进。

第四，免费服务模式下，自己在很大程度上属于闭门造车，即使别人对你提一些要求，大多都是蜻蜓点水，你也未必接受。现在，客户的要求就是强大的命令，就是人民币，无论如何都得按照他们的意思去做。时间一长，客户就成为你思维盲区的扫除者，成为你事实上的导师。

铁律22 把过渡期的产品当做长远项目经营，投入注定石沉大海

很多商品和服务看上去很有潜力，但实际上属于特定时期的暂时性过渡型产品。一旦过渡期完成，无论市场潜力挖掘到了什么程度，也不管之前多么火暴，整个行业都会迅速走向衰落，投资者的巨大投入亦将永远无法收回。

代表发展趋势的产品，由于种种原因，可能需要较长时间的导入期，而市场又迫切需要类似的商品，于是过渡型产品便应运而生。不少智者当然会对这个问题看得非常明白，但也有不少投资者将这个过渡期的替代品当做一种长远事业来经营，认为市场潜力巨大，值得进行战略投入来运作此事。最终令人非常遗憾的是，整体布局刚刚完成，真正代表趋势的产品就开始进入快速成长期，你的投入将石沉大海。

类似的例子，大家基本上都见证过。VCD 播放器、IC 卡电话机、公用电话亭、BP 机、小灵通都曾有过类似的经历。在我上高中时，BP 机刚刚出现，社会上对这个概念还非常陌生，都将其当做尖端科技来看待。甚至还有不少媒体专门刊登文章，来辨析这个玩意儿究竟叫 BP 机，还是 BB 机，或者是 PP 机。现在回想起来似乎非常好笑，但当时正名确实是一个非常严肃的问题。1998 年前后，谁要是能拥有一个 BP 机，即使是数字的，那也绝对是令人羡慕的成功人士。普通工薪阶层光看售价和服务费，基本就望而却步了。在我刚上大学的时候，有个别男生在课堂上故意把呼机铃声调得很高，以引起女生们注意。后来惹得老师们都烦了，一听到铃声就问：

“谁的鸟在叫？”2002 年年底，同学们临近毕业，为了找工作方便，几乎每人都买了一个呼机。本人也凑了个热闹，天天拿着玩，怪开心的。但根本就没想到，这只是赶了个末班车。2003 年下半年，BP 机以异常惊人的速度退出了历史舞台，快得很多人都没反应过来。“呼机、手机、商务通，一个都不能少”的广告语，作为特定发展阶段的标志，将永远珍藏在人们的记忆深处。

IC 卡公用电话在这方面也是一个非常典型的例子。本人 1999 年刚上大学的时候，学校附近只有中国电信设立的几部 IC 卡电话机，打一个电话没有半小时排队都排不上。大冬天有事往家里打个电话，还得在冰天雪地里挨冻。到了第二年，情况就大有变化，学校图书馆、教室、食堂和宿舍，到处都安装了 IC 卡公用电话机。不光学校，在其他公共场所，乃至大街小巷，这种电话机四处开花，仿佛已经成为城市文明的一种象征。在那几年，甚至连在学校门口卖卡都可以成为一种养家糊口的手段。不时有传言称，某某同学一个学期卖卡赚了多少多少钱，着实令人羡慕。直到现在，我们手中仍缺乏准确的数据，但凭感觉也可以想象得到，当年中国电信和中国网通，确实在 IC 卡公用电话网络布点方面下了血本。从 2004 年开始，曾一度占据通信业务霸主地位的 IC 卡电话，同样以非常惊人的速度衰落。

小灵通也遭遇了同样的命运。2002 年开始，作为固话和手机过渡类型的小灵通，在全国绝大多数地区得到迅猛发展，还曾对移动和联通的业务造成巨大冲击。普天和 UT 斯达康自然也是水涨船高，风光一时。随着 2003 年、2004 年在京沪两地相继放号，小灵通业务以更加惊人的速度拓展，直至 2006 年进入顶峰。进入 2007 年，小灵通又以非常迅速的速度衰落，最终导致国家对几大电信服务商的业务进行重新整合。

事实上，就在 BP 机、IC 卡电话和小灵通崛起之前，移动通信技术早已成熟，只是由于网络建设和话费过高的原因，在长达十多年的时间内难以迅速推广，市场发展处于非常缓慢的境地。但问题的解决需要的只是时间而已。这就注定了 BP 机、IC 卡电话和小灵通只不过是过渡型技术和产品，并不代表长远发展趋势，并不适合作战略性投资，历史必将让移动通信承担起重任。如果我们对 BP 机、IC 电话和小灵通迅速衰落的几个时间关键点进行考察，就不难发现都与手机及其他通信产品兴起的重大事件有直接关系。BP机衰落与手机短信和小灵通业务崛起直接相关，IC卡电话衰落与小灵通及手机迅猛发展直接相关，小灵通衰落与手机话费快速下降直接相关。换言之，代表长远发展趋势的手机业务每前进一步，就意味着一种过渡型相关产品的快速衰落。

当然，上述案例中，过渡型产品和服务的投资主体主要是国企，在相当大程度上是在执行国家政策。他们在很大程度上有实力、有能力并且有义务去做这样的亏本买卖，毕竟曾经利国利民，具有不可估量的社会价值。如果换成是个人创业者，本来实力就非常有限，好不容易过了导入期，正要开花结果，突然来这么一下，轻则遭受巨大损失，重则永世不得翻身。

即使到目前，这样的过渡型领域也很多。由于众所周知的原因，我就不再一一点明，正在选择项目的朋友，可以根据自己的经验综合判断。如果大家能够遇到不需要多大投入，能够短平快去运作的过渡型产品和项目，还是可以尝试的，但一定要牢牢记住前提。需要特别注意的是，此类战略错误，普通人还犯不了，基本上是接受过良好教育并擅长接受新信息和新事物人士的专利。在电信领域，这样的例子最为典型，而互联网、金融业、数码产品和连锁商超等热门行业，亦有可能成为主要的高发区。“前车之覆，后车之鉴”，准确地把握发展趋势，有效识别过渡型产品和服务，对创业者来说，不光意味着非凡的眼光，更意味着血肉之得失。

铁律23 优秀也是分领域、等级和层次的

一些优秀的职场人士，容易将自己的能力在想象中放大。在缺乏必要过渡的情况下，直接按照想象中的能力去构架商业模式，结果可想而知。优秀、有才和能干这些评语，实际上都是分领域、等级与层次的，如果忽略这个前提，就只能是自己误导自己。

我们是一个非常含蓄的民族，很多用语模棱两可、似是而非，更多的东西则被深深地隐藏起来。如果你未能深刻领悟这些话语背后暗含的条件，就很容易自己忽悠自己。比方说，当你能写几首打油诗的时候，有人会说你有才；当你会写几篇散文的时候，有人会说你有才；当你能写几个书法字的时候，有人会说你有才；当你能对社会热点发表一些看法的时候，同样有人会说你有才。但这说明你能成为诗人、散文家、书法家和评论家吗？根本就不能，因为还有很长的路要走，还有很多方面尚待进步和提高。人家对你这样评价，或许是仅仅出于礼貌，或许只是对你现阶段这个细分领域造诣的肯定，或者是别有用心。如果你就此认为自己可以在更高层次和更多领域干得很好，就应该当心了。你很有可能正将自己的能力在想象中放大，除非你有足够的证据证明自己确实已经达到了那个水平，否则会对你的事业造成巨大危害。

W君，早年就读于北京某重点大学，毕业后回到家乡一家大型煤炭企业市场部工作，擅长撰写各种材料和市场分析。在企业中熬了20多年，还是一个科员，看看儿子都已经上初中了，自己也慢慢老去，升迁无望，未免有些惆怅。“人过留名，雁过留声”，他觉得再不能这样下去了，总要做点什么事情，不枉此生。于是他从

2005年开始，撰写煤炭市场动态分析和走势预测等方面的文章，并针对行业的一些热点问题发表自己的看法。他的确是一个非常勤奋的人，当年下来，大大小小的成果汇集起来就有200多篇。2006年，W君在圈子内声名鹊起，不断有行业刊物向他约稿，财经报刊让他发表看法，中央电视台和凤凰卫视也会就一些相关热点对其进行采访。省煤炭厅一看W君是个人才，就把他借调到厅里从事信息和调研工作，后又被抽调到煤炭运销协会帮忙。由于来自企业一线，拥有20多年的行业经验，又善于学习和总结，W君的一些看法往往能够切中要害。他的一些观点曾引起国家发改委和能源局的重视，部分还被立法环节所采用。他的身影越来越多地出现在大大小小的行业会议上。至此，我们有足够理由相信，W君是一位煤炭行业分析和评论的奇才。

随着在业界声望的迅速提升，越来越多的人对他进行追捧，说凭借他的能力做什么什么位置没问题，说他是行业和企业发展的指路人，说他应该成立一家专业化公司为行业服务，等等。W君自我感觉也越来越好，渐渐认为自己对煤炭行业已经吃透了，可以从事更有价值的工作。2008年年底，他终于在北京总部基地成立了一家属于自己的咨询公司，面向煤炭企业提供企业管理、战略规划和项目论证等服务。也许是他没有这方面的能力，也许是他缺乏必要的成功案例，也许是他擅长分析评论的形象早已固化，最终坚持了大半年，没有产生一笔业务，从其他方面每月辛辛苦苦赚来的一万多元，又正好被办公场所和住所房租消化掉。这个项目自然也无下文。

在咨询项目功败垂成的情况下，W君又于2009年年底开始运作煤炭贸易生意。这类项目本身需要非常广泛的人脉资源和雄厚的资金实力，而他只是对市场走势敏感而已，在这两方面都缺乏足够的沉淀和积累。本人对他的项目一直跟踪关注，但到目前为止，还没有任何交易成功的纪录。你若询问进展，他就说仍在联系当中。作为相识多年的朋友，我自然知道症结所在，心里真的替他着急。毕竟到了他那个年纪，与二十多岁刚出道的毛头小子不一样，根本就折腾不起。我曾多次委婉地提醒过他，但似乎没有什么效果。

事实上，他的问题就在于将自己的能力在想象中拓宽和放大。就其近几年所取得的成就而言，他的确是一位非常难得的人才。但很大程度上，他的能力和给行业留下的印象仅限于此。业界认可他的分析和评论能力，并不等于认可他的企业管理和战略咨询能力。对市场走势把握准确程度高，并不等于自己就非常适合去做操盘手。作评论、预测、咨询和操盘所需要的素质和能力结构是不同的，从评论者和分析师到咨询师与操盘手的路子，并不是说肯定走不通，但需要必要的积累和沉淀，才能平稳过渡。

作分析和评论，需要你在某几个点上能够提出自己独到的见解，能够给别人带来新的视角与启发，而媒体对你的需求往往也在于此。企业管理、战略规划和项目论证，更多需要的是宏观和全局把握能力。仅仅能在一些点上提出看法，即使非常深刻和到位，也不能说明你的整体把握能力就强。其间的迁移需要一个过程，在有充分证据证明你已经拥有这种能力之前，客户肯定是不会给你单子的。而做煤炭等大宗商品贸易，更不是简单的一个知识分子所能操作的。除了准确的判断力之外，还需要在上下游同时拥有非常硬的背景和关系，同时掌握着至少百万级的资金，另外，还要有超强的公关能力！

每个人在选择商业模式之时，都应当根据现有的资源和能力状况确定。如果有的模式自己连做梦都想去做，那也未尝不可，但必须先在能力和资源上再作一些铺垫。能力和资源都是分“点”、“线”、“面”、“体”的，千万不要因为自己在某个点和某条线上的优秀，就认为自己在其他点和线或者面与体上会同样优秀。

铁律24 感情和关系永远替代不了利益

与客户建立良好的感情和关系确实是必要的，这些都是商务往来重要的润滑剂。但商人就是商人，感情和关系永远代替不了利益，只能永远服从利益。即使我们去找老关系谈判，首先也应当想到能给对方带去什么利益，或者以怎样的利益诉求点说服对方。

商场永远是利字当先，否则你就不是一个合格的商人。因为经销涉及的是数额巨大的真金白银，玩的是精确度相当高的数字游戏。生活中你可以让别人占便宜，大多数情况也就几块钱、十几块钱或者几十块钱的事情，但经商不一样，稍有不慎，损失可能就是成千上万甚至更多。没有必要怪商人好利而不重情面，人家的财富也是通过辛苦汗水和艰难曲折积攒起来的，而应当多想想，我们去找人家，究竟是要给人家带来利益还是损失。如果你是为了自己利益，而可能给人家带来损失，在对方那里碰钉子就是再正常不过的事情了。退一万步讲，即使对方跟你合作可能会遭受损失，你也得编出一套非常系统和严密的理由，让他相信确实能从中获益。当然，能做到这一点，当属高手中的高手。

朋友S君，原在某厂家从事市场开发和管理工作达十年之久，很有亲和力，与很多经销商的关系到了近乎铁哥们儿的地步。除了正常的业务往来外，还帮助他们升级理念、分析市场、培训员工、强化管理和设计方案，基本成了经销商的免费顾问和编外员工，甚至一些私生活方面的事情，也推心置腹，无所不谈。客情关系几乎到了无可挑剔的地步。

2009年年初，这位朋友想想自己年纪也大了，不能再总是打工，自己十年来也积累了不少资源，应该开创一番真正属于自己的事业。于是他辞职代理了同行的一个产品，该品牌在美国本土市场拥有很大的影响力，技术成熟，质量可靠。这两年刚刚开发中国市场，价格虽然比较合理，但配套性投入相当有限。从整体上来看，S君选择的品牌还是具有相当潜力的。在他前期的想象当中，自己运作这样的牌子应该问题不大，有那么多老关系，多年来基本成了铁哥们儿，牌子本身各方面的基础也相当不错，市场虽然不能说可以迅速启动，但站住脚还是可以的。

当他一家一家找原来经销商去谈的时候。这些客户对待他依旧非常热情，基本都挑当地最有特色和档次的饭店招待，到了晚上再去泡泡脚、松松骨，一如既往地诉说着各自的苦衷，婚姻、感情、社会、政治，海阔天空。当真正谈到业务方面的事情的时候，他的这些铁哥们儿几乎个个面露难色，当然也都坦诚，说这样的牌子基础倒是很好，但在市场上完全陌生，厂家又几乎没什么支持，风险太大，我们需要认真考虑考虑。其实，这还有什么需要考虑的，明显是在直接拒绝。但S君又不太好说什么。

有次S君出差归来，约我茶叙。品了几口后，他就迫不及待地向我抱怨这些商人势利，说自己当年做市场的时候，没有一点对不起他们的地方，跑上跑下，鞍前马后，基本上成了他们业务上的管家和保姆，没有自己，他们也不会做到现在这个地步。现在倒好，个个哼哼哈哈，像个大爷似的。哥们儿现在业务刚开始运作，需要这些老关系帮一把，而他们竟然都不肯大方地出手，招待都还可以，但我也不是没地方吃饭撒尿了。抱怨之余，S君又和我谈了他一些新的启发，说他运作现在的牌子，不能再去找原来就是做这块儿的大经销商，这些人现在都做得还不错，利益的驱动使得他们没有必要再去冒险。更应当找那些不太熟悉这个行业的客户，或者是找处于分销商和零售商地位的80后。这些人无知者无畏，并且现在发展得不是太好，为了实现商业理想，他们敢于接受挑战，敢于冒险。

听了他的讲述，我笑了笑说，老兄你真的悟性还可以。做得越大的商人，求稳心态也越强，对利益的敏感度也越大。规模尚小，而且比较年轻的群体，大多创业没有几年，想稳定也稳定不了，他们有强烈上升的愿望，但苦于没有机会。你能给他们提供机遇，他们自然会迎难而上，接受挑战。当然，这些年轻的创业者也不傻，只是这样做对他们来讲更有利，机会和风险比较均衡。

我还开玩笑地跟他讲，你没有错，你原来的经销商也没有错，但这都是你自找的。你不但把他们扶上马，还送他们走一程，你太实在、太能干了，把他们培养到了不敢冒风险、不愿冒风险也不必冒风险的地步。他们做商人做得太成功了，不但每年收入颇丰，而且深谙利益原则，感情和关系服从利益，感性服从理性，能够进化到今天这个样子，老兄你功不可没。我这样点化了一番，未免有些尖刻，但也激起了他心中的共鸣。他沉思良久，说确实是这样。

见商先谈利，这是一条铁的法则。如果你的生意非但不能带去利益，反而会使其蒙受损失，即使这种损失只是可能意义上的，恐怕连你的大爷、娘舅和胞兄也都不会帮助你的。对很多涉世未深的创业者而言，在选择具体商业模式的时候一定要慎重，不要太迷信感情和关系。你能有效动用关系的前提是能给人家带来利益，底线是不给人家带来损害。当然，这种利与害更多地来自当事人内心的评估和判断。如果你有足够的理由、方法和技巧能够说服对方，你的利益诉求组合足以打动对方，则另当别论。不过，这样的难度似乎大了些，毕竟大多数人的防范心理都很强，不会那么轻易相信你的。

铁律25　在众多细节和边角料上挖掘潜力

创业者在大多数情况下确实非常忙碌，但往往是忙的时候太忙，闲的时候太闲，而且在很多时候，是忙是闲并不是自己能掌控得了的，这就导致了大量时间碎片的出现。不让这些碎片白白流走，并使他们转化为生产力，是创业者值得思考的一个课题。

对很多创业者而言，更多的事情需要亲历亲为，计划外的临时性事件也比较多。虽然我们可以通过日程安排、时间管理等方式更为有效地开展工作，并提高时间利用率，但处于碎片状态的时间，还是要比上班族和职业经理人多得多。当今社会，“时间就是金钱，时间就是财富”的理念早就被人们广泛接受，时间的财富价值，在工商界人士那里表现得更加突出。如何妥善安排时间，提高时间的利用率和单位产出，在可预期的时间内做大做强，在很大程度上影响着项目的成长速度。

上帝分配给每个人的时间都是公平的，给他一年365天，每天24小时，给你的同样也是一年365天，每天24小时，不会因为你的种种客观理由而偏袒你，也不会因为你不去敬仰他而克扣你。基础条件差不多、起步时间差不多、悟性差不多、方法和手段差不多的两个创业者，为什么后来越发展差异越大，直至天差地别呢？这与时间管理和碎片时间的利用有很大关系。

创业者在前期一般都想得比较多，但实际上能够落实的都会打很大折扣。当被问及为什么一些事情没有做时，他们多半会回答没有时间，时间不够，忙不过来。其实这更多的是一种借口，可以认真地想一想，你的时间安排真的合理吗？你的时间真的饱和了吗？你的碎片时间真的利用上了吗？在经过认真反思之后，往往连你自己都会觉得这种说法站不住脚。

有位朋友开了家广告设计公司，经常需要出去谈客户，跑印厂，设计的活儿也需要自己亲手去干。白驹过隙，时光如梭，转眼间已经做了五年，但无论是在设计水平和客户数量上，都没有太大突破，自己的心态也由最初的豪情万丈变成了满足于小打小闹。他在推广方面更多地采用了发放传单和电话营销的方式。有一次，我找他闲聊，谈起了经营这档子烂事儿。他说小老板真不是人做的，自己一个人忙来忙去，事事都得操心，很多时候忙了东顾不了西，忙了西顾不了东，自己也觉得很多事情应当去做，但心有余而力不足，自己的业务现在本应该做得很大，没办法呀，起点低，缺资金，也雇不到合适的人。说到此处，这位朋友不免黯然神伤，长叹一声："谋事在人，成事在天。"

随着年龄的增长，以及生活、婚姻、家庭与事业上碰到的不如意之事增多，内心深处的无力感一天一天强了起来，感觉很多东西都超出了自己能力所限，非一己之力所能把握。于是人们越来越相信命运，做事情听天由命的心态也越来越厉害。很多事情确实超出了我们的能力范围，但问题在于，我们完全有能力去做的事情，是不是已经竭尽全力去做了，我们的时间得到充分利用了吗？不少事情也许只是举手之劳。

我在听完他的感叹之后，开始问他，你去跑客户和印刷厂的路上在干什么，你在餐厅等朋友的时候做什么，你在办公室等电话的时候忙什么，你乘地铁外出的时候在干什么。他非常不解地回答到，我就走路、等待和待着呗，还能去做什么。我笑了笑，跟他说，你的很多宝贵时间实际上已经浪费掉了。这些时间浪费看上去是不可避免的，其实都可以尽可能利用起来。比如，你在跑客户和印刷厂的路上，可以留意一下各个品牌门头的设计风格，还有同行为客户设计的材料，琢磨一下他们的内在规律和隐藏的理念，这样就把市场调研顺便也做了。你在餐厅等朋友或者路上等车的时候，可以给一些老客户打打电话、发发短信，联络一下感情，这样就省得再专门安排时间做类似的事情了。你在办公室等电话的时候，可以浏览一下最近的订单情况，看看最近一段时间的业务数据。你在坐地铁的时候，可以梳理一下自己近来的业务状况，考虑一下未来的工作思路。

同时，我还建议这位朋友，无论什么时候，都要随身携带一个小本子和笔，将自己看到、想到和听到的一些有价值的东西记录下来，对一些好的设计造型和图样，要用手机摄像头拍下来，做成一个非常独特的素材库。每隔一两个月拿出来再整理一次，并对其进行总结和分析。这样一来，你不但有效地将一些边角料的时间利用起来，还可以将素材积累和数据获得这些平时看似不可能完成的事情顺带做好。最终不但提高了时间利用效率，还有利于更好地提升自己的业务、管理和设计水平。

接着，我又同他讲，一旦你这么做了，即使自己的项目有一天实在进行不下去了，即使与别人组成团队去干其他项目，或者是去给别人打工，你靠自己良好的习惯、高效的时间利用率和更加专业化的设计水平，也能混得一碗较好的饭吃。不要轻易将很多事情都归结到命运上来，这是一种典型的偷懒式思维，自己有可能和有能力把握好的事情，一定要尽最大努力去做好。在众多细节和边角料上最大限度地挖掘潜力，应当是自己提高效率、提升竞争力和生产力非常有效的办法。如果你能做到这一点，你就很有可能比别人成长得更快，走得更远，也就对得起老天爷赋予你的非常公平而且异常宝贵的时间，更对得起自己的生命和理想。

铁律26 长远的东西想得太细致，只能造成脑力和资源的浪费

企业的战略、长远目标和落实框架固然重要，但一旦形成且分解成阶段性任务之后，就不要再天天去想，而应当更加注重现阶段事情的落实。如果眼下的事情都做不好，其他想得再长远也是白搭，路总是需要一步一步走的。

受思维完成的影响，很多有机关、事业单位和大型企业工作背景，并接受过良好教育的人士创业，往往会想得非常长远，天天琢磨着新的发展方向和战略构架。每个人精力都是有限的，如果你在某一方面投入太多，势必会影响其他方面的很多事情。个人创业与大型机关及企事业单位大不相同。事业初创期，人员、资金和物力都非常有限，分工上也不会太明确，大多数事情还得需要老板和合伙人亲自办理，从战略规划到执行落实更多地依赖创业者自己。而大的组织，人员众多，分工细致，有人专门负责战略规划，有人专门负责管理决策，有人专门负责细节落实，有人专门负责跟踪监督。这种情况下，在大型机关和企事业单位中，有关人员天天想着长远的事情，并不会对执行层面带来多少负面效应，甚至还会使组织的竞争力更强。但对个人创业者而言，如果你天天琢磨长远的事情，势必会对眼前的事情造成影响，造成执行力下降等方面的严重问题。

千里之行，始于足下。再长远的战略，再美好的设想，再富有创造力的构思，如果不是一步一个脚印地去落实，一切都是空中楼阁，可望而不可即，最终只能将自己重重地摔在地上。令人遗憾的是，很多人仿佛就是天生的战略家，天天陶醉于

自己伟大的构想中，或者被一些未来可能出现的风险吓得抬不起头来。事实上，你预见的无论是风险还是机遇，都只是未来的一种可能，不一定会转化为现实。如果你今天的事情办不好，报应会来得很快，眼下关口都过不了，将来是好是坏，都与你无关。

某位朋友待过的一家公司，老板原是南方某省级别不算高的一个官员，口才很好，非常儒雅，下海之后做过化妆品、保健品和礼品酒等多个项目，但一直没有真正运作起来。后来通过朋友融到笔钱，要在上海创办一家面向旅游行业的网站，说是这个领域前途很好，可以整合景点、宾馆、饭店、旅行社、民航、图书以及土特产等众多资源，大有可为。我们暂且不论这个项目本身定位如何，在实践中能不能行得通。单说这位老板，确实非常好学，大脑中沉淀了很多知识和概念，在网站项目开始运作的一年多时间内，今天要制定企业五年发展规划，明天要搞企业文化建设，后天又要搞定量化管理和 KPI 考核，过两天又开始搞学习型组织，过几天再组织公司员工讨论品牌建设，还时不时地说，我们以后可以向这个方向拓展，可以将那个方向拓展成赢利点，我们的赢利组合应该这样应该那样。反正他永远都有新的想法冒出来，而且确实对企业的长远发展非常有利。无奈短期内紧迫需要落实的事情并没有向前推进多少，一直在徘徊打转、飘忽不定。

时间过得很快，转眼就是两年，该网站并没有多大起色，连一些基本功都不扎实，首批资金已经花得差不多了。投资人看到这种情况，感觉有眼无珠，自认倒霉，不愿意追加资本。这个项目就此谢幕。那些曾被老板忽悠得热血沸腾的员工，最终也只能离开。

还有一位朋友，经营某种对技术服务要求较高的化工辅料，给当地一家大企业配套。由于这种业务拓展难度非常大，五年下来只有这么一家客户。于是他的心理压力越来越大，甚至开始带些神经质，生怕某天客户方面出点问题，自己多年来用心血培育出来的事业被迫中断，为此经常夜不能寐。我了解到这种情况后，就去安慰他，你既然已经知道潜在的风险，竭尽全力去开发新的客户就是了，不要太看重结果，不要太为这件事情忧虑。你的担忧只是未来的一种可能，也许还没到那一天，你已经开发出来新的客户了。如果你太在乎这件事情，势必会影响给现有客户提供服务的质量。一旦他们不满意，很有可能还没等到新客户出现，你就已经被 Pass 掉了。你现在最重要的事是要把现有的客户维护好，而不是其他。

与此同时，每一个创业者都必须清醒地认识到，由于时间跨度大，即使你再聪明，想得再周全、细致，对未来把握的准确程度也不会太高。长远的东西想得太细致了，只能造成脑力和资源的巨大浪费，而对解决未来问题的帮助非常有限。长远战略中的一些框架和细节，需要不断根据事态的发展进行调整。长远的东西，大致上有一个方向和框架即可。在这两件事情确定之后，更重要的是将眼前的事情做好。只有将当下事情办好，才能为自己长远战略的实现准备优良条件，规划转变成现实的可能性和精确度才会更高。

眼前兼顾长远，将眼前的事情一点一滴做扎实，进而为更好的长远发展奠定基础。这句话说起来非常容易，也没有什么难懂的地方，但要真正做到这一点，绝非易事，需要有一定的实战经验，甚至是遭受过一定挫折的人，才能较好地对其中的尺度有所把握。很多似乎一看就明的道理，其实在实践前、实践中和实践后认识和感悟很不一样，大致需要经历一个“看山是山，看水是水”，“看山不是山，看水不是水”，“看山还是山，看水还是水”的轮回。希望众多的创业朋友，把路一步一步走踏实，通过持续实践，使悟性和能力不断升华，对项目掌控更加娴熟。

铁律27 薄利多销的另一面是抗风险能力差

薄利多销，基本上就意味着低利润空间，这也成为许多经营者所奉承的一个理念。或许在特定阶段，这一方针对项目的生存发展有着莫大帮助。但其抗风险能力差的负面效应也是显而易见的，内外环境一有些风吹草动，利润底线就非常容易被刺穿。

在英语和日语当中，“企业”一词的基本含义就是高风险事业。税收、原辅料价格、人员工资、房租、水电、运费、回款、售价、质检、研发等，只要有任何一项出现变动，你的利润空间就会受到挤压。如果你的利润空间原本较高，受点打击并没有什么，大不了少赚一些钱。倘若利润空间本来就很低，任何一个变量上的成本升高，都会将你逼向利润底线，甚至是刺穿。

在国人的商业逻辑中，靠低价取胜几乎成了一大法宝。人们不太愿意在研发、创新和服务等方面提高自己产品的附加值，而是认为价格低的东西销路广，比较容易赚钱。而我国沿海地区数以万计的加工企业，也是看到了外单批量大、相对稳定的好处，试图通过更大的海外订货量来赚钱。于是拼命压低各种成本，人员、采购等方面自然是大头。很多企业员工月薪不到1000元，别的暂且不说，即使人均工资上涨20%，达到1200元，看上去并不算高，但可能已经击穿了成本线，企业就会出现亏损。

这种低成本、低价格策略，对创业者来说，在特定的发展阶段和背景下，的确非常有效。我接触过一家玩具厂的老板，他是一个转业军人，在部队里面级别较高，到地方后组织上也给安排了一份非常不错的工作。但他的性格根本就不属于那种安分守己类型的，最终还是选择下海经商。他从20世纪90年代中期开始，先后干过五金、建材、家具、服务等行业，转战多个省份，面对的都是国内大众化市场。但做来做去，感觉还是没劲，虽然都在赢利，但规模都难以上去，只是赚点小钱而已，距离自己做大做强、风光无限的理想还非常遥远。

一次偶然的机会，他在火车上认识了一个做玩具出口业务的经理。两人相见恨晚，聊得非常投机，从对方那里了解到外贸代工模式的好处，一旦找到个合适的委托方，利用老外强大的海外分销渠道，自己是很容易在量上做大的。于是，他俩又找了一个对技术非常在行的朋友一起创业。这位老板出资，做业务的联络海外关系，而那个懂技术的负责生产。项目于2002年开始正式运作，市场主要面向欧盟，一年后营业额达到6000多万，纯利润率为4%。应该说他们开局非常顺利，没走什么弯路，赢利就达到了较为理想的状态。他们当时想，如果再找这么几个客户，人民币虽然不能说大大的有，但日子肯定要比现在滋润得多。

他们没有想到的是，这种模式不但利润低，而且依附性太强，没有多少战略回旋的余地。第二年，对方给了7000多万的订单，但在价格上给他们压低了一些，纯利润率也被压缩到了3%。由于没有开发到新的客户，完全依赖外方生存，虽然心中一百个不乐意，但最后只得忍气吞声。2005年起，欧盟相继出台了WEEE、ROHS和REACH等指令，环保要求涉及产品设计、制造、使用、后期处理等各个环节，而机电、家电、服装、玩具和电器等行业都属于重灾区。受这些环保指令的影响，外方对他们的玩具产品提出了相应的环保要求，当然在结算价格上也作出了一些相应的调整。这么来回一折腾，订单额是升到了8000多万，但纯利润率却降到了2%。2006年和2007年两年，他们的订单额和利润率基本上没有多大变化。

他们从2002年开始正式运作玩具代工模式以来，一直想方设法通过各种渠道寻求新的合作伙伴。每年两次的广交会从来都不误，出口业务在行的那位合伙人也在不断接触更多的海外客户，却像中了邪一般，最终一个也没有做成。

时间很快到了2008年秋季，全球金融危机爆发。虽然后来证明这更大程度上是一场虚惊，但消费者和贸易商的预期和信心受到了很大冲击。2008年下半年到2009年年中，这位老板的订单额下降了一半，纯利润率也被对方进一步强压到1.5%。没办法，现在有多少家企业都倒闭了，自己多少还能赚点，老板想到这里，也就再一次忍了。

好不容易熬到2009年下半年，订单状况稍微好了一些，但新的问题又出现了。一些地方出现新一轮的“用工荒”，自己的员工天天逼着加薪，说现在房租在涨，猪肉在涨，蔬菜价格也在涨，老板你就行行好吧，我们也没有办法，你怎么都比我们有办法，老婆孩子还在指望我这点钱呢。话说到这个份儿上，潜台词就是，如果你不涨钱，我们就要走人，反正现在外面工作没有以前难找。事已至此，没有办法，那就涨吧，于是老板给每个人都加了300元的工资。也许大家会感觉每月涨300元并不算多，但别忘了，这是低端劳动密集型企业，他们的效率还算可以，100多号工人，人均每月涨300元，一年下来就会增加36万元的成本。

这么多年下来，这位老板和他的合伙人很无奈，然而开弓没有回头箭，设备和场地等都真金白银地投进去了，现在只能苦苦支撑。虽然累一些，但放弃将面临着更大的成本。目标只能寄希望于在代工客户方面寻求新的突破，同时组建自有的营销团队和网络，努力开拓国内市场。

谈到这里，就又涉及另外一个话题，那就是利润空间的高低往往是和特定的商业模式联系在一起的。如果你选择的是超低利润空间的商业模式，尽管可能会在某一阶段发展得很快，而且容易成功，但企业会一直处于不稳定的状态中，随时都有可能猝死，自己的事业突然中断。

铁律28　再忙也别省下维护和拓展人脉资源的时间

创业者往往感觉需要处理的事情太多，时间根本不够用。无论如何都不能使自己成为社会交际中的孤岛，应当每年都抽出一部分时间给原来的朋友打打电话，去参加亲朋好友的聚会。在条件允许的情况下，还可以参加一些俱乐部活动，维护和拓展自己的人脉资源。

很多创业者一是由于生意忙，二是感觉共同话题越来越少，因此与同学、亲友、同事和原来的客户联系也越来越少，甚至好几年都未通音信，关系也越来越生疏。我们经常见到一些小老板抱怨自己的人脉资源不够宽广，而他们一方面在努力寻找新的关系，另一方面老的资源却未能很好地维护，处于不断流失的状态中。而有些人虽然偶尔也会同亲朋好友联系，但也仅限于打个电话或者发条短信简单问候一下。其实，关系维护主要应当通过见面来实现，各种通信工具虽然便捷，但并不能完全替代当面沟通。

语音电话、手机短信、互联网、E-mail、QQ、MSN 等现代通信工具的发展，使人们日常沟通与信息传输更为方便快捷，但也出现了对这些工具过度依赖的问题，聚会和当面沟通比以前变得更少。创业者本来容易因异常忙碌而犯疲，潜意识里不愿再去为常规交际而耗时费力，现在又找到了有事情可以打电话、发短信、QQ 留言的借口，就更不愿意为此而奔波了。渐渐地，我们会发现自己与很多好友来往越来越少，直至某一天突然发现原来已经非常陌生，自己基本处于孤岛状态。

尽管采用各种通信工具提高了效率，给我们带来了便捷，但其局限性也是显而易见的。第一，沟通直奔主题，内容趋于简单化和要点化，不利于把握其他方面更多的信息，而当面交流，人们往往会东扯一句西扯一句，表面上看，似乎游离于主题之外，但也许不时地透露出其他更为重要的信息。比如，你本来去找朋友借点钱，去他那里一聊，顺便就谈到了小孩上学、近期房价、寻找项目等其他非相关性话题，甚至还不经意间会说到很多商机。这些信息可能暂时对你没有什么帮助，但也许在未来两年内都能遇到，而且所得到的信息可能都是其他渠道无从获得的。第二，互动效果相对较差，误会不容易澄清，同时难以激发出更多的灵感。而当面沟通恰恰相反，说到激动之时常会唇枪舌剑，各抒己见，互不相让，容易掀起头脑风暴，更多新的想法和创意应运而生，双方很多不解和疑惑能够即时得到解答。第三，由于时间和篇幅上的限制，很多细节难以展开，沟通在程度上大打折扣，而当面交流，时间上较为充足，很多问题和细节都可以展开来详尽地去谈，沟通密集程度高、信息量大，还可以通过察言观色，判断对方话语背后的真实含义和想法。第四，时间一长，容易对这些通信工具形成依赖，在思维和行动上都会产生惰性。创业者的成功在更大程度上依赖思维的缜密和创新，以及脚踏实地的执行力。一旦离开了这几点，创业就基本上纯属冒险，成功的概率也会大大降低。

由于从事咨询工作，大多数时间不需要坐班，不少事情可以通过网络解决，我有幸回老家长待一段时间，陪陪父母，看看亲友。遇到问题，则通过手机和网络与团队其他成员联系。刚开始半年多时间，觉得这种方式非常不错，什么都不误，日子还过得潇洒自由。后来渐渐地发现自己正日益陷入孤岛状态中，一手信息获取得越来越少，跟团队之间除了必要的联络之外，沟通大幅减少，甚至有了生疏感，自己的思维也开始犯悃，创意质量趋于下降。这在其他领域也许算不了什么，但对从事创意产业来说，已经属于非常严重的问题了。幸亏问题发现得早，没发生什么大事。后来我就调整了策略，索性利用时间安排上自由的便利条件，效仿古人游学之故事，尽可能游转于各地，去拜访同学亲友，与之进行深度的沟通和交流，将自己的很多想法和感悟同他们分享。与其这样说，倒不如更坦诚一些。实际上，我觉得自己一些新的感悟需要接受更多的考验和印证，需要通过这种方式来修正、补充和完善。我自己的想法对不对，别人的质疑合理不合理，其实都并不重要，重要的是有这么一个过程，我对一些问题的看法更加全面和深刻。当我再将这些东西以文字形式记录下来的时候，基本上已经趋于成熟，自己也有了相当的底气。除此之外，我还给自己制订了一个硬性要求，每周都要找时间出去与某位朋友当面交流一次。毫不讳言，我近几年来接近三分之二的选题和感悟都是在与别人沟通的过程中临时激发出来的。一旦有什么好的想法，就用纸和笔记录下来。如果手头恰好没有带，就先用手机短信简短记录，回去之后再找时间整理。现在团队无论多忙，都会抽出一天半天时间坐在一起海阔天空地胡侃乱吹，为的就是灵感永不枯竭。

在这里，我可以向朋友们介绍一个技巧，可以帮助大家维护和拓展人脉网络，就是主动帮助别人，或者经常找别人帮忙，即使是很小的理由，一来二去来往得多了，关系自然就会更进一层。我的一个大学同学，上学时关系还算可以，但也不是很铁。毕业后，他在杭州工作，我在北京，每年回家转车都让我帮他买火车票，顺便一起聚聚，几年下来，就感觉关系超越了同学的层面，成为可以交心的朋友。有时还约上各自在京的其他朋友，一起聚聚，感觉都很有帮助。

铁律29　劳动力价格上升期已来临，谨慎进入劳动密集型产业

在劳动力价格上升压力较大的情况下，创业者要慎重进入劳动密集型尤其是新型劳动密集型产业。新型劳动密集型产业，虽然更多会以全新商业模式的形式出现，但仍摆脱不了人均产出率低，靠人海战术实现企业扩张的特征。

受房价暴涨、居高不下等因素的影响，我国的房租和日用品价格呈不断上涨的态势，这些都会直接或者间接推动社会大众日常生活成本的持续攀升，社会劳动力价格大幅上升的压力越来越大。事实上，我们在一些方面可以明显感觉到这种变化。2006年，北京很多小区周围饺子馆的现包大馅水饺价格在一两1.5~2元之间，而目前已经涨到了一两3~4元。2006年，一屉小笼包2.5 ~ 3元，而目前涨到4~5元不说，个头还缩小了很多。看上去似乎并没有多少钱的东西，价格几乎翻了一倍。当然，多年来500ml的饮料价格还算稳定，超市2.5元一瓶，便利店3元一瓶。相对而言，饮料还算是大批量生产的工业化产品，而水饺和包子则属于纯粹的手工操作。这里不能对更多的例子一一进行剖析，但非常明显的现象是，需要人工劳作程度越高的产品或服务，基本价格上涨的幅度越大。而这种现象在饭馆、修鞋铺和理发店等个体户比较集中的领域更为明显。

很多行业，虽然冠名为高新产业，实际上并没有多少技术含量和附加值，依旧是劳动密集型产业，利润空间和员工待遇并不高，项目规模的扩大主要还是靠追加更多的劳动力来实现的。目前，这样的领域有快递服务、搬家公司、物流配送、

DM 杂志、分类广告、快餐外卖和商情类行业网站等。这类项目在北京、上海、广州、深圳、杭州等一、二线城市较多，员工每月的收入在 1500~3000 元之间。而这些地方的楼盘均价基本都向 20000 元 / 平方米靠近，两居室的房租大多没有低于 2000 元 / 月的。就算与别人合租，或者租一间小平房，加上水电和吃饭，每月的生存成本很难低于 1000 元。也就是说，现在新型劳动密集型产业的工资水平基本上已经逼近了底线。随着生存成本持续提高，他们人力成本大幅攀升的压力很大，本来就不算高的利润空间很容易被击穿，项目也会陷入空前的被动。

朋友 J 所在的一家公司，从事某细分领域的 DM 商情广告业务，同时拥有自己的商机网站平台，在其领域也算翘楚。他在这家公司干了六年，三年前就从市场一线人员做到了北京分公司总经理，但一年下来到手的收入也只有六七万元。本来打算 2009 年在通州买房，就在他四处看房之际，房价就飙升到了 14000 元 / 平方米。看看房价，再看看自己的收入，他不得不放弃这个想法。于是，他将目光投向了自己的家乡呼和浩特，2010 年春节过后那里的房价为 3000 元 / 平方米，计划五一放假期间去看房。等到黄金周去看的时候，房价已经涨到了 5000 多元 / 平方米，手中准备的钱有些欠缺，只好又作罢。J 现在最郁闷的还不是房价，而是自己的收入。虽然他非常喜欢这份工作，也给自己带来了很多锻炼机会，但一考虑到生存压力，就管不了那么多了。他现在的想法是，不能再这样下去，要么收入能够提高，要么就得换份工作了。好像今年的市场环境对他们公司不利，在原有薪酬体制下，都在盈亏线上徘徊，如果要加薪，绝对是要亏损了。可以预见的是，J 所在的公司肯定不会加薪，而像他一样的员工最终也会因为不堪经济压力而跳槽，企业状况亦将一天不如一天。

在生存成本日渐升高的条件下，新型劳动密集型产业除了直接面临潜在的劳动力成本大幅提升的压力外，还存在劳动力价格隐形攀升的问题。一个朋友在北京开了家网上超市，用户通过网站平台和 QQ 下订单，而他们则以配送的形式来实现“门对门”销售服务。小店开在社区之中，每月房租 2400 元，日平均流水 1000 元，毛利 15 个点，聘有 2 名客服、3 名配送员。客服每人月薪 1200 元，配送人员底薪 1200 元，外加四个点的提成，分当月、季度和年底三次付清，员工每日提供两餐。

这样的待遇在北京类似工种中，不算低也不算高，但对他们这种新型劳动密集型产业来说，成本压力还是蛮大的。与此同时，还存在着队伍不稳、人员变相怠工的问题。在这些员工看来，你一个月给不了我多少钱，类似待遇的工作也不是太难找，总有一种鸡肋的感觉。你还有求于我，我吊儿郎当，你也拿我没办法，大不了走人，再换个地方混日子。在这种情况下，表面上看他们项目人员成本每月是7200元，但如果按照实际工作量来算，这个数字至少要翻一倍。值得注意的是，目前在工资水平较低的各类群体当中，这种心态普遍存在，且越来越明显，从而使得各类劳动密集型产业中的人力成本要比表面上高得多。

可能有人会说，劳动力成本隐形提高是企业内部管理问题，与劳动力价格提高是两个完全不同的概念。这种说法放在待遇水平良好的高附加值行业，可能还真的成立，因为你确实可以通过强化管理来抑制类似现象。但放在待遇水平较低的各类劳动密集型产业，基本就不是那么回事了。这些人几乎在底线上生存，再差基本上也还是这样，顶多换个下家，单靠管理来约束和杜绝这种现象的可能性不大。

在劳动力成本面临大幅攀升压力的情况下，靠低成本来取胜的各种劳动密集型产业，无一例外都会受到巨大冲击。如果您将要运作的创业项目正好属于这种类型，那就需要更加慎重了。在未来很长的一个时期内，如何采用其他技术手段或者模式变型来大幅降低人工利用率，进而压缩成本，将成为各类商业模式都必须认真面对的话题。

铁律30 遇到轻易许诺，不论原因是什么，都应该当心

轻诺者必寡信，是一个亘古不变的真理。当你和一个人谈生意时，如果对方在对一些细节还缺乏全面了解的情况下，就轻易许诺你一些事情，或者话说得太满，千万不要高兴得太早，因为这些东西大多都兑现不了。

经商是一件非常理性的事情，同时也存在很多不确定因素，稍有不慎，就会给自己带来很大损失。因此，只有在深入了解情况的基础上作出的决策，成功概率才会更大，也才符合经商的基本精神。如果一个人在对事情尚缺乏较为全面了解的情况下，就许诺你一些东西，则有以下几种可能：

第一，纯粹是出于面子上好看，为了场面上能应付得过去，内心根本就没有兑现承诺的打算。这种情况在西北的一些地方比较常见，在他们的地域文化中，当场拒绝别人是非常不礼貌的一件事情。如果他们说行，实际含义就是看具体情况而定；如果他们说看看再说，那基本上就意味着拒绝。假如你认真了，只能自己吃亏。

第二，当时承诺确实是诚心的，但这是建立在直觉或者信息把握不完全的情况下，在掌握更多信息之后，他们往往会反悔，将承诺推倒重来。这样的人，要不就是性格上有缺陷，容易激动和感情用事，要不就是涉足商海不深，还没有很好地领悟经商的基本精神以及商业逻辑。他们承诺之后，基于自己的利益考虑，用不了多久就会后悔，你也别指望他能给你兑现什么。

第三，做事情不够稳重，不具备经商的基本素质，还爱自以为是。他答应你

是诚心诚意的，也非常认真地去做了，但由于能力所限，承诺的东西在他那里实现不了。

第四，从一开始就居心不良，忽悠你，误导你，以愚弄别人为乐。这种类型的人的确存在，但比例非常低，而且基本上都有某种不太正常的心理倾向，或者地域歧视，或者玩世不恭，或者报复社会……事实上，轻易许诺者绝大多数在主观上并没有什么恶意。

对创业者而言，只人遭遇轻易许诺，不论原因是什么，都应该当心。千万不要以为自己交了狗屎运，这可能只是麻烦的开始，你再多的努力都会付诸东流。L君早年在北方地区代理一汽车养护品品牌，厂家名气较大，但主营业务并不是汽车护理产品。他将代理权拿到手之后，就开始通过互联网和朋友介绍四处搜集商家信息，电话招商，连续三个月下来，进展不是很大。后来朋友给介绍了两个客户，L电话打过去之后，将情况简明扼要地作了一番描述，本来不抱多大希望，只是想通过扩大基数多寻找些机会。让他没想到的是，经过半个多小时的沟通，对方居然非常爽快地答应说没问题，前期可以先发一批货试试。L君仰头长长出了一口气，独自感叹到，苦心人天不负，天道酬勤啊，坚持就是胜利，现在终于迎来了一片曙光。他于是开始积极准备后续工作，组织货源，联系物流，向厂家索要相关宣传品和展示品，为客户设计推广方案，将产品卖点和厂家政策转化成系统的培训课件，还不时协调各种关系，以保证服务上的畅通。他边做这些准备工作，边与客户保持细节上的沟通。起初客户那边反应还算比较积极，但经过一番市场调研之后，态度逐渐发生了变化。先是说这段时间在谈一个大客户，日程安排不过来，后又说产品价格有些高，过了几天又说可能在他们那里卖不上量，再后来干脆连电话都不接了。L君自己并不傻，也很快发现不对劲，但一方面因为是朋友介绍的，另一方面对方也只是说先进一批货试试，承诺还比较合理，更为关键的是，自己已被深度卷入，侥幸心理非常严重。结果也不难想象，L君前后在这两个客户身上纠缠了四个多月，占用了宝贵的时间和精力，最终劳而无功。

经商过程中变量太多，很多因素都会超出我们的能力范围，因此商海当中只存在概率大小、大到什么程度的问题，并不存在非常绝对的事情。如果一个人只是普通身份，我们没有必要对人家的言论吹毛求疵。如果是商场中人，话说得太满则是有问题的。在商场中说话太满的，不是经验严重不足，就是喜欢到处忽悠，抑或做事情很不稳重。也许有的朋友会说，这样的人还是可以交往的，只要对过程严加监控即可。其实类似说法既对又不对，也许你在某一领域非常专业，但在更多的方面并不懂行，即使你能时时刻刻盯着人家，也未必能保证不被糊弄。另外在绝大多数情况下，你也没有时间去盯得很细。与别人进行商务合作，更多的是依靠对方自觉，否则成本太高。正因为如此，与其选择不合适的人并进行高成本监控，倒不如直接选择牢靠的人开展合作。

还应当特别提到的是，创业者在对轻易许诺者和说话太满者保持高度警惕的同时，自己做事情也决不轻易许诺，说话一定要留有余地，培养良好的商业理性。一旦承诺就要想尽一切办法去兑现，兑现不了的也要向对方及时说明情况。否则很容易使自己陷入非常被动的境地，商誉会受到极大损害，长此以往会丧失很多做大做强的机会。

学好经商其实最基本的就是学好做人，做人的很多道理在经商过程中同样适用。只是经商比做人要求更高，更精细，更理性，更符合事物发展的规律。我们一直强调要信守诺言，但这是建立在不轻易许诺，许诺要遵循理性，并且没有超出自己能力范围基础之上的。缺乏这个前提，无论是自己还是别人，即使发毒誓，最终很多东西也还是难以兑现。轻诺者必寡信，对每一个创业者都有双重警示意义。

铁律31 建立适合自己的对标体系，而不要局限于模仿

相对而言，创业者都不同程度地存在着经验不足的问题，同时也缺乏系统进修的机会，甚至连朝哪些方向努力都非常模糊。在这种情况下，就某些细节与优秀企业对标，是创业者快速提升项目竞争力的一个重要方法。

创业者辛苦，不光体现为身心的劳碌，很多时候还表现为自己在茫然和希望的交替中痛苦轮回，内心中无力感非常强烈。也许你在原来领域非常优秀，但只要进入创业大军，就会越来越发现自己能力非常欠缺，自己也在想方设法提高，但总是苦于不知如何下手。报个 MBA 或者 EMBA 班吧，不光费用挺高，更为要命的是难以抽出时间。于是很多人在寻求替代办法，或者看陈安之的成功学，或者看余世维的企业管理，或者看高建华的企业战略，或者看科特勒的营销管理，或者看曾仕强的中道管理，或者看翟鸿燊的道法自然；抑或去研究胡雪岩、王永庆、李嘉诚、比尔 · 盖茨、任正非、张瑞敏、李东升、李彦宏、马云、马化腾这些商界巨星的传记；要不就去看《麦肯锡传奇》、《华为真相》、《蒙牛内幕》、《三星人才经营》、《联想风云》、《奇瑞奇迹》、《娃哈哈密码》和《国美商业帝国》等企业超级软文。

这类东西看多了，创业者的理论水平和知识储备确实可以提高很快，战略思路也会非常清晰，管理正规化的冲动亦越来越强，但一遇到很多落实细节，依旧是满头雾水，莫衷一是。为什么会遇到这种情况，是自己看东西看错了吗？或者什么地方不对劲？其实，原因主要有这么几个方面：其一，他们讲的东西并没有

错，所谈到的更多的是理念和方向上的一些事情，而没有涉及更多的细节。其二，这些讲座和图书，所面对的受众群体非常广泛，目标读者并没有针对特定领域与行业，细节上的专属性不是很强。我们常听到这样的言论，专业上没有什么行业不行业的，大同小异，似乎一切皆在自己的把握之中。其实，大方向上的原理确实相同，尽管只有一些小细节上的差异，但“小异”恰恰在更大程度上决定了你的成败。其三，他们讲的内容可能确实公正、客观，但肯定不全面，只是截取了一些层面和角度来说明问题，有意无意地缺省了好多重要细节。照猫画虎，你只能画个大概，做出来的东西往往是形似而神非。其四，各类传记事实上的作者，自己并没有多少实战经历。他们是专业的记录者，而非实践者，记录过程中难免会走样。更何况这类传记越来越定位于传播良好的企业形象，文学化的成分很大，都经过大量技术性处理。

这在客观上就需要以一些新方法来弥补这些不足和缺憾。其中最为有效的就是细节对标，即将自己某领域的操作模式，和著名企业、行业五甲或其他主要竞争对手的模式，分别解剖，细化成十几个、几十个甚至上百个指标进行对比。这样我们就很明确地知道自己在哪些方面做得好，在哪些方面做得不好，在哪些方面还考虑得不周全，应该朝着哪些方向改进，作何种努力就可以赶上和超越对手。这是一种化难为易的方法，将很多处于模糊状态的东西变得一一明确，我们就有了较好的方向感和可度量的方法。需要指出的是，再优秀的企业，既有自己擅长之处，又有做得不到位的地方。因此，运用对标学习方法，对象最起码不应该少于五个，撷取每家之长为我所用。只有这样，才有利于我们的项目快速成长。

我所在的北京东方慧润能源信息咨询有限公司，所做的一项重要工作，就是以十家跨国公司为核心，辐射到一百多家大型企业，涉及市场营销、品牌传播、企业管理、内部培训和战略规划等诸多领域，按照专题和问题点进行细分，对其中的一些具体操作模式进行比较研究，博采众家之长，并合理把握趋势，在整合的基础上加以系统化，最终形成一套非常实用的独特体系。举个简单例子，就拿促销品所附带的品牌传播功能这一主题而言，就可以分成数十个指标进行对标，礼品的耐用性、实用性、便携性、时尚性、信息聚焦程度，选择终端、以个人还是车辆为中心进行传播，传播重心偏重工作圈还是生活圈，投放模式在哪些方面保持稳定性，都是非常重要的内容。有些细节看上去似乎可有可无，但只要有点差别，最终的实战效果可能就会天差地别。实际上要做到这些细节并非难事，更多时候只是举手之劳。

谈到这里，也许很多朋友会讲，建立对标体系是一个非常专业和精细的工作，只有企业规模发展到一定程度之后，人力和财力上才允许这么做。事实上，对标挖潜是一种方法，完全可以根据自身情况，做到丰俭由人。即使你现在刚刚创业，项目处于发展最初阶段，你也可以建立对标体系。体系的框架可以粗略和简约一些，或者先做几个急需模块，随着项目的不断深入而逐步细化。在此过程中，即使最为简单的体系，也应当以正式文本的形式确定下来，一方面是为了显示其严肃性，另一方面也是为了备忘。

对标虽然和模仿非常相似，但绝非模仿。模仿只是形似，顶多也只是神似，山寨版的成分很大。而对标的目的是挖潜和优化，着眼于每一模块细节上的追赶与超越，是用来解决执行力和实效的问题，在把握原理的基础上更加注重创造性突破，也是由懵懂少年成长为真正王者所应当具备的一种高贵品质。

铁律32 小老板们必须承受得住孤独，经得起质疑和考验

在创业实践中，量变和质变的界限非常模糊。选好方向之后，创业者更为重要的是要耐得住寂寞，在平淡无奇、看似单调的过程中坚持下去，不要总是想着玩大手笔，也不必天天计算临界点何时到来。只要你耐心地坚持、积累和沉淀，其他就是水到渠成的事情。

与大多数传奇故事不同，真实的创业经历非常单调，几乎每天都做着同样的事情，甚至有时候寂寞无助。打工时，你身边总会有些同事，或多或少说说笑笑，侃侃大山。但作为个体创业者，大多数情况是一个人忙里忙外，跑前跑后，顶多有一两个合伙人，也不可能天天待在一起。随着时间延续，各方面的压力会逐渐突显出来，客户开发、产品研制、内部管理、资金流转、发展速度，千头万绪，不一而足。日子一天天地过，人也容易变得机械，于是总希望通过不断快速突破，以及玩一些大手笔来获得激情。然而，成功是有规律的，由不得你着急，很多东西是靠时间、经验和数量不断积累而取得的。

“铁棒磨成针，功到自然成”，“绳锯木断，水滴石穿”，这样的道理，非常浅显又非常深刻。说是浅显，因为我们每个人在孩提时代就耳熟能详，还经常在老师布置的作文中引用；说是深刻，是因为这样的道理需要我们用十多年甚至是一辈子的时间去领悟，每一个年龄段上的感受都不太一样，如果我们能够脚踏实地地遵循这个道理，人生的成功并非难事。

我们常常会遇到这样的现象，当你和一些比较成功的老板聊天的时候，发现他们并不是很聪明，对经营方面某些问题的认识也不太到位，对财经、管理和营销常识知之甚少。于是很多人开始感叹，连这样的大老粗都能成为大富翁，老天真是瞎了眼，自己这么聪明怎么还是穷小子一个，社会有问题、命运捉弄人等就成为为自己开脱的借口。如果思维意识仅仅停留在这个层面，不能不说是一种遗憾，说明您目前还不是很适合创业。

如果我们认真观察一下这些老板的发迹过程，我会发现绝大多数人所从事的模式并不复杂，只不过做的时间长了，做的时间久了。其实，这就是他们成功的秘密所在——选择一个常规性的领域，经得起痛苦、寂寞和诱惑的考验，多少年一直坚持下去。常规性领域，最起码赢利模式和大方向是没有问题的，剩下的只是与市场磨合，以及漫长的积累和沉淀，并用一种积极进取的心态去坚持，总有一天会迎来临界点的。这样的成功故事讲起来，一点也不精彩，甚至索然无味，没有多少嚼头，但确实是符合成功规律的。

也许在此有人会质疑，那些发财的大老粗，连中专都没有上过，智商平平，他们哪里会懂得什么规律呢？实际上，规律面前人人平等，规律只认你按照他的方向去做了没有，根本不管你是什么学历、智商、经历、背景，是有意为之，还是误打误撞、歪打正着。如果你去问这些成功人士成功的原因，往往连他们自己都很难说出个子丑寅卯来。倘若认真考察他们的奋斗历程，我们可以发现这一过程是符合成功规律的。或许他们当初进入相对成熟的领域，是因为基础较低、思维简单，想不到其他模式；或许他们在这个领域坚持下来，是因为没有其他选择。无论是由于主观原因，还是被迫无奈，或者是稀里糊涂、误打误撞，其经历在客观上确实符合成功规律。

靠误打误撞去做符合规律的事情，对创业者而言，成功并非没有可能，但概率太低。如果我们能够很清楚地认识到某种规律，并按照其中的逻辑有意为之，则创业成功的概率就要大得多。

创业成功需要量的积累，在发生质变的临界点来临之前，差一厘一毫都不行。因此在此之前，小老板们必须承受得住孤独和寂寞，经得起来自各方面的质疑和考验，耐得住各种新机会的诱惑。这山望着那山高，不断地更换行业，仿佛其他行业更容易赚钱。当真的介入这些行业之后，你会感到实际情况跟自己想象的差距太大了。一般来说，我们接触任何一个行业，达到开始入门并基本把握的水平，差不多需要一年左右，这已经算是悟性较高的了，悟性一般的可能需要两三年时间。而在此过程中，还存在着导入期所需大量配套资金的问题，精力消耗巨大，各方面资源积累需要重新经历一个从无到有、从有到优的非常艰难和曲折的过程。同时，即使经过一番努力顺利度过导入期，也很有可能发现经营状况和难度与上一个行业差别不是很大。

在这里，又涉及一个新问题，即在一些壁垒不是太高而且比较成熟的行业，实际平均利润水平相差不会太大。因为一旦某领域利润水平高于其他行业，很快就有其他领域的投资者转入，直到利润回归平均水平。尽管各行业利润水平时高时低，但在整体上仍处于动态平衡的状态中，较高利润水平不会维持很长时间。你若在利润较高时进入，当度过导入期，利润水平很有可能就回归到了平均水平，在某些情况下还可能低于平均值。

企业传记中，很多有关大手笔的情节描写得非常精彩，实际上“台上一分钟，台下十年功”。任何闪亮的大手笔背后，都隐藏着数年来的平淡无奇和默默耕耘，精彩都是用数不清的辛苦、汗水和寂寞练就的。传记里描写比较详细的都是闪光点，漫长的坚持、积累和沉淀过程则一笔带过，而现实中，这个过程并不会因为平淡无奇而被省略掉。如果你是一个有心人，不妨计算一下那些大手笔之间的时间差。结果肯定是，越是早期，时间间隔就越大。这也从另一个角度说明了平淡是常态，脚踏实地地坚持更为重要。

创业在很多时候与写作非常相似，能偶尔写一两篇出彩诗歌或者散文的，并不少见，但大多数人最后并没有成为诗人和作家，其中一个非常关键的原因是没有坚持不懈，长达十多年一直写下去。当写一篇妙文时，你算不上作家；当写十篇时，你算不上作家；当写上三十篇时，你依旧算不上什么作家；但当妙文写到一两篇时，你就基本上成名成家了。具体你写到多少篇算得上诗人或者是作家，这个界限很模糊，临界点只是一个形象的比喻而已，具体节点很难确定。在创业过程中，质变的临界点究竟在什么地方，同样难以界定清楚。我们只有不断坚持，向着既定的方向努力前进，当积累和沉淀达到一定程度时，才能真正享受到成功的愉悦，才具备玩大手笔的资格。厚积薄发，才是真正的成功之道；急于求成，最终结果只能是适得其反。

铁律33　与人打交道要符合经商的逻辑，而不是个人好恶

擅长与自己不喜欢甚至是讨厌的人打交道，是合格创业者所应具备的一项基本素质。情感和好恶屈从于理性，服从于利益，是商业本质内在的要求。真正干大事业的人都能屈能伸，“屈”是为了更好地发展，是为了在更高层面实现“伸”。

从本质上讲，商业要求精细化计算，一切都要绝对服从于经济理性，甚至要求像计算机程序一样，从这头输入相同的变量，从那头就出来同样的结果，丝毫不受感情和个人好恶等因素影响。而人毕竟是人，难免会有七情六欲、喜怒哀乐、爱憎好恶，并会以不同形式表现出来，这本来无可厚非。在我们民族的传统中，一直要求立场坚定，明辨是非，爱憎分明。如果您只是一个普通人，完全有权利根据个人情感去处理事情，可以活得表里如一且非常真实。一旦选择了创业，所有这一切都要改变，情感必须服从于理性，也必须成为情绪管理、好恶管理的高手，否则从商之路就会曲折得多。

我们在创业过程中，处处会遇到不太喜欢的人。这个人可能是员工、客户、供应商、官场中人，也可能是中介。无论是哪种类型，我们内心虽然非常讨厌这个人，但毕竟存在大大小小的利害关系，不得不耐着性子跟他们打交道，很多时候必须把关系处理得恰到好处。倘若由着自己的性子来，就难免会使自己的利益受损，甚至付出沉重的代价。偶尔一次由着自己的性子，也许无伤大雅，假如经常这样，轻则难以做大做强，重则导致项目死亡。

有位老兄创业十多年，他们公司年营业额达到了一亿多，自己一年下来收入也有六七千万。为了业务能够顺风顺水，永续经营，并不断壮大，每年都要打点“现管”们，每年都得请这些人去生态园山珍海味、温泉桑拿一番，临走还得奉上七八十万的红包。自己作陪过程中，极尽谄媚揣摩之能事，采取全方位保姆式关爱，唯恐什么地方不周到，得罪了“神圣”而给自己带来祸害。台面上尽管做得非常到位，仿佛所有的殷勤都是发自内心深处一千万个乐意，实际上此君也是性情中人，内心中非常厌恶这些事情。在他的价值观中特别反感这种不劳而获的索取，认为这是违背人类最基本价值的行为。每次敬完神之后，他都深恶痛绝地跟朋友们诉苦，敬神时，他就感觉像被是在砧板上任人宰割的鱼肉，自尊受到无边的玷污，但又不得不装出发自内心的虔诚，人格上几乎要发生严重分裂了。说归说，事情还得严格按照经济理性去做，已经走上了创业之路，就像上了贼船，有什么办法呢？只能找知心朋友诉诉苦，诉完苦之后一切照旧。唯一值得欣慰的是，自己的企业越做越大，一直快速发展。

还有一位朋友，自己开了家公司，给行业内少数几家大企业配套。他经常去找这些企业的相关负责人，天长日久就跟这些人员慢慢地熟了。其中一家企业的负责人经常和他称兄道弟，偶尔餐叙一把，还不时让他做这做那，但一涉及合作项目的事情，就左推右推，遥遥无期。人家找他帮忙的时候，就先画个饼挂在那儿，事情一旦忙完，饼自然消失得无影无踪。几年下来，这位朋友内心自然很讨厌对方。但自己的目标客户就那么几个，无论对方是什么样，无论你乐意还是不乐意，出于利害关系的考虑，你都必须跟对方去接触，去打交道，还得装出一副满不在乎的样子。毕竟你是去求人家，人家是大爷。双方的交往本来就建立于地位不平等的基础上，受气挨耍被忽悠，再正常不过了。类似的经历可能很多创业的朋友都有过。大丈夫能屈能伸，该忍的时候必须忍，该伸的时候必须伸，这才符合天道。

你一旦选择了创业，就注定难以过上普通人的生活，再也不能按照普通人的方式来做事。普通人的七情六欲，普通人的喜怒哀乐，在这里都必须统统屈从于经济理性。很多人批评商人太过势利，很多人羡慕商人的富足，但他们哪里知道，老板尤其是中小老板，是世界上风险最大的职业。他们承受着数十倍于别人的压力，他们在夹缝里生存，他们在为家庭、员工、供应商、客户和政府打工，他们还经常遭受来自各方面的误解，他们不得不压抑着自己的情绪，他们付出了别人难以承受的代价，他们即使月入百万也没有安全感。

经商成功者是一个自然选择的结果，老天只会留下那些符合商业逻辑的人，而根本不会听你的种种理由和借口。如果我们有心留意一下社会上大大小小比较成功的老板，就会发现也许他们在其他场合仍然意气用事，但在商场中都会表现得非常理性，基本上都能做到情绪服从于利益。有人偶尔也会表现出好恶倾向，但最终还是会选择向理性投降。当然，商海中也有很多爱憎分明的人，他们的结局一般都不是太好，要不是项目一直处于较低水平发展，要不干脆就没有运作起来，要不虽然做大但最终还是折戟沉沙。

情绪管理是创业者的必修课，应当成为一项基本素质。如果你对一些人和事内心深处有一些想法，可以找适当的机会向适当的人倾诉，以减轻心中的压力，但绝不要将此带到商务和经营活动中。人在商海沉浮，和什么样的人以何种方式打交道，是由利害关系决定的，而不是由情感和好恶决定的。初涉商海的创业者，尤其要牢牢记住这一点。

铁律34 对利益最大化的理解不要过于肤浅

经商的本质就是利益，不要怕吃亏和被别人占便宜。只有当别人感觉你有利用价值时，你潜在的商业效益才会转变为现实。经商追求利益最大化并没有错，关键是通过什么样的方式来实现利益最大化，你现行的方式是否真的有利于利益最大化。

在经商过程中，如果吃亏能够换来相应的利益，这样的吃亏其实就是占便宜。如果你显得太精明，别人从你身上得不到好处，也许大家都只能远你而去。商业的本质是逐利的，如果你没有利用价值，非亲非故，人家何必要在你这里浪费时间呢？倘若没有利用价值，你的创业行为基本上就已经失败了。你在别人那里利用价值的大小，你在多少人那里有利用价值，这种利用价值能够持续多久，是否会重复出现，基本上就决定了你的项目能不能坚持下来，能坚持多久，有没有机会做大做强。你在别人眼里有多少利用价值，远比你自身拥有多少价值重要。

有位哥们儿，生性非常精明，说话滴水不漏，被同学朋友们公认为是经商的料儿。在一片恭维声中，他自己也认为自己如果不去经商就太可惜了，对不起上天的造化。于是，他从 2003 年开始选择代理饲料添加剂。截至 2007 年，品牌已经换了五个，经营区域也作了好几次改变。几年下来，倒是也赚了点小钱，但远未达到理想状态，甚至比打工还要差一些。2008 年年初，他终于不得不放弃自己长达数年之久的经商生涯。还有另外一位哥们儿，比较腼腆，一看上去就非常老实，说话有时都词不达意，谁都说适合天天坐着冷板凳搞技术，这辈子注定与商业无缘。他也于

2003年在河北某地开始代理饲料添加剂。令人大跌眼镜的是，五年下来，这个哥们儿竟然在当地业界混得风生水起，小有名气，尽管不是相当成功，但每年下来都三四十万到手。

于是有好事之人探究其中原因。经过一段时间的查访，谜团渐渐地清晰起来。前一位哥们儿，采取的是坐地加价的形式，每一单从厂家过来之后，能加多少价就加多少价，客户非但不能从他那里占到便宜，反而吃了大亏。当场交易成功后，后续交易肯定不会发生，典型的一锤子买卖。当然，一个二十多岁初涉商场的人，能把三四十岁在商场摸爬滚打多年的老手给忽悠了，能力确实非同寻常。在这里我们不要忘记了另一点，这样的客户毕竟不容易遇到，开发新客户本身就难，能把对方套住占一个大便宜更难。他跟厂家打交道的时候，自然也会凭借自己的三寸不烂之舌玩一些手段。因此多年下来，他的确还能赚到一些钱，但能够成交的客户数量有限，同时不得不变更区域，重新来过。这是一种典型的"猎人式"经销思维，我能逮到一个就算一个，能逮到一个大的就逮到一个大的，一枪下去，能打到个膘肥体壮的更好，其他的考虑不了那么多。

后一位哥们儿，采取的是较低利润空间的做法，同时帮自己的客户出主意、想办法，提高经营管理能力。客户感觉他非常实诚，跟他做生意，不但能占到价格上的便宜，多争取一些政策，而且在经营管理方面也会获得很多好处，于是渐渐地对他产生了依赖性。这位哥们儿尽管每一单都赚得不算多，客户也只有二十多个，但每一个客户都能产生持续的交易，单一客户的利润贡献非常大。随着客户经营业绩的不断提升，他自己的生意自然也是水涨船高。这位朋友采取的是一种典型的"农夫"经营方式，守住一亩三分地，前期只问耕耘，不问收获，看上去很傻很天真，但到了秋季，收获的并不比别人少，而且可持续性较强。

人生往往就是这么奇妙，你越是怕别人占自己便宜，越是想方设法占别人的便宜，到头来反而吃了大亏，占不了别人多少便宜。而看上去天分不高的嘎小子，可能误打误撞，做事碰巧符合规律，最终为自己开辟出了一份天地。对前一种人，评价往往是"机关算尽太聪明，反误了卿卿性命"；对后一种人，评价则是"大智若愚"。其实，这些人都是事后诸葛亮，之前还不是一个劲地说前者天生是经商的料儿，后者只配坐冷板凳吗？更何况，后一位朋友的成功并不是他自己有多聪明，有意为之，其中误打误撞的成分很大。

几乎所有的创业者都将“利益最大化”奉为圭臬。其实，如何实现利益最大化，你的操作方法是否能够真正做到利益最大化，是商业运作当中更为关键的问题。令人遗憾的是，大多数创业者只知道经商应该利益最大化，而不知道怎样做才能真正实现利益最大化，甚至还有人将利益最大化粗浅地归结为每一笔生意都要尽可能多地获得利润。实际上，利益最大化是指在较长的限定时段里，通常 3 ~ 5 年，甚至更长的时间，通过你对可资利用资源的深度整合，实现产出和效益最大化。这是一个看起来简单，却非常复杂，但并非难以掌握的学问。

商场既是零和博弈，又是双赢博弈。没有人产生损失，没有人被利用，就不会有利润的产生。你的利润是建立在别人吃亏基础上的；同样道理，别人与你交往，也是希望从你这里获得好处。与此同时，如果你不让渡出适当的利益，或者你没有能力让渡出利益，你的价值就只能是潜在的价值，转化不成自己需要的人民币。在别人那里拥有利用价值，是商场得以生存和发展的基础。你没有利用价值，或者失去了价值，就只能被商场无情地抛弃。在这里还必须提到的是，你的利用价值，只有在能够换来相关利益的基础上才有意义。

铁律35 经营土特产的风险远远大于常规产品

不少朋友创业，特别钟情于家乡的土特产，感觉这么好的东西，在其他地方肯定会大受欢迎，市场基本处于空白状态，推广得当就会创造一个财富传奇。事实上，土特产推广涉及口味、运输、习俗、用法、量产等诸多问题，其风险远远大于常规产品。

某类物产之所以是土特产，在漫长的历史进程中未能发展成为国人广受欢迎的物品，除了受保鲜和运输等条件限制之外，口味区域专属性、加工方法不太熟悉和无法量产，都是重要原因。在这些问题得到有效解决之前，土特产的推广难度和风险会非常大。改革开放三十多年来，我国的保鲜和运输条件得到了极大改善，一些比较适宜推广的土特产基本上在全国各地都能见到，成为受欢迎程度很高的商品，比如山竹、榴莲、杧果、荔枝、火龙果等产于岭南地区的亚热带水果，现在就连内蒙古的边陲小镇都能很方便地买到，游牧民族非常喜爱的牛奶和奶茶更是渗透到华夏大地的每一个角落。而几十年来，有那么一些土特产和风味小吃，尽管总是有人不断去推广，但效果还是不太理想。

在西北地区，莜麦和胡麻是非常重要的作物，分别是主粮和食用油的主要来源，加工后的莜面及胡麻油深受当地老百姓的欢迎。

目前以莜面为特色的西贝莜面村，基本上已经在所有一线城市实现了布点。但这事实上并不能代表莜面推广的成功，一方面在这些城市消费的群体主要还是身在异乡的西北人；另一方面消费量并不是太大，在当地粮食的消费结构中所占的比例微不足道，同时并没有将烹调方法推广开来，面粉直接销售量很低。口味和烹调方法在很大程度上制约着莜面的大面积推广。一些厂家为了规避莜面烹调技术不易推广的缺点，就将莜麦和莜面制作成终端产品进行销售。他们有的将莜麦加工成燕麦片进行销售，有的将莜面直接加工成精制挂面。

胡麻油富含 α - 亚麻酸及各种不饱和脂肪酸，在动物体内可直接转化成 DHA 和 EPA，这些物质是人体必需的不饱和脂肪酸，也是深海鱼油的主要成分，同时具有促进人体智能、强身健脑、防止心血管疾病、抑制疾病基因等重要作用。胡麻油的缺点是口味很重，西北人早已习惯了这种口味，感觉芳香浓郁，习惯了这种口味之后再去食用花生油、大豆油、菜籽油，便觉得淡而无味。但从小习惯食用花生油和大豆油的人群，就会感觉胡麻油口味太冲，不太习惯，有人甚至会引起恶心、呕吐等不良反应。因此，尽管有人在北京等地不断推广胡麻油，但效果一直不是很好。

沙棘是一种落叶性灌木，其特性是耐旱，抗风沙，可以在盐碱化土地上生存，被广泛用于水土保持。国内分布于华北、西北、西南等地。沙棘是药食同源植物，具有止咳化痰、健胃消食、活血散淤之功效；并可降低胆固醇，缓解心绞痛发作，还有防治冠状动脉粥样硬化性心脏病的作用；在西北地区甚至被誉为“果王”。在西北农村，一到秋冬季节，便有小孩成群结队到山里采摘沙棘果实。沙棘最明显的特点是酸中略带甜味，越吃越香。但这也属于典型的地方特产，拿到外地去，人们尝上一口，就会被那种独特的酸味所惧。我们老家就有几家厂子，专门生产沙棘易拉罐饮料。2006 年，我曾带一件沙棘饮料与同事分享，一则是为了搞点特别的东西；二则是为了测试一下口味，看看有没有运作的空间。这几个同事，分别来自北京、河南、辽宁、广西、山东、江苏、重庆等地。他们尝了几口，就将饮料罐扔在桌子上，都说酸得受不了，不太好喝。其实，这个口味已经是改良过了的，加了很多白糖，并不是纯正的沙棘原味。后来有位包头的朋友在北京代理一家内蒙古的沙棘饮料，坚持了一年多，未见多大成效。目前虽然也有几家大牌饮料企业进军沙棘果汁领域，但其消费市场主要还集中在沙棘的主产区。除了口味问题之外，沙棘果实很小，采摘困难，生产规模受限，也是影响其大面积推广的不利因素。

土特产要变得广受欢迎，除了要解决保鲜和运输等常规问题外，在口味和工艺上不得不作重大调整和改良，同时尽量做成即食即用的终端产品。这方面不乏一些成功案例。

随着伊利和蒙牛的强势营销，内蒙古的奶酪在全国各地已经生根发芽，由牧民的传统口粮变成了较为时尚的休闲食品，同时也带给外地人奶酪又香甜又松软的印象。其实，地道的奶酪根本不是那样的，又干又硬，奶膻味很重才是本色，这与当地气候条件和方便保存有很大关系。但这种吃起来非常地道、越嚼越香、环保健康的奶酪，不太适合汉族地区消费者的口味。为了适应市场和消费者，厂家在工艺上作了调整，在配料中加入了大量白糖，并使质地松软可口。

地方特产，长久以来一直是创业当中的热门话题。本地人员出于情感以及习惯上的原因，往往倾向于将自己的喜好想当然地推及别人身上，忽视了非常关键的一些具体因素，导致风险被人为放大。在这种思维的影响下，很多带有强烈地方本位主义的创业者最终遭受了巨大损失。与此同时，在土特产和地方风味推广方面取得成功的项目，基本上都在这些问题上进行了适当改良，变得更加符合目标消费者的特征，进而有效地规避掉其中的一些风险，这些非常值得后来者深思。

铁律36 创业爬坡阶段的特殊期，最忌后院失火

创业者比常人承受着更多的压力和忙碌，更需要得到家庭成员的理解与支持。处于爬坡阶段且已经没有退路的创业者，最忌讳后院失火。如果您不幸遇到了这种情况，舍弃婚姻保全事业，就成为最为痛苦和最为理性的选择。

对很多人而言，一旦开始创业，就没有了退路，无异于背水一战。无论是成功，还是失败，抑或遭受波折，都得坚持下去。倘若选择退出，成本会更高，甚至还会致命。而并没有多少资金的个体创业者，在前期所遭受的压力更是超乎想象。人力不足、资金有限，绝大多数事情都不得不亲历亲为。跑银行、工商、税务，与供应商协调谈判，开发市场寻找客户，生产服务环节管控，市场环境调研，未来发展规划，皆须自己亲自办理，哪方面做得不到位都不行。这不光需要劳心劳力，时间差不多也被塞得满满当当，很多时候所有的事情都在逼近极限。如果此时能有个贤内助分担一部分压力，当然更好；倘若没有能力分担，不给添乱，倒也罢了；最怕的是碰上自以为是，天天找事，成事不足败事有余那种类型的。

仍处于爬坡阶段的创业者，如果没有一个贤内助，总是制造麻烦，后院失火，将是非常痛苦的一件事情。本来你时间已经非常紧凑，精力容不得半点分散，只能拼命努力向前，后面只有悬崖，稍有不慎，就会粉身碎骨。如果这时有人偏偏不顾全大局，因为一些鸡零狗碎的事情找你麻烦，你可就惨了。遇到这种情况，无非这么几种选择：第一，尽量沟通，求得对方的理解和支持，底线为不再添乱。当然这

样做的效果怎么样，不是自己能完全控制得了的，可能很有效，也可能毫无效果，一切照旧。第二，为了家庭而放弃自己的事业。这样做，看上去好像也是一个不错的选择，但最终只能一步一步将自己推向绝境，因为你已经没有退路，事业上的失败就意味着人生的彻底失败。当你一分钱都没有，财富还是个巨大负数时，当你连下一碗饭在哪里都不知道时，当连生存都是问题的时候，其他的一切都是镜中花、水中月，家庭最终还是难以维持下去。生活是建立在物质基础上的，不要抱有任何幻想，生活就是这么现实，这么残酷。第三，不作调整，维持现状。这好像是两头都能兼顾，其实两头都做不好，干扰因素过多，精力难以集中，事业容易坠入万丈深渊，家庭最终还是要破裂的。第四，放弃婚姻，保全事业，其他事情等项目进入稳定期，能够有大量雇员分担压力之后再作考虑。

任何人面临这个选择的时候，都会非常痛苦，而理性的做法只有第一种和第四种。我们尽力沟通和协调，如果不能取得理想的效果，那只能选择第四种情况。对立足未稳又缺乏退路的创业者来说，这又有什么办法呢？事业是第一位的，两害相权取其轻，先定守局，再图进取。人生总会有缺憾，唯一能够做到的就是不要让遗憾太多。

有位朋友从事的是创意产业，自己注册了家公司，但本质上仍属于自由职业者，为了节约成本，只得在家办公。搜集素材、确定选题、进行创作、寻求客户、调研交流、工商税务，都是他一个人在忙。雇一个人吧，没有多少储蓄，利润和客户数量又不支持，每年赚的一些钱又被房子、孩子什么的消耗掉了。几年下来，原始资本积累都尚未完成，连社保都好几年顾不上去交了。他手中有一家稳定的大客户支撑着，虽然收入上还过得去，但毕竟面临着很大风险。在不上不下且没有退路的状态中，他不得不努力去想各种办法，在业务和客户量上寻求突破。他本人很能吃苦，很有韧性，做起事来有点拼命三郎的味道，更多的时候并不是他个人情愿这样，而是内外交困，没得选择。

本来如此辛苦，需要家里人能够理解和支持，再坚持上几年，很有可能就真正取得成功了。无奈天不尽如人意，他老婆属于那种小女人类型的，根本不考虑他的实际处境和工作性质，经常为了一些鸡毛蒜皮的小事喋喋不休，说你坐在家里怎么不做饭不洗锅，说你怎么没照顾好小孩，说你坐在那里像个塑像呆子傻瓜，说你给我去干什么什么事情去，做得慢了就恶言相向。起初，他感觉可能是沟通不到位，对方不太理解所致，后来他前前后后把情况说明了数十次，还是未见多少改观。很多时候，正当他构思刚刚出来，准备开始创作时，他老婆说不定又因为什么琐事唠叨了，思路马上就被赶到了千里之外。等思路续上之后，常常是好几小时之后了，或者一整天的时间白费。他被惹烦的时候，不免要转身瞪上一眼，马上就有一大堆伤人自尊的话从他老婆口中跑出，说什么你家祖宗三代都有问题，说什么你是垃圾废物。话到绝处，两人自然会大战一番。这位朋友感觉这样下去，将事业、家庭两头空，到头来人生将会面临绝境。几次三番狠下决心，打算结束这段早已名存实亡的婚姻，但每次看到聪明、伶俐、可爱的孩子时，犹豫不决，总感觉孩子是无辜的，不能对不起小孩。这终究是一个悬而未决的困局，越困越紧。

也许有人认为他老婆并没有什么错，但别忘了，这是处于创业爬坡阶段的特殊期，不能按普通情况要求他，任何进步和成功都是要付出代价的。创业与打工很大的一个不同，就是工作和生活难以分开，事业和家庭发生冲突是常态。“一个成功的男人背后，总有一个伟大的女人”，这句话说出来可能是对女性的赞美，但对创业者而言，是一个非常沉重的话题，更多地隐藏着创业者的血泪和辛酸，特别是白手起家之辈。

铁律37　当消费群体与埋单人分离时，要考虑更多的复杂因素

商业模式设计当中，不但要考虑目标消费群体的潜在需求，还要考虑将由谁来埋单，埋单人的利益驱动有多大。很多项目，看上去市场潜力非常大，是未经开发的宝藏，其实可能是个陷阱，潜在需求转化为购买行为，牵涉更多的复杂因素。

在现实社会中，有不少空白市场，看似蕴藏着巨大商机，前景广阔，实际上存在着很多陷阱。我国有13亿多人口，多少年来就业问题一直比较严峻，每年都有数以万计的创业者在寻找着各种机会。那么多领域之所以还是空白，并不是没有人尝试过，而是由于错综复杂的原因，这些领域的项目基本上都没能存活下来。当我们遇到空白市场和空白领域的时候，千万不要盲目高兴，应当对其中的空白原因进行深入分析，看看是从来没有人涉及过，还是不断有人尝试过，但总是折戟沉沙，或者是看导致别人不成功的因素现在是否已经消除。

在这些空白市场当中，我们经常会发现很多商品和服务，其实某类群体非常需要，一旦将这种需求转化成商业模式，就会创造一个个比尔·盖茨、马云式的财富传奇。但这里恰恰存在一个陷阱，就是客观上存在的需求，能否转化为现实的购买行为，这种购买行为的支付力，能否支撑起你的模式滚动发展。同时还存在由谁来埋单的问题，如果潜在的几类埋单人利益驱动都不足，你看似美好的模式就存在严重缺陷。

有位朋友心血来潮、突发奇想。他通过很长时间的观察，发现目前大大小小的

饭店服务员难招，即使招到之后，绝大多数人的专业素养也不够，管理难度大，而且队伍还不稳定。他感觉这当中存在很大商机，饭店是与人们日常生活联系非常密切的一个行当，基本上都需要服务员，其数量是以万计算的。做饭店服务员培训，市场空间非常大，而现在社会上缺乏这类专业机构，即使自己占有百分之一的份额，也能取得不俗业绩。他越想越感觉，自己马上就要成为另一个版本的俞敏洪了，千万级的财富正在向自己招手。在一番筹备，他的专业化服务员培训学校终于在2008年夏季开张了。

但问题也随之出现。他们首先遇到的问题就是招生，起初面向的群体是初、高中刚毕业的农村孩子，培训期为3个月，学费900元，其他费用自理，同一些饭店签订协议，定向推荐工作。在他们的想象当中，这样的收费标准比较合理，花900元学得一些技能并找份工作，是非常划算的一件事。他们在招生方面也下了大工夫，DM、各地报纸、公告栏、公交站牌、小区周围、电线杆不干胶贴，甚至还发动了自己的亲朋好友，招生效果却不尽如人意。第一期招了10多个人，第二期招了20多个。虽然一直在努力突破，但人数最多的时候也没有超过30个。而他们培训机构每个月的各项支出，最起码也在一万多元。这种情况持续了一年多，仍没有多大改观。他们开始调整思路，在保持原有招生方式的同时，向中小规模的饭店拓展生源，埋单者也由个人转向了饭店老板。又过了一年多，局面还是没有多大改变，能招到的人数依旧不到30多个。该项目最终不得不于2009年年底关闭。

如果我们对这一项目认真进行分析，就不难发现症结所在。饭店服务员绝大多数月薪在800～1500元之间，当然每月2000元上下的待遇也有，但比例很低。在现在的房价和物价水平下，这个收入水平基本就是维持温饱，在一些地方甚至连房租都不够。即使干得再好，月薪2000元也基本已经到头了，在职业上没有多少发展空间，职业稳定性差。换句话说，饭店服务员这一职业并没有多少含金量。对从业人员来讲，只是一个临时的跳板而已，人员素质差、管理难度大、队伍不稳定，很大程度上跟这个有直接关系。正因为如此，家长和服务员本人都对培训服务不太感兴趣，即使有人感兴趣，比例也不会太高，费用支付能力也相当有限。因此，饭店服务员培训项目必然存在招生难的问题，收益难以弥补成本，即使提高收费标准，也难以解决问题。

面向饭店招生，让饭店老板埋单，同样存在着一些难以解决的问题。规模较大的一些饭店，员工培训基本不脱岗自行解决。而中小规模的饭店，赢利水平不是很好，老板不太愿意在委托培训方面再增加成本，同时由于人员不稳定，老板又有为他人作嫁衣裳的顾虑。作为潜在埋单方的饭店老板，利益驱动依旧不足。

另一朋友，在某一线城市机关供职十多年，感觉时下大学生就业越来越困难，已经毕业多年的大学生，不少人在职场上发展得并不太顺利，甚至有一些人还因为缺乏整体上的职业生涯规划而陷入困局，落魄他乡。因此他认为，现在的大学生客观上非常需要就业指导、职场技巧和职业生涯等方面的专业化培训，这个市场一旦开发起来，潜力非常巨大。于是他说服了几个朋友，一起创办了一家专门面向大学生就业的培训机构，课程主要包括面试技巧、职场礼仪、职场潜规则、成功学、职业倾向评估、职业生涯设计、创业规律等内容。培训周期为 7 天，收费 500 元，推广期收费 200 元。通过在大学城周围贴海报、发宣传单来进行推广，并与一些院校的团委和就业指导中心取得联系。

运作了一年多时间，总共办了 36 期，平均每期学员 16 人，而每月光运营成本就有 1 万多元，这还没算几个合伙人的辛苦费。为了突破收支平衡点，他们采取了提高收费标准和加大推广力度的办法，但效果还是不太明显。后来，这位朋友逐渐认识到，当初的想法想当然的成分太多。其一，暂且不论工作怎么开展，效果如何，目前各大院校最起码名义上还有专门机构来负责毕业生的就业指导事务，他们对独立的民间第三方机构有一种天然的排斥，很难指望他们会给你的推广工作带来多大帮助。其二，毕业生接受了四年大学教育，有的甚至已经取得硕士和博士学位，这些人尽管实践能力和经验都比较差，但自己感觉还是非常不错的。他们在内心中比较轻视同样是本科学历且名不见经传的第三方独立培训机构，认为这些机构的水平还没有自己高。其三，绝大多数毕业生对就业培训还停留在概念阶段，对其中的重要性认识严重不足，总觉得这个东西可有可无，没有那么夸张。再说了，毕业后几年再作这方面的规划也不迟。其四，应届大学毕业生是个很特殊的群体，他们手中没有多少钱。你收费低了，难以弥补运营成本；你收费高了，可能会超过他们的承受能力。

铁律38 “差异化定位”要充分考虑人口基数和结构

人口基数在很大程度上决定着某种商业模式的成败，如果某地人口基数较大，则特色和细分类的项目存活下来的可能性较大。倘若某地人口基数很小，即使存在个性化需求，定位在细分领域的项目也难以获得成功。人口基数和商业模式的细分程度呈正相关关系。

在众多以创业为主题的文章中，着重强调的两个概念就是“差异化定位”和“商业模式的独特性”。这两个概念本身是很好的概念，也比较抽象，并没有太多问题，但容易使人走入误区。某位居于西部县城的朋友，看到当地近年来消费者的品牌意识越来越强，而商家所提供的各类商品基本上还是以杂牌为主，感觉开家品牌服装店前景很好，于是拉上几个朋友经销国内某著名男装品牌。此外还有一个同县的朋友感觉当地图书市场品位太低，而他们那里还是拥有一个数量可观的中高端读者群体的，最终通过一个多月简单的市场调研，决定开一家精品图书超市。这位朋友在书店开业之初踌躇满志，举办了红红火火的庆典，遍请当地头面人物，颇有大干一番之豪情。非常遗憾的是，这两位朋友在开业之后不到一年时间，店面由于经营惨淡，被迫草草关门。

我后来与很多朋友探讨过这两个问题，最终结论是他们二位从创业的第一天起，就注定是要失败的，其原因与人口基数有很大的关系。该县属于典型的农业型经济，户籍人口不到 23 万，城镇户籍人口 3 万左右，外地人基本可以忽略不计，其中一半以上的户籍人口外出打工或上学，余下的 10 多万人口又有一半左右散落在乡村，常年居住在县城的人口有 5 万 ~6 万，其中有 1 万多吃财政饭，消费以县城常住人口，尤其是机关、企事业单位和商户为主。该县城常住人口中的男性可以粗略按照 2.5 万 ~3 万计算。在这种人口状况下，假设品牌男装的需求概率为 10%，有品牌意识的消费者为 2500~3000 人，实际上这已经是消费者数量极限了。再假设这些有品牌意识的消费者中又有 10% 的概率会购买上面这位朋友所经销的品牌，其可能成为购买者的人数为 250~300 人。如果每人身上赚 200 元的利润，一年下来毛利为 5 万 ~6 万元，其房租、水电、装潢、税费等各项费用约为 3 万元，最终的纯利润为 2 万 ~3 万元。实际上，以上已经是非常乐观的估计，还没有考虑这些男性消费者的年龄、职业、收入、品牌偏好，以及那个男性品牌服务店的款式、颜色、产品是否适销对路、有无雇员经营，市场上跟风者多少等因素。如果综合考虑以上要素，该男性品牌服装店能够在当年实现收支平衡已属不易。如果店主没有足够的资金持续投入，一年左右关门基本没有悬念。

在精品图书超市案例中，其需求群体的极限基本上是 6 万县城常住人口，而实际上的需求群体则更可能是 3 万城镇户籍人口，因为如果按照 1% 的需求概率来计算，该县城有需求的人数最多不超过 600 人，单位图书的利润额要比服装小得多。就按每个需求者人均贡献利润 50 元计算，年毛利极限为 3 万元，这个赢利状况勉强能够弥补当年成本。实际上这也是一个比较乐观的估计，对精品图书感兴趣的更可能是吃财政饭的那个群体，而且对精品图书感兴趣的人不一定能够转化为现实中的购书者，中间存在着一个转换比例。此外就算有 600 人到这个书店购书，大多数人也就是购买一两本，而目前每本图书的价格基本上不超过 50 元，实际上多在 25~40 元之间，每位购书者的利润贡献水平不超过 20 元，一年下来该书店的毛利最多不超过 12000 元。即使坚持下去也不会有太大的改观，关门自在预料之中。

成功商业模式的实质就是通过一段时间的运作，项目具有良好的“自我造血能力”，能够实现自我滚动发展。如果做不到这一点，表面上即使再风光，最终也难以逃脱失败的命运。当然，即使好的项目，前面也存在一个导入期，导入期是难以真正赢利的。在这里可能有的朋友会说，上面提到的两个案例比较极端，即使放在人口比较集中的大中城市也未必能够赢利。实际上确实存在这个问题，创业成败涉及的因素非常复杂，这里重点谈的是人口基数与商业模式的关系问题。

上述两个案例，如果放在大中城市，最起码还存在着成功的可能。即使受地理位置限制，所能辐射的半径和人群有限，也可以通过广告和口碑营销等手段吸引目标消费者，慕名而来的就会络绎不绝。在大中城市中，某种独特的商业模式，有时候可能需求概率很低，只有千分之一甚至万分之一，但由于人口基数较大，需求者的绝对数量还是能够支撑起该店的正常运营，而人口基数较小的县城和乡镇，显然不具备这样的条件。也正因为如此，在人口基数较小的很多地方，虽然也存在各种独特需求的消费者，但当地商家提供的基本都是人们日常的消费必需品，而且越是人口基数小的地方越是这样，有独特需求的人，只能跑到人口基数较大的地方去消费。基于同样的逻辑，从总体上来讲，人口越多的地方机会越多，行业的细分程度越高，越是比较独特的定位越容易生存下来，商品和服务越显得丰富多彩、百花争艳，奢侈品和高端服务越容易发展壮大。

还有一个非常有意思的现象，同样发生在上面两个案例的那个县城中。虽然诊所（该案例中正规医院除外，此处诊所指的是私人小诊所）与人们日常生活密切相关，其需求概率大约为 10%，年人均利润贡献率为 100 元，计算下来当地诊所年毛利润总额大致在 60 万元。开诊所本应该是非常不错的一个商业模式，无奈当地私人诊所接近 30 家，平均每家年毛收入 2 万元左右，去掉房租、水电、税费等成本，平均每家纯收入约 1 万元。任何行业的收入都呈“马太效应”分布态势，诊所行业也是如此。在全行业平均利润水平都不太理想的情况下，大多数诊所实际上都处于入不敷出、亏损经营的状态中。同样是诊所，北京等地的社区诊所基本上都能赚得盆满钵满，再差也不至于沦落到亏损经营的地步。如果按照人口诊所比例来看，北京大约两万人拥有一家诊所，密度要远远低于案例中的那个县城。

以上规律所适用的范围，基本上属于销售半径较短的居民消费品零售领域。工业品和特种产品以及特色产品的生产和批发，则不受这种规律限制，而主要受辐射半径影响。在这里还应当特别提到的是，居民消费品零售需求概率也存在一个不断变化的过程，有的在不断变大，有的则在不断变小，这同样是创业者应当重点关注的一个重要因素。

铁律39 要充分考虑执行和监管的可行性及成本

在制定某项制度的时候，不仅要考虑逻辑和道德合理性，还必须考虑执行和监管的可行性及成本。如果没有考虑后一个因素，即使制度看上去非常美好，也只是纸上谈兵，在实践环节中最终只能不了了之。制度执行成本与执行的主体、方式、发展阶段都有很大关系。

任何制度都是有执行成本的，制度执行同样存在成本和收益，这是常被创业者忽视的一个重要课题。很多中小企业在制定相关制度的时候，未能很好地考虑到这个问题，最终弄得进也不是，退也不是。如果认真执行吧，成本高得惊人，得不偿失，甚至会将企业拖垮；如果不去认真执行，做做样子，制度的严肃性、公司的权威性就会在员工那里大打折扣，导致将来的管理难度更大，企业的执行力和竞争力将面临很大挑战。

就拿企业考勤制度来讲，有的公司规定每迟到一次就扣多少钱，根本不论原因；有的公司人性化一些，员工迟到是要问原因的，如果理由成立，可以不受处罚，如果不成立，则需要重罚；还有的公司，考虑到堵车等偶发性因素，规定每月可以迟到 3 ~ 5 次，倘若没有超出此限，则不受处罚，一旦超出此限，不论何种原因，每迟到一次罚款 50 元，同时象征性地设立了全勤奖。

第一种情况，给人的感觉非常苛刻，每人难免会因为非主观原因，比如堵车、天气和临时性交通管制等原因迟到。如果不论任何原因，只要迟到就罚款，或多或少会给人一种公司变相降低劳动力成本的感觉。无论如何，这种制度还是简便易行，执行成本也比较低廉。第二种情况，看上去非常切合实际，能够做到具体问题具体对待，事情最后都能处理得公平合理。但如何判定客观理由成立不成立，需要向员工不断询问和对质，是一件非常费时费力的事情，工作量很大，容易导致对立情绪，甚至还得设立一个专人来负责此事。从产出角度来看，这种做法的效益并不太理想，最终只能流于形式，不了了之。第三种情况，实际上是对前两种情况的改良，既考虑了可能出现的一些实际情况，体现了人性化管理的弹性，又有效控制了过分人性化管理带来的巨大执行成本，使得制度方便易行。

有位朋友，在某美资世界500强企业干过十多年，一直做到HR经理。后来他自己开了一家公司，从事医疗器械销售业务，拥有20多名员工。他本人志存高远，一开头就一再强调管理制度化、管理科学化。在员工管理方面，KPI（关键绩效指标法）、SMART（重要的目标管理原则之一）、MBO（目标管理）、360° 考核和SPANCOP，以及周、月、季、年计划与总结等一大堆先进的工具和模型统统上马，似乎不这样就做不到管理的精细化，就会使公司变得一团糟。这样一来倒好，这位朋友几乎所有的时间和精力都被这些“精细化”的东西所占据，每天除了数十个指标之外，还是指标。他动不动就抱怨员工水平低、素质差、悟性不好。他的口头禅就是向精细化管理要效益，也许是过分注重细枝末节，而忽视关键要素的把握，一年半之后，这个老兄就变得疲惫不堪，公司也由于业绩太差而被迫倒闭。

我们不是说跨国公司那套管理和考核工具不好，但任何东西都有其适用的范围。世界500强企业个个都是巨无霸，很多都是百年老店，业务分布于数十个国家，员工多达几十万，在客观上需要靠严苛制度化和精细化来保证公司有序和健康的运作，同时他们也有实力聘请大批专业人员从事这些方面的管理工作。而处于草创期的公司，老板的精力和实力非常有限，业务尚未成熟，员工大多只有中小企业工作背景，草根色彩强烈。一旦实施高度精细化的管理，一是老板没有实力聘请专业水平较高的人员从事此类工作，很多事情不得不亲历亲为；二是容易挤占公司本来就非常紧张的资源，导致在核心环节上的投入不足，进而影响公司的生产力和竞争力；三是公司的发展阶段并不支撑这么做，业务开展起来本来就比成熟企业困难，你这么一严格考核，就会因为一些枝节上的指标把人都考核走了；四是所有员工都是新招聘来的，他们一下子难以适应，会有严重的抵触情绪，你又不能给他们提供有竞争力的待遇，队伍不稳和消极怠工就会变成常态。综合起来，这样的管理制度不但难以给公司带来效益，还给运营增添了巨大的成本和包袱。

管理的最高境界是能够充分调动员工的积极性和能动性，在管理者的引导下自主、自觉地开展工作，而尽可能降低监管成本。这看似可望而不可即，但通过一些比较简单的方法还是能够办到的。另外一位朋友，自己开了家软件外包公司，管理得非常轻松，从一起步就实现了快速增长。其管理秘诀其实很简单，可归结为“三高”模式，即高招聘标准、高薪酬待遇、高考核指标。在这种模式下，他们公司员工的招聘要求很高，学历、能力、经验、潜质和成功案例一个都不能少，拿过来就基本上能独当一面；薪酬水平比同行平均水平高一倍，但生产力要求也比同行平均水平高一倍，如果完不成任务，即行淘汰。

这样一来，尽管工作压力非常大，但大多数员工还是选择忍受，同时还能主动自觉接受挑战。因为他们每个人都能掂量出来，无论自己由于哪种原因走人，出去之后薪酬都只是这里的一半。虽然可以通过兼职取得同样收入，但兼职并不是那么好找的，即使能够找到也不太稳定。在他那里，从劳动时间和贡献来衡量，待遇并不比同行好多少，基本上相当于公司提供了一个稳定的兼职机会，但这里毕竟比兼职收入稳定，且与高手一起工作的过程中，自己的能力也能得到迅速提高。考虑到妻子、孩子、房子、车子、面子等一些现实因素，大部分人最终还是选择留下来努力拼搏。同时生怕达不到考核要求，被公司炒掉，积极主动地提高效率，达到“不用扬鞭自奋蹄”的境界。

铁律40 保持对各种商业模式的研究和关注

作为创业者，无论多忙，每周都应确保有一定的时间读书和研究新的商业模式。这样做主要是为了自己的思维能够跟得上趋势，不至于落伍，同时能够发现自己项目的一些不足，积极主动地将其补正，规避掉很多潜在的风险。

我们的经营和竞争环境，总是不断发生一些变化，也许这种变化非常缓慢，但几年下来还是比较明显的。商业模式的选择不会一劳永逸，即使你的模式在确立之初就处于领先地位，但随着时间的延续，总有一些地方需要调整和改进。谈到这里，也许有人认为，这是世人皆知的事情。实际上，知道模式应当因时、因地调整远远不够，能够发现自己的商业模式存在哪些不足，知道朝什么方向努力，改到何种程度才与发展趋势吻合，更为关键和更有价值。而要做到这一点，就得靠平时的积累和领悟，这个方面没有速成之途。即使有高人给你指点和引导，没有经年累月的铺垫，你也还是不能把握好方向和细节，走弯路、受挫折依旧难以避免。因此，平时抽出一些时间多去研究商业模式和市场环境，持续把握其中的一些动向，就变得非常必要。

我认识的一位江苏朋友，从 1996 年开始创业，做某个品牌的代理。最初只是临街租了一间商铺，带着两个刚从农村出来打工的小伙子，每天骑自行车送货。到 1999 年，他们在当地开始形成比较健全的网络，并拥有几家关键的大型终端用户。这位朋友创业之前是某大型企业的技术专家，对他们所属领域的很多技术非常娴熟，在拥有稳定的网络和客户之后，开始让本省的另外一家企业为他们代工，自己提供配方和技术标准并负责检验，对方完全按照要求进行生产。2001 年，他又对自己的品牌和产品重新进行定位，并完成了全新的战略规划。2003 年，他们开始建设自己的第一家工厂，并于2004年上半年建成投产。2006年，他们的营业额做到1亿，对 VI 体系和产品线根据市场环境变化作了全新调整，并与国内某著名战略咨询机构结成战略合作伙伴关系。2009 年，工厂第二期工程投产，其中一半产能用来给某美资世界 500 强企业代工，借以引进世界一流的工厂管理经验，迅速提升自己的管理现代化和科学化水平。2009 年，他们自主品牌的营业额达到 5 亿多。

这位朋友之所以能够做得这么成功，原因自然很多，比如有过硬的技术背景，网络和客户先行，创建自有品牌并让他人代工，待壮大之后重新调整战略规划，在初具规模的基础上开始创建自有工厂，紧接着实施全面的品牌化战略，试图通过为跨国公司代工，充分利用自己的产能，并将管理水平提高到一个前所未有的高度。如果对他的经历进行梳理，就会发现他的事业环环相扣，每一步都走得很漂亮。也许我们会对他佩服得五体投地，也许我们会被他的智慧所折服，但更值得我们思考的一个问题是：当年从练摊开始的人很多，为什么只有他能够稳扎稳打，在短短的十多年时间里做大做强，成为创业成功的典范呢？！

其实，除了良好的教育和职业背景外，善于不断学习和研究商业模式，是他走向成功至为关键的一个要素。这位朋友虽然是技术背景出身，但没有故步自封，而是充分认识到自己在其他方面的不足，并通过有目的和有计划的学习及研究不断提高。他给自己定了个雷打不动的规矩，每天睡觉之前学习两小时，并且将自己的感悟和心得以书面的形式记录下来，再通过归纳总结实现进一步提高。正是在这种看似又傻又笨的方法下，他的视野不断开阔，他的思维日益缜密，他对趋势的把握更加到位，他的策略更加切合实际，进而一步步实现了自己的人生理想和财富梦想。

当然，这位朋友除了勤奋之外，悟性也高得惊人，普通创业者难以望其项背。我们不能指望自己能设计出多好的成功路径，但我们可以通过不断学习和研究，规避掉自己项目存在的不少风险，使自己的事业健康永续地发展下去。

另外一位朋友，在北京通过 eBay 向欧美市场拓展 B2C 类服装业务。他从 2006

年开始介入这个领域，虽然到现在才四年多时间，但具体操作模式已经变更了三四次。比他起步早的，和他同时起步的，大多数人因为模式未能适应环境变化而惨遭淘汰。他不但没有被淘汰，反而逐渐做大。2009 年，他的营业额做到 450 万元，而纯利润达到了 150 多万元。我专门向他请教过秘诀，他说其实也没有什么秘诀，就是自己不太忙的时候，总是琢磨各种各样的商业模式，并从中找出这些模式的优势和不足，再结合自己的实际情况不断进行改良。虽然算不上什么独创，他认识到的很多问题和解决方向，不少人都认识到了，但的确为自己规避掉了很多风险，使自己成为“剩者”，未能变成“烈士”。

也许我们确实很忙，但商业模式的优化和改良毕竟是涉及项目生死存亡的事情，也关系到我们的事业能否永续发展，因而不能不察也。对大的公司来讲，这类事情可以由专门的部门和人员来负责。但对项目尚处于初始阶段的创业者而言，这项任务还是需要自己来完成。因此无论遇到什么情况，无论多忙，我们每周至少应当抽出四五个小时的时间研究各种各样的商业模式，研究我们商业环境的细微变化，发现其中的一些问题，使我们的努力更有方向感，对未来的掌控能力更强。

铁律41 站在客户的立场上设计需求，而不是追着客户问需求

通常情况下，服务和产品的提供者总比客户要专业得多。我们以客户为中心，就是要站在有益于对方的立场上，提出各种建议方案供其选择，而不是天天追着客户问需求。这样一来，既能提高沟通效率，又可以保证服务质量。

不少创业者，特别是提供个性化服务的，总是存在这么一种困惑，自己一切都是尽最大努力按客户要求去做的，为什么最后客户还说这不是他们想要的东西，纠缠不清，明明是他们自己的原因，到头来偏说是你的不对。现在的客户太坏、太刁，很难应付。这种困惑在各行各业中都不同程度存在着，在网站制作、室内装潢、市场调研和广告设计等提供个性化产品和服务的行业内更为普遍。

曾经有一家专门为报纸和杂志社做网站的公司。在创建之初，他们也曾雄心勃勃，企业愿景、企业文化、三年计划、五年规划之类的，做了一大堆。从老板内心来讲，的的确确想将“以客户为中心”的理念落到实处。他们为媒体做一个经营性网站，收费在30万~50万元之间。这个费用其实不算太多，也不算太少，运作得当，利润还是比较可观的。他们采用团队的方式运作项目，每个项目配备销售一名，编程一名，美工一名，中间还要涉及不少公关费用，成本算下来自然偏高一些，但这些都在可控范围之内，比例关系相对稳定。成本不可控的因素，恰恰出现在客户需求的获取方面。

他们的销售和技术人员与客户进行沟通，天天要求对方明确需求，表面上看是非常尊重客户的需求，一切以客户为中心。但客户熟悉的只是采访、编辑、出版和发行业务，对运营性网站的需求只是停留在非常粗线条的框架上，在具体细节方面比较模糊，你让他们提出非常明确的需求，很不现实。客户在需求方面，更多的是今天想到一个问题，补充一下，明天看到一个比较好的功能，再补充一下，后天又觉得有一个地方不妥，通知另行修改。这样一来，沟通方面不但耗时、费力，效率非常低，而且客户需求一直不能有效地确定下来，导致施工环节也不能高效、有序开展，造成了人力和物力资源的极大浪费。在这种情况下，他们刚开始还真正地用心对待客户需求，到后来就认为这纯粹是客户跟他们过意不去，胡搅蛮缠，干脆能推就推，能拖就拖，能蒙就蒙，能骗就骗，甚至置之不理，反正钱已经到账了。客户要求的次数多了，也不能总是不理不睬，每隔半个多月还是要装模作样一番，算是安慰一下对方。最终的结果可想而知，这家公司在支撑了两年之后，被迫关门。

而实际上，“以客户为中心”、“完全按照客户需求办事”，这些理念本身并没有错，但其中存在很大的陷阱。对专业性很强的服务，客户即使在某一方面非常优秀，为人精明聪慧，但毕竟在所需服务的领域不是专家，所提出来的需求往往是肤浅、模糊和飘忽不定的。换言之，在大多数情况下，服务的需求者也搞不清楚自己究竟需要什么样的服务。这种情况下，如果简单遵循“以客户为中心”的理念，就会给自己带来很大的麻烦。一方面，虽然经过多次沟通，客户的需求还是迟迟不能确定下来；另一方面，按照客户的需求实施了，他们最后还是不满意，坚持说这不是自己所要的东西。此外，从最终的效果来看，服务往往并没有给客户带来多大的帮助，微词颇多。于是，很多老板和经理就开始抱怨，现在的商业环境不好，客户的人品太差，已经完全按照他们的需求去做了，他们还出尔反尔，纠缠不清。甚至有人还怀疑“以客户为中心”理念的正确性。

说到这里，我们不禁要问一句，造成这种结果真的是客户有问题吗，抑或“以客户为中心”的理念是错误的？实际上，这是对理念理解出现偏差和沟通流程不恰当所致，非客户之过，非理念之错。客户不是所需服务方面的专家，他们所提出的需求比较肤浅和模糊是再正常不过的事情。在沟通流程和方法不当的情况下，双方前前后后接触上十多次也未必会取得比较理想的效果。在这个时候，需要服务提供方以更开阔的思路与客户进行沟通，在与客户初次接触之后，要按照“善意有益于对方”的原则，站在客户立场上，帮他们设计几套结构严密的服务提供方案，尽量将各种细节考虑周全。与客户再次沟通时，将这几套细致的方案讲解清楚，供其选择。这样一个过程，实际上就是主动帮客户设计需求，最终将需求敲定的过程。一旦需求敲定，就要以此为基础准备协议。如此一来，既可以减少沟通次数，又可以杜绝后续麻烦，客户满意程度就会大大提高。

另外，在此类客户的前期接触过程中，还要特别挖掘连他们自己都没有意识到的潜在需求，而不要被表面的需求所迷惑。比如，一个客户要求给他们优化企业网站，直接需求是网站优化，真正需求或者说是隐藏的需求，是要通过互联网平台传播他们的产品和品牌形象。准确一点来讲，就是要做“网络营销”。如果在初次接触之后，挖掘出来深层次的网络营销需求，就应该同时按照“网络营销全面解决方案”和“企业网站优化”两个导向帮客户设计各种需求模型。只有这样，才是真正践行了“以客户为中心”的服务理念。以“专家顾问式”的方法帮助客户解决需求，这一大困惑就会迎刃而解。

铁律42 流通领域的创业者也要重视自身品牌建设

任何项目，品牌和字号都是非常重要的。即使规模做得再大，如果没有将自己的牌子闯出去，就可能随时猝死。在这个问题上，大多数流通领域的创业者做得都不是太到位。他们热衷于帮助厂家塑造品牌，而忽视了自身品牌建设，终遭嫁衣之虞。

企业资源的积累，往往是与字号和品牌联系在一起的。随着公司的发展，字号和品牌的知名度与美誉度也应当水涨船高。这似乎是一个简单得不能再简单的常识。现实中，恰恰有很多老板拼命地为别人打造品牌和知名度，而自己的字号自注册之后就再也没有太多的打理。这种情况在经销商群体当中非常普遍。如果我们到一些在当地有一些影响力的经销商那里去看，就不难发现，门头牌匾是厂家提供的，工作服是厂家提供的，名片是按照厂家要求设计的，海报画册是厂家提供的，送货车车厢广告也是厂家做的……这样一来，满世界都是厂家的品牌和产品形象在传播，而自己的字号屡屡被压缩在一个很不起眼的角落。厂家的影响力突飞猛进，自己的影响力却未见长。

到头来，大家只知道你是卖某某牌子的，甚至连你公司的名字都记不住，你的一切无形资产基本都依附在厂家身上。当然，如果能够做到与厂家携手同行、白头到老，这些东西就是小节。无奈大多数厂家都是玩人的主，今天大家还在一起称兄道弟、其乐融融，明天就找个借口终止合作关系。多年下来，自己的资源和精力都投入到别人的品牌传播和市场建设上，一旦合作终止，多少年来的辛苦和汗水都付诸东流，自己的事业被迫中断，很多事情还得从头来过。

只要我们稍微用心留意，就很容易发现很多类似的事情。大多数人仅仅是将自己作为一个看客，并没有考虑太多，更不会意识到这样的事情有一天会发生在自己身上。一些朋友在与厂家合作非常融洽、如胶似漆的时候，所有事情都是往好的方向想象。天天苦思冥想，殚精竭虑，为厂家的百年大业鞠躬尽瘁。事实上，痴情媳妇薄情郎的故事，总是在我们身边不断重复和上演。2010 年上半年，媒体不断爆出某某经销商被国际奢侈品品牌终止合作的消息，很多评论人士为这些代理鸣冤喊屈。其实这也怪不得厂家，商场上没有永久的朋友，也没有永久的敌人，永久不变的只是彼此的利益。多少年来没有很好地推广自己的公司和品牌，是你最大的战略失误。厂家在你完成历史使命之后，终止合作关系，是再正常不过的事情了。

香港某企业 2002 年开始在广州设立全资子公司，在华南地区代理一家韩资企业产品。经过近八年的努力，由最初的一片空白发展到年销售额 4000 多万元的规模，分销网络也基本成型。2009 年 11 月份，在没有任何征兆的情况下，该公司突然接到港方的书面通知，说要于年底终止合作关系，市场将由厂家选派人员直接操作，希望他们做好心理准备和市场衔接工作。这一消息宛如晴天霹雳。这八年里，该公司一直执行的是单品牌代理政策，推广的都是厂家的品牌，资源在自己的公司传播上基本没有投入。他们共拥有员工 20 多名，在经营的前四个年头，累计亏损 100 多万元，2007 年才实现当年收支平衡，2008 年才全部回本，略有盈余。本来打算从 2009 年开始大展宏图，没有想到快到年底时却接到了终止合作关系的通知。这么多年下来等于白干，给厂家整整免费打了八年工！

还有一位亲戚，从 2005 年开始在西北某省代理伊利液态奶单一品牌。经过三年左右的运作，于 2008 年上半年收回全部投资。正当他准备再接再厉、高歌猛进之际，轰动全国的三聚氰胺事件发生了，伊利也牵涉其中。他的生意备受打击，当年就损失了几十万。尽管他最终选择坚持，到 2009 年年底完全恢复到 2008 年年中的水平，但不得不对自己原有的创业路线进行反思，感觉专门代理伊利单一品牌风险太大，自家的鸡蛋不能放在同一个篮子里。2008 年 9 月，他让爱人打理牛奶生意，自己又加盟了一个幼儿教育项目，实际上就是在当地代理人家的培训项目。为了项目推广方便，他并没有用独立名义注册公司，而是以总部的分支机构的名义进行注册和推广。在两年多里，他的市场推广效果还算过得去，但三个分校总共算下来亏损了 20 多万，可总部每年从他那里拿走的都是真金白银。

这位亲戚是典型的实干家，有世界 500 强企业八年多的工作经历，使得他在市场运作方面非常在行。在这几年与总部的合作中，他提出了很多非常有见地并且可行性较强的方案，都被总裁兼首席讲师否决掉了。他自己认为总裁思维有问题，这么好的见解都没有采纳，要不市场会发展得更快更好。事实上没那么简单，他自己的业绩在整个集团中所占的比例最大，总部在有意控制他的发展速度，并不是不认可他的思路，而是害怕他发展太快给总部带来威胁。当然，不舒服归不舒服，他现在没有资本跟总部叫板。注册字号是总部的，品牌是总部的，讲师是总部的，课程方案是总部的，发展速度和规模受控，自己没有一丝半点私心，资源都集中投入到对方品牌的打造上了。一旦终止合作，自己的项目就面临死亡威胁，已经投入的资金亦将永远无法收回。

每当我看到一些好友还在拼命为别人传播品牌和产品形象的时候，就特别心疼。我不断提醒他们，在努力传播所代理产品品牌的同时，应当同步加强自己的公司名称、服务品牌的推广力度，不要因为门头和促销品等小恩小惠，放弃这方面的努力。代理品牌也以 2 ~ 3 个为宜，厂家永远只是合作者，而不是全部，所有的事情最终只能依靠自己。倘若将自己高度依附于某个厂家，竭尽全身之力缝制嫁衣，一来可能遭受被终止合作关系的风险，二来可能面临池鱼之虞。无论哪种情况，实际上都相当于将自己的性命交由厂家掌握，犯了商场中的大忌。真正能够做大做强、历久弥坚的渠道商，基本上都一直在刻意培育自己公司的知名度和服务品牌。

铁律43 利率不是“利润÷成本×%”算出来的

一些看上去利润很高的产品，不一定能赚到钱。经商是比较复杂的行为，除了利润空间外，还要考虑销售期限、畅销程度、损耗比例、灰色成本、资金流转和客户流量等其他重要因素。只有这样，才能对项目作一个比较客观和全面的评估。

不少创业者选择项目，往往会发现很多产品的利润水平大大超出了自己的想象，有的产品利润率甚至高达100%~1000%，于是认为这行太暴利了，自己找到了一个可以迅速致富的途径。其实，这些行当看上去暴利，是因为只是简单地采取了利润 ÷ 成本 ×% 的算法，而且这还是建立在成交单位基础上的。比如，一斤西瓜进价为0.5元，售价是1.5元，他们据此得出贩卖西瓜的利润率是200%的结论。其实，这充其量只能算作毛利率，如果据此认为这就是暴利的话，未免有失偏颇。因为根本就没有考虑其他一些非常重要的变量。

2010年春节前，有位哥们儿在一个偶然的机会了解到贩卖对联是好几倍的利润，感觉这个行当非常不错，可以在腊月期间赚上一笔。于是他迅速组织资金，进了4000多元的货，共有7箱。这位哥们儿卖的是精品对联，宽的每副进价1.2元，售价3~5元，窄的每副进价0.5元，售价1.5~2元。在他最初的设想中，偌大的一个省城，大半个腊月怎么都能将这7箱对联卖掉，自己能赚5000~8000元的纯利。等到真正运作的时候，逐渐发现跟想象中的情况相去甚远。老百姓买对联，到腊月二十才逐渐开始，腊月二十五进入集中购买期，到腊月二十八就基本卖不动了，有效销售时间也就五天左右。换言之，卖对联也就这五六天时间，能卖多少基本就是多少了，剩下的只能等到来年再卖。这位朋友最后只卖掉两箱半对联，基本也就是回本的水平。好在这么多年下来，印刷厂年年都会遇到类似的问题。他们在对联上印刷的内容，尽量回避生肖和干支，基本上每个年份都能通用，要不只能等到下一轮再卖了。

也许这位哥们儿的例子比较特殊，他很多东西没有考虑周全，也缺乏经验，做对联也有不少赚钱的。这里还涉及另外一个比较重要的课题，就是为什么这样的产品利润会是 100% ~ 200%，为什么看上去会是暴利。实际上，如果门槛不是太高，进入市场时间较长的任何一类产品，利润率都是由市场形成的。就拿对联来说，属于典型的应景式商品，销售时间局限很大。毛利率高达 100% ~ 200% 尚且只能回本或略有盈余，如果只有 20% ~ 30% 的毛利率，可能根本就没人去做这行了。

近些年来，媒体报道不少关于金钱龟、野猪、肉蛇等特种养殖的故事。这类养殖表面上看经济效益特别好，单只毛利高得惊人。然而，他们之所以非常值钱，就是因为野生资源极为稀少，且人工养殖难度特别大，属于超高风险行当。从事这些特种养殖的专业户，不少人都经历过数次破产，也为媒体提供了很多跌宕起伏的传奇故事。

再以与我们生活更为密切的蔬菜和水果为例。很多品种零售毛利率高达 50% ~ 100%，远高于种植和批发环节，于是一些学者就开始批评零售环节太暴利了。事实真的是这样吗？这就要看如何去计算利润了。如果按每卖一斤蔬菜、水果的毛利来算，确实很高；倘若按照每批货纯利润来算，则利润还属于合理的水平，并不算高。蔬菜和水果销售，风险最大的当属零售环节了。除了正常的销售以外，日常损耗率还是比较高的。如果将每批货的损耗部分计入成本，无论是毛利润率还是纯利润率，都比外行人看起来的要低得多。

曾几何时，夫妻保健品走进了大大小小的城市。不少药丸进价不到 10 元，而售价高达八九十元甚至上百元。表面上看，利润率高到了令人瞠目结舌的地步。同时我们不得不注意到，此类店面实际上一天到晚没有几个顾客，即使每位客户贡献 100 元的利润，每月纯利算下来也没有多少。

黄山市，历史上称做徽州，文化底蕴丰富，内涵深广。明清两代中进士542人，举人多达1513人，“连科三殿撰，十里四翰林”“父子宰相”、“四世一品”者并不鲜见。徽商更是与晋商齐名，盛极一时。正是由于这样的背景，黄山市文物古玩资源异常丰富，黄山脚下亦有不少商家经营这些器物。这些店面一年四季都没有多少顾客，偶有旅游者参观，也是看的多，买的少。店主人亦不会因经营而犯愁，基本都是一副悠然自得的样子，不少游客十分不解。事实上，他们这个行当更不能按常理来解释。他们尽管没多少业务，但这样的店面还是很多，并且已经形成了气候，多少年来，也没见倒闭几个。原来这些店面做的都是大生意，一年中，只要碰上那么几个识货的买主，就足够发财了。

经商是一件非常有意思的事情，想看一个商业模式能不能行得通，需要对毛利空间、经营风险、损耗概率、资金循环、客户流量、适销时间等众多因素进行综合考量。不能因为单位毛利空间高达数倍就认为是暴利，也不能因为一天没有多少顾客光临，就认为生意不行、难以为继。在选择和评价一些商业模式的时候，一定要考虑其中非常具体的各种因素，避免想当然。只有这样才能对项目作一个较为正确的评估，减少各种风险和损失。

铁律44 中小企业谨慎从跨国公司空降经理人

尚处于成长期的中小企业，要慎重引入有名企背景的职业经理人。即使确需引进，也要给他们一个过渡性的适应期，不能直接放在重要岗位上。否则无论是对企业，还是对引进的人才，都将是巨大的伤害。

迷信跨国公司和标杆企业经理人的能力，是我国工商界存在的一个普遍现象。自己企业问题重重，在主观和客观上又需要做大做强，名企特别是跨国公司光芒四射，从他们的现在仿佛看到了自己的未来。这种心灵上的困惑和心理上的投射，使很多企业经营者对世界500强企业的经理人变得无比折服和崇拜，往往把从这些企业空降经理人当做一剂万灵良药，似乎只要把那些“神人”请过来，打造百年老店的可能性就会迅速提高。但往往是希望越大，失望越大。在我长年跟踪的一些案例当中，中小企业从名企特别是跨国公司空降经理人，结果大多不是太好。最终往往是企业砸了一大笔钱，基本没有效果，出资方失去了信心，空降兵黯然离去。

江南某企业，从事大宗化工原料贸易，同时为几家世界500强企业代工终端产品，2008年产值达到15多亿元。2007年该公司开始调整企业战略，计划发展自有品牌终端产品，并于2008年10月通过猎头，从一家著名德资快速消费品公司空降了一名经理人，担任市场总监来运作此事。这位神兵自我感觉良好，刚来不久就玩了个大手笔，制定了一套看上去十分专业和漂亮的年度营销方案，并就项目未来五年发展，作出了非常符合总裁想法的规划。与此同时，他向公司承诺，按照自己的操作思路，2009年项目营业额可以达到1亿，品牌和产品推广预算为2000万元，当年并不计划赢利，而是为将来的发展奠定一些基础。公司高管层也感觉这样做比较合理。到2009年年底一看，2000万的费用确实花掉了，营收却只有3500万元。再看这2000多万元的费用，主要花在了慈善冠名、赛事赞助、路演、报纸及电台广告方面，而且在地域上也不太集中，水过地皮湿，没有带来销量不说，活动进行期间也没有造成多大影响力，活动结束之后影响力就干脆消失了，对品牌传播没有多大帮助，这笔钱基本打了水漂。

我听朋友谈及此事，不由感叹道，这小子真能折腾，项目还处于初步导入期，品牌虽然已有20多年的历史，但在市场上名气并不响亮，这种操作模式只能白扔钱，给企业带不来多少好处，还不如多做一些带有品牌形象的门头、太阳伞、扑克牌、工作服、手提袋、小台历等低值实用礼品，选择特定目标重点区域，进行密集投放合算，最起码还能带来较为持久的品牌传播效应，有益于品牌沉淀。朋友听完笑了笑说，也是。

2007年，某小有名气的汽车护理品企业，从某跨国饮料公司引进一名销售副总，最初也是给予了厚望。到2008年，这位老兄上半年就差点将全年的营销费用花光，但业绩并没有什么突出表现。公司老板一看这样下去不行，就紧急叫停，感觉这位老兄还是个难得的人才；没有让他走人，而是给他换了个岗位，担任行政副总，负责制度完善、内部培训、企业文化和日常管理工作。

其实，我们不能过分指责这些空降兵。每个人都是经验主义者，基本上都靠自己的经验和感觉去处理各种事务。然而，人们这些经验更多地是和出身、学历、工作背景等诸多因素有着非常紧密的联系。这些具有名企背景的职业经理人，他们的经验自然和以往所在的部门、职位，以及企业所处发展阶段有着千丝万缕的关系。那些大企业现行的操作套路，往往是建立在资金雄厚、项目成熟、品牌强势和网络成型基础上的，是一种能够使强者更强的模式。而中小企业，或者新的项目，在资金、品牌、网络和市场基础方面，都无法与那些世界500强企业相比，且自己还处于较低的发展阶段，如果非要套用巨无霸的打法，结果只能是自找倒霉。

刚从明星企业过来的职业经理人，他们的确非常优秀，但对公司现状缺乏通盘理解，再加上对自己原有经验的高度自信，在还没有进行必要磨合的时候，如果将其直接放到关键岗位，就很容易出现上述问题。那家汽车护理品企业老板的做法，虽然属于亡羊补牢，但终究还算是一种妥当安排。换成其他老板，最大可能就是让空降兵直接走人，最终给双方都带来巨大伤害。适应一段时间再行重用，可能才是良策。使用空降兵之所以难以达到理想效果，还有另外几个方面的原因。

企业空降过来的人员，基本上都安排在带有管理性质的岗位上，而这些岗位除了需要具备非常高的专业技能之外，还需要更多地承担管理、沟通和协调职能，这些职能在相当大程度上是与特定的人际关系和人脉资源联系在一起的。空降管理者，实际上是剥夺了环境中原有员工升迁的发展的机会。原班人马或多或少都会对空降人员有些不满和抵触，他们会利用自己“地头蛇”的优势给空降兵制造各种麻烦，使其工作难以顺利进行。

中小企业能够顺利空降过来的职业经理人，大多是在跨国公司发展遇到玻璃顶的部门经理或者中基层主管。他们之所以接受邀请，除了薪酬待遇外，不少是为了在职位和发展空间上有所提升。但这又带来了一个非常严重的问题。新的岗位在客观上需要他们能够统揽全局，或在某个领域独当一面，而这些空降人员往往受原有历练经验的限制，思路并不开阔，还限于原有部门事务或者执行领域，在综合素质上难以适应新的岗位要求。

空降兵之前更多的是某一部门或者执行层面的历练，他们在知识和能力上存在着一定缺陷，再加上高高在上的“救世主”心态，使得他们基本不考虑模式背后的规律和原理，以及目前企业的发展阶段与其他实际情况，并试图简单地将一些表象的成功经验和先进模式套用到现在所服务的企业当中，最终效果可想而知。

新的企业对人才使用和成长的规律缺乏科学认识，没有对空降兵作必要的培训与指导，缺少配套的指导、培养和使用计划，未能给他们提供适当的磨合期和预备期，也是导致空降职业经理人失败率较高的重要原因。

铁律45 学会时间管理，否则再过十年还是原地打转

在创业初期，很多事情确实需要当老板的亲历亲为，同时，应该刻意培养自己的团队来分担各种事务。随着事业不断发展，老板应当逐渐从重要性不是太大的琐事中解放出来，将精力集中在更为重要的事情上。否则企业只能在较低层面上不断轮回，难以做大做强。

企业管理的本质是在现有的框架下，有效整合人力、物力和财力等多种资源，最大限度地提高资源配置效率，实现企业做大做强的梦想，这在客观上就需要经营者能够通过别人来达到自己的目的。在项目初始阶段，资金和人力有限，很多事情老板不得不亲自处理，同时，这个时期工作量相对不大，创业者咬咬牙还能勉强应付过来。随着时间延续，业务逐渐多了起来，项目各方面的工作量就会成倍增加，其中不乏更为重要的事情需要老板集中精力去处理。此时，如果老板这也放心不下，那也放心不下，事无巨细都亲自过问，势必顾此失彼，捡了芝麻丢了西瓜的事情会时有发生。最终自己忙得要命，多年之后企业还是原地踏步，没有多大长进，凭空丧失了许多良机。

H君，从20世纪90年代中期开始在鲁北某地代理食用油产品，到2005年达到1000多万元的销售额。多年来，他一直有个梦想，就是创建完全属于自己的品牌。最终在2006年年初，建起了一个400多平方米，集压榨、灌装和包装于一体的车间，实现了由流通商到制造商的巨大转变。但是，直到2009年，他们公司包括代理和

自有品牌在内所有产品的销售额才1700多万元，发展速度并不是很理想。

我与他于2003年因一次偶然的机会认识，2010年4月份还特地去看他。尽管之前交流比较频繁，但仅限于电话和网络，很多问题只能在他的描述中进行了解，一些问题被他有意无意地回避掉了，听到更多的是他自己的抱怨。我到他那里待了两天，观摩了生产和经营现场，心中的一些谜团逐渐揭开。这位老兄对员工并不信任，总是感觉员工能力不足，有机会就偷懒，总要自己和老婆两个人盯着才放心。他老婆负责财务，他自己同时扮演销售经理、车间主任、创意策划、企业文化、公关经理、办公室主任等多重角色，天天开各种各样的会议不说，还要抽时间充当电话销售人员，开发市场。我就问他，是天天这样，还是我正好赶上了。他说，天天如此。我看他一天下来累得够戗，时间都被一些琐事瓜分了，真正重要的事情基本没有，就提醒他应该学会时间管理，分清轻重缓急，要不再过十年还是原地打转。他抬起头看了看我，一副兼有无奈和无辜的表情，说他没有办法，现在缺乏人才，员工个个能力不足，这些事情没人能为他分担，只能自己一肩挑了。

事实上，他已经不是创业初期，还雇了20多名员工，这么多年如果用心栽培的话，还是能培养出几个方面的骨干，自己也不用总是以老板的身份来干本应由员工处理的事务。我后来跟他开玩笑说，像你这样，看上去是兢兢业业，实际上是不务正业，老板把员工的事情都干了，还干得那么杂。长此以往，员工不习惯性的无能才怪，你仿佛什么都懂，其实什么都不精，快变成万金油了，最终企业的竞争力很难得到提升。

表面上看，H君的话似乎说得很有理，他也不想亲历亲为，但员工能力太差，自己是被逼无奈。如果仔细想一想，他的说法并不能成立。其一，任何人在职业上都需要一个成长过程，企业可以有比较苛刻的招聘要求，但最终所能招到的人员，基本上都不会完全符合公司的岗位要求，需要花费一定的时间和精力对这些人员进行培养。细分化后的岗位特别是基层操作性岗位，职责实际上并没有太大的难度，员工经过2～3年的训练和培养，大多数是能够达到公司要求的。其二，老板如果太多地插手应该属于员工的事务，一方面会导致自己的工作量太大，陷入琐事的泥淖中不可自拔；另一方面会打击员工的工作积极性和上进心，真正愿意干点事情的，难以忍受这种氛围，会相继离开，而留下来的，混日子的倾向更加厉害，最终真的变得越来越无能。老板自然难免落一个诸葛亮式的结局，自己鞠躬尽瘁，蜀汉依旧难保。其三，摆脱创业初期的惯性，使自己从低端的具体事务中解放出来，将这些事情交由员工处理，从而能够集中精力应对更为重要的问题，是老板们在通往成功路上必过的一关。那些令人艳羡的大佬，都曾遇到过类似的问题。人家通过一些方法，将这些都顺利地一一解决了。你解决不了，那是自己的能力存在瑕疵，怨不得别人。其四，创立的事业越发展，老板的能力越集中体现在用人、管理和战略等方面，而非具体事务。如果非要在具体事务上表现自己能干，那就是本末倒置了，那你可能更适合当一个专家，而不适合当管理者和老板。其五，允许员工的能力有瑕疵，并给他们一定的成长机会，这不仅是一种雅量和美德，更是创业者必需的一种商业理性。否则你永远只能抱怨蜀中无大将，即使遇到很好的机会，也会因缺乏与之配套的人力资源而丧失。

当然，我们必须承认，刚开始招聘的员工处理各种具体事务时，他们的水平确实不如老板亲历亲为。这个时候，老板需要扮演的是教练的角色，切勿包办代替，这是企业发展过程中必经的一个阶段。虽然存在一定阵痛，但如果缺乏这个过程，就难以顺利地进入下一个发展阶段。

铁律46 保持核心员工稳定

与大型企业、机关、事业单位不同，长期处于创业期的中小企业，无论如何努力，人力资源队伍都难以稳定。一方面企业发展需要大量的人才，另一方面人员流失率居高不下。解决这个困局一个比较现实的方法，就是想方设法稳定核心员工。

处于创业期的中小企业特别是民营企业，在资本实力、行业地位、专业程度、薪酬待遇和职业前景等方面，都与大型企业不能同日而语。在对社会人力资源的争夺中，处于明显的弱势，这就直接造成了员工流动率居高不下。企业不断抱怨现在的员工太浮躁，不好好干活，天天想着跳槽，去表演草上飞的绝技；而员工也在抱怨老板太黑，给的待遇太低，维持生计都困难，眼睁睁地看着物价隔三差五上涨，自己的工资就是不涨，心头只能长草，越来越堵。

其实，这些都怨不得老板，也怨不得员工，大家都有自己的难处。对老板而言，赚钱真的很不容易。市场竞争越来越激烈，利润水平并不高，研发、广告、促销、网络建设，必要的公关费用，处处都等着花钱，如果给员工整体上提高待遇，自己本来就已微薄的利润会马上被吃掉，即使想办法给员工涨一些工资，可调整的幅度也相当有限，还是难以达到员工的预期。站在员工角度来说，即使不考虑发展，工作最起码应当是解决自己衣食住行的手段，自己的收入底限应当是能够养家糊口。如果连生存都不能很好保证，你老板说得天花乱坠跟我都没有多大关系，让我忠诚，让我坚持，你给了那么点钱还要求这要求那的，说上千句万句，都不如钱来得实惠。

无论是老板还是员工，皆难以改变现有的宏观分配环境，再有能力的创业者，在大环境面前，无一例外都是弱者。在这种非常现实的条件下，员工队伍必将常年处于极不稳定的状态中。片面追求队伍稳定只是一种单纯的想法，最终往往会四面碰壁、疲惫不堪。

相对而言，稳定核心员工是一个比较切合实际的选择。第一，核心员工人数较少，公司一般有办法通过各种渠道确保这些人员有比较优厚的待遇，给这些人有竞争力的待遇也不会给自己带来太大的成本压力。第二，核心员工掌握的资源较多，经验丰富，能力和潜力都比较大，基本可以算做人才之列。公司需要的不是留人，而是留住人才。第三，核心员工的招聘难度大，可替代性不高，一旦流失很容易给公司带来较大损失，而一般工作人员可替代性非常强，人员流失完全可以通过招聘来补充。另外，不符合公司要求的一些人员，本来就在应该淘汰之列。

F君创办企业已经有12年的历史，2009年营业额已经做到了两亿多。这些年来，他们公司同样经历了逐渐由小到大的发展过程。同所有的民营中小企业一样，十多年来员工队伍也非常不稳定。这位老哥从部队将军稳定而士兵定期更换的体制，以及家族企业模式里面悟出了一套东西，就是从他最初创业几年的员工当中，选出了八位靠得住并且具有一定潜力的人员，号称“八大金刚”，给他们相对优厚的待遇，并赋予他们不同的机会去锻炼。后来进入者，无论你能力多高，地位都不能超越这几位金刚。

非常有意思的是，这八大金刚有几年清一色地担任大区经理，跳槽过来的销售能手，只要客户开发到一定程度，公司就会找个借口解聘，开发出来的客户交由所在区域的金刚维护。这样一来，公司的客户开发得到了保证，金刚们的收入有了较好的保障，又变相降低了人力资源成本，还羁縻住了这几位核心人员。当然，随着时间的延续，这八人能力差异也越来越大，有的适合继续从事销售工作，有的则能够胜任更高的位置，有的只能干些辅助性工作充当机动人员。F君自然会正视这种差别，对这八个人区别安排；能力不断提高的，就给你安排到更高的位置上，待遇水平也水涨船高；能力一般不适合提拔的，保留在原有岗位上，岗位待遇没有变动，收入从其他渠道补偿；不适合现有岗位的，给你换一个岗位，或者充当机动，待遇与岗位相匹配，收入同样通过别的方式补偿。无论如何，这八人实际获得的收入大致相当。

其中有位金刚，通过多来年老板的培养和个人努力，已经坐到了营销副总的位置，年薪五十多万。而另外一个金刚，曾被安排在大区经理位置上锻炼过一段时间，但不太适合提拔使用，老板就给他安排轮岗，财务、采购、储运、物流、信息、策划、培训做了个遍。谁让你自己平庸，本职工作实在是不能给你多少钱，但我又需要稳住你、补偿你，让你继续为我拼命卖力。怎么办？那就让你家人代理公司的产品，公司提供优惠的价格、优厚的返利和宽松的信用政策。这位金刚在感激老板知遇之恩的同时，也有着巨大压力和动力，竭尽所能为公司服务，鞠躬尽瘁，死而后已。

在这里特别需要提到的是，此处的核心员工并非核心岗位上的人员，而是需要重点稳定的员工。通过准家族企业的模式来稳定这个圈子，并赋予他们特殊待遇和额外资源，主要是为了解决企业发展过程中人员不稳、公司出于长期发展考虑需要积累和沉淀之间的矛盾。这些需要稳定的人员，不一定需要能力超常，但必须能够做到对公司忠诚，并通过相配套的羁縻手段，使他们没有能力、没有必要、没有可能跳槽。

铁律47 与其将资源分散，不如集中在最核心的一点

一个企业最为核心的东西应该是产品本身，营销、广告、公关、品牌等手段，确实能够起到锦上添花之功效，但如果忽视产品本身，就有点舍本逐末了。即使其他方面做得再好，也是无水之源、无果之花，难以长久。

事物越发展，人们越容易被派生出来的东西所迷惑，而忽略了原本更为重要的东西。就企业经营而言，最为原始和最为基本的，还是产品自身，营销、广告、公关和品牌，是随着市场竞争程度的提高而逐渐出现的，虽然其重要性有逐渐提升之时，甚至在特定条件下还能发挥非常关键的作用，但不管怎样，这些东西只能依附在产品之上，而不能独立存在。换言之，在缺乏派生手段之时，产品照样能够销售，甚至还可能不是太差；如果产品自身存在很大瑕疵，即使其他派生手段都做得非常到位，最终还是难以逃脱倾覆之命运。

在中国现有的市场环境中，经商说难也确实很难，说容易也很容易。说难，是因为几乎每一个行业竞争都非常激烈，需求不足，供给过剩，而且都不同程度地存在着实力雄厚的大佬，每年在营销、广告、公关、品牌等方面的预算都高得惊人。说容易，是因为很多领域被假冒伪劣产品所充斥，每一个行业能有效坚守质量底线的企业还是少数。在面临集体堕落的情况下，只要你能守住底线，并保持适当的利润，就能生存下来，逐渐做大做强。这就是看似营销、品牌和广告做得都不算太好的企业，若干年后反而能够脱颖而出的一个秘诀。

南京某企业生产润滑油产品，到现在已有15年的历史，年营业额达到5亿多，已经发展成为这一行业民营企业的老大，其巨大的发展潜力被圈内人士普遍看好。也许大家会认为这家企业在营销、品牌和广告方面做得非常出色，其实他们在这些方面真的没有什么可圈可点之处，直到现在还处于模仿和学习阶段，甚至在一些方面形似而神非，没有形成自己的特色，与其他中小企业相比并没有什么两样。这么多年下来，润滑油行业在营销和品牌传播方面有特色的民营企业并不少见，个别企业在某些方面与同行的顶级国际品牌相比都曾毫不逊色，但早已消失在历史的滚滚红尘中。恰恰是曾经看上去非常平庸的他们，在历经磨难之后生存了下来，并逐渐做大。

这家企业也曾经历过资金短缺、实力很小、人才匮乏、牌子不响、没有网络等诸多发展困境。令人深思的是，他们无论遇到什么困难，无论承受多大压力，无论面对多少诱惑，都一直雷打不动地确保产品自身的质量。在别人大玩假洋鬼子模式之时，他们耐住了寂寞；在别人高举高仿大旗之时，他们耐住了寂寞；在别人山寨版成为时尚之时，他们耐住了寂寞；在别人猛砸电视广告之时，他们耐住了寂寞；当别人大力进行赛事赞助之时，他们耐住了寂寞。这家企业老板的思路，说起来非常简单也非常清晰，就是在企业规模尚小的情况下，将有限的资源主要集中在确保产品自身质量和包装设计上，向产品质量要效益，向包装设计要传播，绝不像绝大多数中小品牌那样，为了保证其他方面投入，而以牺牲产品自身的品质为代价。

当然，这种策略也存在非常明显的弊端，就是在相当长的时间内，销售额增长很慢，且价格偏高，缺乏竞争力。但15年下来，再看这一策略，就能体会出老板长远的战略眼光。那些在营销、品牌和广告等派生领域花了大力气，但以牺牲产品质量为代价的中小润滑油品牌，虽然在短期内销量上升很快，但终因产品质量问题做不了多久，与经销商之间的交易基本属于一锤子买卖。而南京这家企业，他们的产品虽然市场接受起来较慢，但只要接受了他们产品的客户，就基本能稳定下来，同时在圈子里口碑也越来越好。当发展到临界点之后，虽然在其他方面依旧没有太大投入，销量增长速度却越来越快，成为国内市场除美孚、壳牌、嘉实多、昆仑、长城和统一之外最受欢迎的品牌。

过分迷信营销、广告、品牌和公关的力量，而产品质量存在严重瑕疵的例子，在我国20多年的企业经营史上并不鲜见。其中最为典型的莫过于三鹿乳业，这家拥有50多年历史而且盛极一时的主营奶粉业务的企业，终因三聚氰胺事件，在2009年2月12日被迫正式宣布破产。非常有讽刺意义的是，直到2008年8月，三鹿乳业的营销、广告、品牌和公关还被公认为是我国实业界的一个典范，成为数以万计中小企业竞相学习和模仿的对象。

对尚处于创业初始阶段的中小企业来说，资金实力难以与大企业相比，常常是顾了西顾不了东，顾了东就顾不了西，在派生方面花费得较多，势必会影响核心领域的投入，在核心领域花费得多了，同样也会影响派生方面的投入。在这种情况下，老板们与其将资源分散，在任何一方面都难以取得理想效果，倒不如采取聚焦策略，把各种资源主要集中在确保产品质量和包装设计方面。也许有人会认为这样会增加成本，导致价格居高不下，其实未必。这样操作，只是将其他方面的成本转移到了产品本身之上，整体算下来不一定会增加多少成本，同时还会大大降低售后服务和故障处理等方面的投入。将问题消化在出厂之前，不但从整体上来看成本处于比较优化的状态，长远上也更有利于积累企业的无形资产，为企业将来更大更快的发展奠定基础。

铁律48 记住自己的责任和使命，不沉溺于应酬

在商海之中，创业者常常会遇到形形色色的应酬，酒色财气赌都难以避免。与普通人不同，创业者必须永远牢记，很多东西逢场作戏并非不可，但绝对不能沉迷进去，永远要明确方向，记住自己的责任和使命。

人在江湖，身不由己。在商业理性和利益的逼迫下，我们不得不违背自己的意愿去做很多事情，比如形形色色的应酬，甚至是酒色财气。因此有人半开玩笑半认真地说，做一个合格的商人，吃喝嫖赌必须样样都会。这样的话多多少少算是一种调侃，但也能说明不少问题。我从前的一个同事，长本人两岁，虽然相貌非常大众化，但有一招无人能敌，就是赌技超群，麻将、扑克、对九和骰子样样精通，而且达到了想输就输、想赢就赢，出神入化的地步。工作之余，靠这个绝技陪陪领导、陪陪客户，哄得上上下下都非常舒服，渐渐地成为公司的公关高手，每遇到身份尊贵的人物，这位同事必定作陪。后来这位哥们儿于2006年出去创业，将自己短短几年内积累的资源套现成人民币，现在他们公司的年营业额都快上亿元了，2007年就在京城北五环全款买了400平方米的豪宅。

还有一位与我同龄的朋友，在某央企发展，白酒半斤的量，喝完之后思路依旧清晰，说话办事还是非常到位；到了夜场，整个一个情歌王子，大多数流行歌曲都能进入角色，擅长讲一些幽默而不失深刻的故事，引得美女开心大笑；他平时不怎么抽烟，但品尝烟草非常在行，轻轻吸上一口，就能比较准确地说出烟叶品种、等

级、产地和工艺流程，连盲测都难不倒他；当领导和客户要抽烟的时候，他以王志文般的气质非常自然热情地给对方点烟，既给对方提供了方便，又丝毫看不出是在谄媚；这位哥们儿写起文章来也毫不含糊，最起码水平并不比某些所谓的公共知识分子差。这位朋友年纪并不算大，勉强算得上是80后，现在已是身居处座。如果他下海经商，虽不能说肯定会顺风顺水，一路凯歌，但最起码也不会差到哪里去。

上面提到的这两位朋友，在应酬场上都是高手，但皆能把握住分寸，只是将吃喝玩乐当做一种交际手段，手段服从于理性、服务于理性，始终保持一个清醒的大脑，并没有使自己沉湎进去。

本人家乡有一位老兄，十多年前开苗圃、办果园，小发了一笔。由于生意上接触的人员比较杂，自然少不了出去唱唱歌、跳跳舞、找找三陪。农村长大，从小穷苦的他，这下找到了花花世界享受的乐趣，一种补偿过去苦日子的心态使他变得近乎疯狂。渐渐地，吃饭要尝遍当地所有美味，穿衣要穿当地最贵的衣服，烟酒都要名牌产品，三陪找得还不尽兴，后来抛弃妻儿干脆就包养了一个。本来事业处于刚刚起步阶段，很多事情需要集中精力处理，他自己倒好，挥霍不说，很多该做的事情都耽误了。最后仅仅过了两年，这位老兄就落了一身病，年纪轻轻，就得了高血脂、高血糖、高血压、心脏病，后来还得了癌症。在他患癌之后，原来的一帮狐朋狗友怕惹上晦气，基本断绝了来往，嗲声嗲气、貌美如花、万种风情的二奶也在一天夜里卷了他变卖所有财产得来的看病钱溜掉了。他万般无奈，只好又苦苦哀求老婆，看在孩子的份儿上回来照顾他，度过最后的一段日子。他老婆本来就心软面慈，经不起他哭哭啼啼、软磨硬泡，也就答应了。

K君，原本不抽烟不喝酒，生性老实。后来自己经商，信了道上的“能喝多少酒，就能办多少事”的传言，在商务应酬场合以豪饮来换取利益方的合作，渐渐地就开始有了八九两的量。与普通人不同，创业者的情绪永远在高昂和低落两个极端徘徊。这位朋友逐渐高兴之时要开怀畅饮，沮丧之时要借酒浇愁，最后竟然发展到了日日饮、天天醉的地步，跟刘伶有得一拼。这样一来，他自己快成了醉仙，正事儿耽误不少，身体基本上垮掉了，但事业似乎并没有多大进展。这位老兄最大的问题就是太老实，将应酬的道具当做了正事，将调侃当做了真理。酒桌上，无论走到哪里，人们都会讲酒品就是人品，酒量就是销量。事实上，经商永远遵循的是利益法则，酒充其量只是润滑剂而已。我的一位老领导就曾意味深长地说过，关系是说话说出来的，不是喝酒喝出来的，销量是靠谈判得来的，而不是靠感情换来的。

令人非常遗憾的是，不少创业者往往会将目标和手段异化，本应属于手段的东西，结果反客为主，被小老板们当做目标，自己的心智慢慢被腐蚀，最终沉迷于其中，无法自拔。人们常说，前车之覆，后车之鉴。这句话说的是理想状态，现实当中更多的是前车已覆，后车照覆。都说是历史不容忘记，不能两次都掉进在同一条河里，但人们往往是健忘的，好了伤疤忘了痛也是常态。

经商应该是一种非常理性的行为，市场经济对创业者的要求自然要远远高于普通人。作为一个普通人，你可以有很多闲情逸致，你可以有很多不良嗜好，你可以安于现状，你可以沉醉享乐。但作为一个小老板，你必须时时刻刻明确自己的目标和方向，别人可以真醉，你即使喝得酩酊大醉、身处温柔之乡，也需保持一个清晰的大脑，保持高度的商业理性。与此同时，创业者还应当为自己定一条坚如磐石的规矩，那就是除非确有商业运作之必要，否则就不接触吃喝玩乐这类事情。

铁律49　核心竞争力理论的害处就在于引导创业者过分追求所谓的核心竞争力

核心竞争力这一概念，在企业运营过程中很容易引发误导。企业的发展是靠整体的综合实力，而不是靠某一方面的突出所能成就的。核心竞争力理论的害处就在于引导创业者过分地去追求所谓的核心竞争力，而忽视其他方面的努力。

核心竞争力是一个企业能够长期获得竞争优势的能力，是企业所特有的、能够经得起时间考验的、具有延展性，并且是竞争对手难以模仿的技术或能力。核心竞争力虽然有着比较明确的定义，但什么才算核心竞争力，不同企业有着不同的理解，千差万别，不一而足。有的将管理归结为自己的核心竞争力，有的将研发归结为自己的核心竞争力，有的将创新归结为自己的核心竞争力，有的将服务归结为自己的核心竞争力，还有的将营销归结为自己的核心竞争力。针对这种情况，我们很难断定他们的总结是对还是错，但这也在很大程度上造成了很多企业轻易地将自己的某一方面认定为核心竞争力。如果他们只是标榜一下形象，倒也出不了什么问题，倘若将资源集中于此，打造所谓的核心竞争力，就容易给自己带来麻烦。

一个非常简单的道理，企业在市场上的竞争力是各种因素综合作用的结果，我们不能简单地将其归功于某一要素。其中一个要素看上去可能重要性很小，但只要或缺，整体上的竞争马上就变得和原来大不一样了。这就如同一台机器不可缺少几颗螺丝钉，电脑键盘当中的任何一个按钮都需要灵光一般。如果非要将企业经营这个有机体的某一部分拆出来，认定为核心竞争力，本身就犯了方法论上的错误。

无论何种定义，核心竞争力都会强调竞争对手难以模仿这一特征。别的暂且不论，就凭这一点，中小企业就难以办到，因为几乎所有的中小企业任何一个方面都不是不能被模仿和超越的，因此核心竞争力基本与中小企业特别是尚处于市场导入期的创业者无缘。我们所能做到的只是在某些方面取得相对竞争优势。如果某一尚处于创业阶段的企业，非要培养出自己的核心竞争力来，我们不得不非常遗憾地说，他们离走火入魔不远了。这个时候，企业的各种资源都非常有限，建立比较优势都比较困难，硬要打造核心竞争力，现有的资源根本就支撑不了，最终要不流于概念，要不画虎不成反类犬，甚至还会导致项目猝死。

有位老兄，在深圳开了家通信器材制造企业，时值“山寨”概念流行，于是正大光明地将自己的核心竞争力定位在模仿上面。先是生产各种山寨版的手机、对讲机等产品，其后更是直接定位在“高仿”上。据他自己讲，他已经找到了足以使自己做大做强的金矿。何曾想到，仅仅过了三年，就被迫关门。

将核心竞争力定位在模仿，表面上看也是一个非常不错的选择。实际上，模仿很难成为核心竞争力，这样的定位会使自己误入歧途。模仿带来的问题非常明显。模仿最大的问题是自己的产品和品牌形象缺乏个性，难以永续经营，更难做大做强。另外，你自己能够模仿的东西，别人同样可以模仿，你又不能拿自己模仿的东西申请知识产权保护。既然别人同样可以模仿，模仿的水平也不会比你差，又谈何核心竞争力。

山寨版产品，在任何一个方面都没有自己独特的东西，而且在各种重要细节上都做得很粗糙。制造高仿产品，确实需要一定的技术含量，但即使你仿得再好，也只能偷偷摸摸去做，见不得阳光。从好的方面讲，是帮助别人扩大市场份额和品牌影响力，有点帮他人作嫁衣裳的味道；往坏处讲，说不定哪天被查处，连根拔掉，企业面临的发展风险更大。以模仿为核心竞争力，搞山寨版和高仿产品，本身就是一种调侃和灰色幽默。如果真的认真去做了，只能是自己忽悠自己。

企业经营是可以通过获得比较优势来实现发展壮大的，前提是，在任何一个方面都不存在明显的短板。比如，你的包装设计在圈子里就要比其他绝大多数品牌漂亮，具有非常强的自传播力，同时需要确保产品质量、营销、物流、售后服务等其他方面都能坚守住相应的底线。如果你的产品包装和 VI 手册都是按照一流标准设计的，并将此定义为自己的核心竞争力，而忽视了产品质量的提高，最终还是难以避免被市场淘汰。其实，这就是“假洋鬼子”的部分操作套路，也是他们所谓的核心竞争力。市场经济宛如大浪淘沙，类似项目的结果自然不言而喻、不问自明。

对创业者而言，与其追求虚无缥缈的核心竞争力，倒不如脚踏实地，将自己该做的每一项事情尽量最好，最起码也应该达到底线，并在此基础上建立自己的比较优势。在项目有机体正常运转的同时，面向差异化竞争寻求出路。

我个人的一个体会，企业经营原理其实都非常简单和易懂，并不需要太多的创新，实际上也很难有大的创新，更重要的事情不是玩概念，而是在原有框架下将细节做得更加完美和到位。一些学者出于学术上的需要，往往喜欢标新立异，不断提出各种新概念，他们并不需要对这些层出不穷的新概念负责。学术界如何运作，自然是他们自己的事情，创业者不必太在意。而作为企业的直接经营者和商海弄潮儿，我们必须得对自己的项目和事业负责，不断学习固然重要，但要善于透过浮华表象把握住真谛，不被那些似是而非的概念所迷惑和误导。

铁律50 长期赢利能力才是衡量商业模式好坏的最佳标准

某种商业模式能否取得成功，固然与赢利点是否单一有很大关系，但赢利点是否单一并不决定该种商业模式的成败。特定的商业模式成功与否，关键是从长远来看其赢利能力能否支撑自身生存和发展的需要。

单一赢利模式的弊端是抗风险能力较差，一旦该赢利点出现问题，整个项目就会陷入非常被动的境地。但单一赢利模式并不直接意味着商业模式的失败，在我们日常所能遇到的案例当中，也不乏靠单一赢利点实现生存和发展的例子。我们必须承认，任何项目都会有一个导入期，在这个阶段，其赢利能力肯定都无法支撑自己生存和发展的需要。好项目和坏项目的差别只在于从长远来看其赢利能力能否支撑自身滚动发展的需要。而在这里又会产生一个新问题，就是有人会误将长期不能实现滚动发展的项目，与短期内不能实现滚动发展的项目混为一谈。

近些年来，社会上对身体健康的关注一浪高过一浪，与保健相关的产业越来越受到投资者青睐。保健药品、保健饮料、保健油料、保健食品、保健家具，等等，层出不穷，似乎只要与“保健”二字挂上钩，就能紧跟时代潮流，就找到了通往财富的大门。某地处西北的偏远县城，拥有4万多人口，60岁以上的老年人大约5000人，其中又有1000多人属于离退休人员。老头老太们天天到政府前面的广场晨锻炼、晚散步，非常注意保养身体，以便安享晚年。有一对40多岁的夫妻，双方都是初中老师，也许是平时接受的资讯太多了，感觉这里面有重大商机。于是针对老年人常见的高血脂、高血压、睡眠质量不好等问题，加盟了某玉石保健床品牌的健康体验馆。

他们的产品据称是采用高档进口天然玉石做成，能够辅助治疗疾病，尤其对高血压、冠心病有特殊疗效，长期使用还可以软化血管、增强免疫力，不吃药、不打针、不输液就可以带给老年人一个健康的身体，免除各种疾病的困扰。他们这样一张床的售价是2万多元，采取免费体验加性价对比的方式去开展营销，试图用可以省去高昂的药物、手术和住院费用的诉求，来打动前来体验的老人。这个项目从2008年秋季开始运作，这夫妻俩在临近广场的地方租了两间底商，房租一年下来15000元。一早一晚锻炼完路过这里的老年人还真的不少。

常言道，人老三件事，贪财、怕死、睡不着觉。这也许是一种调侃，但用在这里还是比较适用的。他们对老年人的心态把握得比较到位，健康体验馆开张之后，一经宣传，很快就来了人气，前来体验的人络绎不绝，几乎天天需要排队。但同时其负面作用也越来越暴露无遗，健康体验馆几乎成了慈善事业，每天体验的人比较多，但自始至终没有一个人有买的意思。更有甚者，几乎每天不间断地体验了两年多的时间，直到关门之前，虽经夫妻俩苦苦哀求、价格降到10000元后，仍不为所动。

在刚开始的一年多时间内，这夫妻俩想当然地认为任何项目都有导入期，在一个尚未开发的市场当中，消费者也需要有教育和培养过程。但随着时间一再延续，才越来越感觉根本就不是那么回事，失望甚至是绝望的情绪也与日俱增，直到耗尽了最后一分钱，背了一屁股债草草收场。

实际上，这个项目从一开始就注定要失败的，因为无论是短期还是长远，其赢利能力都不足以弥补成本，更谈不上支撑自身的生存和发展了。当地退休人员人均月薪不到2000元，2万元一张床，基本上相当于他们一年的收入，按照价格比例关系来讲，确实已经超出了这个目标群体的消费能力。老年人的确存在因“怕死”、“睡不着觉”而产生的强大的健康方面的需求，因此他们在功效方面宁可信其有，得病乱求医，抱着免费试试总没有坏处的心态去体验，甚至还会每天都去，但很多老年人同时存在的另一大特点——“贪财”，也不容忽视，他们当中的不少人对价格敏感，又好占小便宜。他们在经济基础条件方面和消费方面的态度，综合起来就决定了在那个县城这个项目基本就没有生存下来的可能。

另外，即使按照10%的需求概率来讲，市场极限也只有100张，如果按照1%的需求概率来算，市场容量也只有10张。当然，这个产品巨大的利润空间和区域排他性代理，亦是吸引这对夫妻进入的重要原因。在他们看来，每张床赚5000~10000元，一年下来怎么都能卖五六张，这样算下来，还是能赚一些钱的。

然而，现实总是冷酷无情的，一点面子都不给，这夫妻俩，从创业开始一直到关门，除了为地方经济贡献了房租水电费用，增加一点GDP，同时做了一些福利事业之外，两年的时间一张床都没卖出去，最后只能哭哭啼啼、骂骂咧咧、抱怨人心不古。

上面这个案例比较极端，但现实当中虽然一直还有进项，而从长期来看其赢利能力永远都无法支撑自身生存和发展的项目，并不鲜见。大多数项目失败，不是失败在没有业务上面，而是失败在入不敷出，最终在外界输血难以为继的情况下，只能关门大吉。

经商说简单也很简单，就是要把这个精确的数字游戏做好，说难也非常难，就是看起来非常简单易懂的数字游戏，很多人怎么努力，都做得不太理想，甚至南辕北辙，其中涉及很多细节和技巧。如果未能很好地领悟这个道理，而是将希望简单寄托在拓展更多的赢利点上面，无异于缘木求鱼，任何新增的赢利点，同时也是要付出相应成本的。

铁律51 不能直接满足客户需求之时，仍应尽可能提供方便

客户主动找你，就是希望从你这里得到应有的便利和帮助，如果客户接连三次在你这里遇到了失望，他很有可能以后再也不会送上门来。当我们不能直接满足客户需求之时，仍应尽可能为他们提供方便，这不仅是一种美德，更是一种成功秘诀。

在竞争日趋激烈的情况下，市场开发的难度越来越大，能够送上门来的客户，尤显弥足珍贵。对创业者来说，这类客户是非常宝贵的资源，如何去维护和整合，就显得非常重要了。如果这样的客户每次来找你，需求都不会落空，日久天长，他们自然就会对你形成一种依赖，你的客户资源就会呈集聚态势，项目也将逐渐进入良性发展。

2010年6月，我在呼和浩特打车到医院给小孩看病。刚一上车，就听见司机的对讲机嗡嗡作响，叽里呱啦说的都是晋地方言。仔细一听，原来他们挂靠在同一家公司的司机们，在相互通报各自所经路段乘客量的情况。本人心中不禁一乐，现在的出租车司机都变聪明了，路况和乘客信息资源都开始实现了即时共享，到底创新还是从实践中来的。

10月2日，我又从老家打车到外地办事。一路之上，司机的电话不断，都是用车的客户。那位师傅总是不厌其烦地去接，然后向对方抱歉，说现在正在跑车，拉不了您，我给您个号码，您给×××师傅打电话。反正无论谁打过来，总不会让你失望。在其后与这位师傅聊天的过程中得知，他主要跑长途业务，已经有五年多

的时间了，每天的工作量基本都比较饱和，他这个人比较热心肠，记了很多同行的电话，自己拉不了的活，就直接介绍给了别的司机，自己偶尔也靠别人推荐业务。几年下来，他手中积累了不少客户资源，信誉很好，人家用车的时候总会给他打电话，每次都落不了空。而其他一些司机，自己拉不了的活儿，就直接推了，也不介绍给别人。渐渐地，别人一有需求，首先想到的就是他，这位老兄也就成为事实上的一个服务和调度平台。

2007 年，一个葫芦岛的朋友向我讲述了他的生意经。这位哥们在高速公路的入口处开了家卡车机油换油中心，与大多数换油中心惨淡经营不同，他的生意出奇的好，而且老客户贡献率很高，事实上他卖的价格并不便宜，除了机油之外，也就是“三滤”产品，模式简单得很。他之所以做得比较成功，主要有三个方面的原因。一是他服务的目标群体主要是从事长途运输业务的重卡，此类客户对待油品，质量放在首位，对价格相对不敏感，而且用量比较集中。二是换下来的废机油量也比较大，废机油回收也成为非常重要的一个赢利点，光废机油回收一项的收入，就能弥补他们的运营成本。三是具有强烈的客户服务意识，人缘非常好，回头客较多，诚实热心，尽可能帮助客户解决问题，能帮的事情就直接帮了，自己帮不了的事情也会给客户想办法，虽然只经营换油业务，但很多司机连修车问题都来咨询他。一次有个客户的车坏在半路没柴油了，在万般无奈之下，给他打了电话，这位哥们半夜买了油给客户送过去，冰天雪地地跑了几十里地，没有向对方加价，搞得那个客户痛哭流涕，非常过意不去。

也许有人会认为，这样会占用自己不少时间，非常麻烦。其实，在很多时候，为客户提供方便，确实需要花费大量时间和精力，但有时候做这些事情可能只是举手之劳，或者利用自己的时间碎片就能办到。在我们力所能及的情况下，去帮帮客户，何乐而不为呢？就像上面提到的那位司机朋友，顾客给他打电话用车，无论自己顾得上还是顾不上，电话总不会白打，都会给对方一个比较满意的答复。日久天长，大家感觉给他打电话要比别人靠谱，自然就会主动联系他，因此他的业务量一直比较饱和就是再正常不过的事情了。表面上看起来这位老哥有些犯傻，都说同行是冤家，自己拉不了的活，何苦要介绍给别人呢？但如果仔细想想，这小细节当中却存在着大智慧，也许那位司机主体意识中还没有这个概念，但他的做法无疑是符合成功规律的。

为客户提供更多便利，以培养客户的依赖性，这不光在一些中小经营者当中有很多体现，很多优秀的大型企业特别是跨国公司，在这方面都已形成了一套成熟的模式。比如米其林轮胎，每年都会针对消费者以及儿童开展道路安全教育活动，并一直在努力普及轮胎及其他汽车保养知识。再如伊利乳业，在销售牛奶相关产品的同时，还向妈妈们赠送极具收藏性和实用性的《育儿手册》。

然而就是这样一些绝好的机会，在很多人那里却被白白浪费掉了。当一些客户主动找上门来时，很多人往往用“没有”、“没时间”、“现在有活”、“现在忙”等话语回应了事。这样的情况一旦多了，就会给人留下太忙，总是碰钉子，找你解决不了问题的刻板印象，这对客户资源的积累是非常不利的。其实，在我们确实服务不了对方的时候，给这些找上门来的客户提供一些帮助，他们同样会心存感激的，最起码需求没有在你这里落空。而要做到这一点，也许只是更多的几句简单话，比如，“您留个电话，我们可以帮着问问”，“我告诉您一个号码，您打电话问一下”，“我们可以帮您预定”，“××× 和 ××× 牌子都挺好的，在 ××× 广场有卖的”，“如果您需要的话，我们可以给您捎一个”，“我们可以为您调货”，等等。

铁律52　为客户提供较大的选择余地，是非常必要的

对从事零售业务的终端店面来说，拥有很多品种，能满足客户更多需求，并给他们较大的选择余地，是非常必要的。这一方面与消费者群体需求的多样性有很大关系，另一方面也与他们的挑选心理需求和倾向有关。

对大多数商品而言，消费者并不具有很强的专业知识，甚至需求都相当模糊。在这种条件下，客户需要通过对众多品牌和品种的比较，来实现潜在需求的清晰化，最终作出最符合自己实际情况的选择。同时，消费者客观上又有尽量避免东奔西走，最好能够一站性地解决问题的需求，如果一个地方总是没有他需要的东西，几次下来就很少再光顾了。

我早先住的一个小区内，有家便利超市，最早是由河南的一个小伙子经营的。这位哥们话不多，但比较实在，经营项目基本涵盖了食品、饮料、烟酒、蔬菜、水果和其他日常所用的各种杂货，每个品种都有 2 ~ 3 个品牌可供选择，价格维持在比较合理的水平上。在小伙子的经营之下，生意还算比较红火。这个便利超市，他做了五年之久。2007 年春节，小伙子要回老家结婚了，便将这个经营多年的店面盘了出去，接手的是他的一个老乡，另外的一个小伙子。

但没出两个月，店面经营情况就发生了很大的变化。所经营的品种越来越少，货越来越不全。再到后来，甚至极端到连老抽王和食用盐都买不到了，只剩下鸡蛋、

燕京啤酒和康师傅的饮料还能天天保证供货。我基本天天去买东西，看到这种情况就非常纳闷，忍不住问接手的那位哥们其中的原因。想不到他回答说，那些品种卖不动，不好卖，就没有进货。我心中不禁感叹，但什么也没说，寻思这好好一个店面估计快要倒闭了。果不其然，这个本应该很好的店面不久就关门大吉了。

事实上，不同商品的需求周期差别很大，蔬菜、猪肉、水果，周期是 1 ~ 2 天，酱油、食用盐和醋，周期是 1 ~ 2 个月，毛巾、澡巾、墩布，周期是 1 年甚至更长，而且不同牌子、不同包装的同类产品购买概率差别也很大，比如洗衣粉和牙膏，汰渍、碧浪、高露洁就要比其他牌子卖得好一些，但别的牌子也有忠实消费者。如果你只挑流转速度快的品种和牌子去经营，而将相对较冷的品种和牌子清理掉，势必会造成品种匮乏的问题。

从客户数量、需求和积累角度来看，这家店面在转让之前和转让之后，并没有出现多大变化。前面那位小伙子能够经营五年之久，并能实现较好的赢利，其实早已说明店面在小区环境下生存并没有问题。后面那位小伙子接手之后，短短三个月就把店面给搞黄了，原因也很简单。店里面的品种越少，老客户碰钉子的次数就越多，渐渐地顾客光临的次数就会减少，客流量的持续下降，又使得本来还算好卖的产品一周下来都卖不了多少了。按照接手者的思维惯性，就会一方面提高现有品种的售价，另一方面也会将新近产生的“冷销”产品砍掉，最后形成恶性循环，关门就成了迟早的事。

我原本是那个店面忠诚的客户，原来常见的东西都能够买到，感觉还是非常方便的。自从后一位哥们接手，去买雀巢咖啡，没有；去买茉莉花茶，没有；去买蒜蓉辣酱，没有；后来再去买洽洽瓜子，还是没有。搞得本人很受打击，渐渐去的次数越来越少，再到后来，干脆就不去了。

另有一哥们开了家服装店。男装五个样式，女装五个样式，童装五个样式，还配了一些内衣鞋袜，尺码也不是很全。据这位老兄介绍，他们的品种都是精选过的，在南方的一些城市很受欢迎。也许是本人愚钝，连续看了一个星期，也没弄明白什么地方好，就是感觉品种太单调，没什么选头。这家店面四周又没有其他服装店，后来经营了不到一年，由于业绩太差就被迫关门了。

从购买心理来看，消费者都倾向于尽情地挑选。也许挑来选去，还是觉得第一眼看上去的那个好，但这种心理需求已经得到满足了，感觉上要比直接塞给他那个品种爽。人往往只有经过挑选才会认为自己的权利受到了尊重，而没有这个过程，在潜意识里面多多少少会有一种被强迫的感觉。做生意讲究的是天时、地利与人和，天时可理解为气候、时尚、潮流和宏观商业环境，而地利可理解为地段、四周店面经营种类，而人和更为重要的是消费者及利益相关方对你的感觉，实质就是人心。终端店面品种和品牌的单调，实质上就是在剥夺消费者的挑选权，这在很大程度上是一种逆人心而动的选择。

也许有朋友会质疑，很多店面只经营单一品种，人家生意照样火暴，比如有的面馆只卖刀削面，天天满座，甚至还得排队。其实，这样的现象也不难理解，如果我们仔细观察，很容易发现这样的店面的周围同行比较密集，周围店面品种的丰富，在相当大程度上弥补了单店品种单一所带来的不足。这种现象在建材城、商场和特色一条街十分常见。在这里还应当特别提到的是，尽管在这种情况下，可以通过聚集来弥补品种不足的缺陷，而他们实际上更多的是特色的集群，每个单店可能只经营一个品牌或者某一类产品，但这类店绝大多数在品种、产品线或者品牌上的可选性还是比较丰富的。与此同时，即使在聚集区的确存在着这种弥补性，在绝大多数情况下其作用也是比较有限的，周围环境的弥补作用并不能完全替代单店多样性之功效。

铁律53 控制信用销售比例，避免导致项目缺乏资金

对项目而言，现金流就是血液，账面上的数字盈亏固然重要，但如果赢利大多不体现为现金而是应收账款，则即使赢利，也容易出问题。企业运营，信用销售必不可少，但必须实施科学的信用管理制度，将应收账款控制在一定范围内。

在我们周围不乏这样的例子，一些项目看上去生意非常红火，利润空间很大，但没有坚持多久，就关门大吉。出现类似情况，其原因固然很多，但非常重要的一个因素就是信用销售比例太大，导致项目缺乏资金，难以周转，最终因血管堵塞而被迫死亡。

一西部县城虽比较偏僻，但商家还是不甘寂寞，开发各种高档餐饮市场，其中自然也少不了山珍海味、鸟兽鱼虾。一位哥们，属于典型的"富二代"，但绝不是成天游手好闲、坐吃山空那种类型的，在某沿海城市接受过几年高等教育，见过很多世面，也挺有想法，比较上进。这位朋友敏锐地观察到近些年来当地公务及商务消费发展迅猛，但缺乏比较有特色的饭店，于是经过一番筹备，在当地黄金地段开了一家海鲜酒楼。由于属于当地有史以来首家海鲜特色的餐馆，其味道也确实地道正宗，因此开业之初，就天天火暴，不提前两天预订就根本没有位置。他自然是满心欢喜，感觉自己抓住了机遇，似乎在不久的将来，就要成为餐饮大王，并计划在邻近的一些县城多开几家连锁店，一张宏伟的战略蓝图渐渐绘就。

在运营三个多月之后，问题慢慢开始出现了。"两务"市场，虽然消费能力很强，

但基本没有现金，清一色的白条，结账大多安排在年底和年中，而普通消费者，还难以承受起高昂的价格，所占比例极低。这就意味着基本所有的消费都是以应收账款的形式存在的，在账款回笼之前，所有的费用只能自己先行垫付。他自己事先准备的100多万流动资金基本已经用光，不得已只好又从家里拿了60多万投入，但没用几个月又光了，只好继续从家里拿。好不容易到了年底，公务消费的款项是到手了，商务消费那块有一部分却不是那么痛快，费了不少周折，有些款项还是被以各种借口克扣掉了。最终，这家酒楼在痛苦之中坚持了两年之后，因应收账款甚至是呆账坏账太多，不得不选择关门。

有位哥们，初涉商海，代理外地一个小有名气的白酒品牌，一时激动，先款后货从厂家进了5万块钱的货。没想到，由于当地不认这个牌子，货到之后三个月难以打开市场，一时间急得像热锅上的蚂蚁团团转，只好向厂家的销售代表求助，要求退货。但是请神容易送神难，想退货，哪有那么容易。那个销售代表还真有料，说你不用着急，市场不认可很正常，这需要一个过程，新产品是需要通过向终端铺货来打开市场的，咱们的白酒摆在几十家商店当中，慢慢地就有人开始买了。这个朋友相信销售代表是专业的，言听计从，向市场铺了80%的货。这招还真的管用，又过了两个月，剩下20%的货都被客户进走了。铺出去的货也多多少少回了一些款。此位朋友心情自然多云转晴，感觉项目还是可行，后来陆续又向厂家进了几次货，基本上是以赊销和账期的方式放到市场上了。一年半之后，他盘点了一下账目，发现虽然应收款项不少，但自己的销量还是比较可观的，从账面上看，赚了7万多。他自己对这个结果还是比较满意的，就持续追加投资，扩大经营规模。之后的三年当中，他感觉经营规模越来越大，但资金却一天比一天紧张。在快到第四年的时候，他开始对这几年的账目进行汇总，不看不知道，一看吓一跳，截止到汇总之日，应收账款已有23万多元，其中4万多的应收账款已经两年多了。换而言之，他们这几年的经营利润，基本上都转化为了应收账款！

其实，在企业经营过程中，企业的利润率一方面是要看利润和成本之间的比例关系，另一方面也要考虑资金的流转速度。举一个简单的例子，假设社会平均资金流转速度为每月一次，每次流转的利润贡献率为20%，你投入10万元，一年下来即可获得24万的利润；如果资金流转速度为半年一次，你要一年获利24万元，则需要配套资金60万元；倘若资金流转速度为一年一次，要获得同样的利润，则需要配套资金120万元。因应收账款导致的赢利能力差别之大，很多时候都超出我们的想象。这其实是一个非常简单的问题，但容易为很多缺乏经验的创业者所忽视。假设账期为一年，你表面上的利润率可能为60%，如果按资金流转率考核的话，你的资金有效利用率其实仅仅为5%。也许有人会说，这仅仅是一个数字游戏，没有多大意义。实际上，无论你是否承认，经商玩的就是高度精细化的数字游戏。如果你不认真对待，轻则长期徘徊，能以做大做强，重则将自己拖垮累死。

毋庸置疑，当今几乎没有不存在应收账款的企业，但这又引出一个新的问题，就是如何平衡应收账款和企业资金利用效率之间的关系，进而实现企业效益最大化。这在客观上就需要建立一套科学的信用管理制度，通过信用评估、授信额度、账期管理、账款回收、风险预警、总量控制等手段，来为企业运营服务。以科学的信用管理制度，优化资金利用效率，并确保项目拥有充足的现金流，是创业者必须学会的一门艺术。这看起来似乎高深莫测，但认真做起来，还是比较容易办到的，靠的是理念和实践的不断结合。

铁律54 在已成型的领域中，很难实现创富传奇

任何时代，都会有新的高成长领域。相对于成熟领域而言，高成长领域诞生财富新贵的概率要大很多。而从无到有再到大的高成长领域一旦发展成熟之后，就再也难以产生迅速崛起的传奇故事。在成型的市场环境中，这样的领域的比例越来越低。

如果我们用心留意一下，就不难发现灿若星辰的企业及其老板，他们创业初期所处的行业，绝大多数属于高速成长领域。我国20世纪八九十年代，借改革开放之东风，市场潜能得到了空前释放，几乎所有的行业都呈高速增长态势，在各个领域也都出现了迅速崛起的企业及其企业家，像海尔和张瑞敏、TCL和李东升、娃哈哈和宗庆后、联想和柳传志、华为和任正非、希望集团和刘氏兄弟、沙钢和沈文荣、伊利和郑俊怀，其实不用远数，就在我们每一个人周围都不乏这样的例子。20世纪90年代中期以来，我国互联网行业的迅速发展，同样催生了一大批财富新贵，网易和丁磊、搜狐和张朝阳、腾讯和马化腾、阿里巴巴和马云、慧聪和郭凡生、百度和李彦宏、盛大和陈天桥。而在随后的一段时间内，虽然仍有新创业者不断进入这些领域，奈何这些领域都已经走向成熟，行业基本被这些成功的企业和老板所定义了，新进入者迅速崛起的概率已经大大降低。

从世界范围来看，在每一个行业高速成长期，也都集中地诞生了一批明星企业和财富新贵。就拿汽车行业来说，1945年之前欧美市场井喷式发展，成就了大众、奔驰、宝马、路虎、标致、雪铁龙、雷诺、福特、通用、雪佛兰等一批品牌和富翁；

20世纪六七十年代日本汽车行业的快速发展，成就了本田、丰田、日产、三菱等一批企业；20世纪七八十年代韩国汽车需求的集中释放，同样成就了现代、大宇和双龙等一批企业。再拿美国来讲，1900年前后，财富新贵主要诞生在石油、电器和钢铁领域；而1980—2000年，新富翁则主要诞生在IT领域，走向成熟和饱和的传统领域再也难以产生财富传奇了。

也许有人认为，那些成功者都是个人能力超强之辈，把他们放在任何一个行业都会创造奇迹的。其实这是似是而非的一种说法，放在一个成熟的行业，在美国那样一个注重证书的国度，像比尔·盖茨这样的一个连毕业证都没拿到的不良青年，恐怕连工作都很难找到，即使能找到一份工作，顶多是一个比较成功的职业经理人而已，根本难以取得今日之成就。倘若他选择在能源和钢铁领域创业，发展到现在最多也就是一个拥有特色的中小企业，但可以想象的是与全球首富之桂冠无缘。我们不能否认在成熟领域创业同样会有不少成功者，但其成功的高度和速度，难以同高速增长领域相比拟。

也许有人认为，IT行业注定是会产生大批富翁的行业。这种说法同样似是而非。如果大家稍微梳理一下，就很容易发现，国内现在风光无限的IT富豪们，基本都是2000年之前创业的，并在前后两轮行业高速发展的过程中迅速做大的，而2000年之后，特别是2005年之后在IT领域的创业者，能够坚持下来尚属不易，实现迅速发展的更是非常鲜见。即使在美国那样宽松的创新环境中，进入2000年之后，IT行业的创业者，能实现高速发展的，其数量都明显减少。

从社会发展角度来看，除了特定的历史时期之外，譬如我国改革开放初期，大多数时候高速成长领域的数量要远远少于成熟领域，而且随着时间延续，曾经的高速成长领域都要转化为成熟领域，例如我国已经完成这一过程的彩电和洗衣机行业，以及正在完成这个过程的汽车和电脑行业，高速成长领域在社会所有行业中的比例也会越来越低。但这种发展趋势并不意味着缺乏高速成长领域，也不意味着高速成长领域的数量会不断减少。

事实上，人类社会发展总是与一些行业的新陈代谢联系在一起的。随着我们社会的不断创新，一些新的需求也会相继出现，而且这种崭新需求的数量在某一阶段还可能会呈增长态势。这也就意味着，社会上总会不断有适合富翁集中诞生的领域出现。对创业者来说，我们没有必要总是羡慕前辈们的财富传奇，而感叹自己生不逢时，也没有必要在别人的坑里继续种萝卜，而应该找到适合自己发展的新高成长领域，并努力坚持下去，以便实现自己的财富梦想。

任何人的成功，一方面源自个人持续不断的努力，另一方面也跟环境大趋势有关。不管有人如何批判，时势造英雄这一格言还是有其巨大的合理性。张瑞敏、宗庆后、马云、李书福们的成功，很大程度上也是借行业高速发展，顺势而为的结果。作为创业者，我们更应该从他们成功背后所隐藏的规律中得到启发，而不应该是盲目崇拜、简单模仿。同时我们也应该破除迷信，把他们从神还原到人的位置上来，并非常理性地认识到他们成功经验的适用范围及其优势和不足。作为创业者，我们在不断学习、总结、领悟和应用的基础上，也应当充分相信自己的眼光、毅力和能力，努力创造条件，开辟一番“自我版”富有传奇色彩的事业。

与此同时，作为草根创业者，我们还需要有效分辨出哪些行业属于真正具有高速成长潜力的行业，而哪些则不是。如果把数十年内都无法真正高速成长的行业，当做 10 ~ 15 年内可以高速成长的行业，则只能自己把自己玩进去。这个过程中存在很多陷阱，需要我们特别注意。

铁律55 固守经验还是与时俱进，是一种方法论上的不同

人们往往都是经验主义者，而很多创业者更是容易沉湎于自己的成功经验，将原有的成功模式扩大化，认为这个就是真理。但任何经验都是有适用范围的，随着时间的改变，以往的成功经验可能失去了效力，倘若继续沿用，势必会带来祸端。

曾经成功过和现在正在成功的人士，绝大多数都对自己的经验高度自信，感觉自己这套是被实践证明过的，可以用来指导现在和将来的发展，别人的这个理论那个理论的，都是瞎扯，根本行不通，并常常以没有亲身经历就没有发言权为借口去否定别人的意见。我们每个人身边都不乏这样的例子，包括我们自己或多或少都带有这种倾向。但事物总是在发展变化的，伴随着环境的改变，以往经验所依存的条件都在发生变化。不少专家学者的确能够通过一些因素对趋势有一个比较准确的判断，创业者和老板们需要对专家们的判断进行鉴别和取舍，而不应当一味否定。真可谓是，“世易时移，变法宜矣”。

宁夏的一位朋友，从十八九岁就开始代理润滑油产品，经过十多年的发展，到2003年前后，营业额达到了3000多万元，这么多年下来，他在同行当中还算是非常成功的，无论哪个品牌到宁夏拓展市场，肯定都会找他去谈判。他于是掌握着民族品牌前三杰的代理权，并拥有了自己的品牌。但这种成功是建立在大流通基础上的，这位朋友的客户是批发商，基本没有什么销售终端和集团用户。进入21世纪以来，厂家越来越强调渠道扁平化，要求经销商积极开发和掌控终端，说这是未来

的发展趋势。这个浪潮虽然发端于快速消费品，但很快席卷到润滑油这个半工业品和半消费品的行业。

从2002年开始，厂家的销售代表自然是天天给这位老兄洗脑，讲要开发终端、掌控终端，要不就要落伍了。当时这位老哥在商场上已经混了十多年，自然不会当面提出反对意见，还满脸堆笑说，我们要仔细研究、认真学习，但一直未见行动。私下他跟别的朋友抱怨说，现在的销售代表太嫩，天天讲什么开发终端、掌控终端，都快烦透了，大流通不是很好的嘛，成本低，见效快，而且大家都是这样，我何苦要自找罪受，一家一家修理厂、汽配店去跑，我得需要雇多少人啊，现在利润空间越来越低，他们也不算算成本，老是想当然地让我干这干那。

事情的变化往往看上去缓慢，一天两天，一个月两个月下来，情况都差不多，但日积月累，三五年之后，变化之大就会令人吃惊。时间到了2005年，这位老哥的生意明显在走下坡路，他原来的很多客户，越来越多地代理其他品牌，从厂家直接进货，而他所代理的几个牌子，也基本都在大张旗鼓地将他的一些分销商扶正。他自然不断向厂家提出抗议和严正交涉，其效果可想而知。到了2006年，那几个厂家像是一起商量过似的，先后都取消了他的经销资格。他后来又四处寻求代理二线品牌的机会，有的厂家一了解他的网络情况就婉拒合作，有的厂家也确实让他代理了，但在缺乏网络支撑的情况下，过上六七个月，最终都只能草草收场。曾风光一时的润滑油代理商，在创业不到15年的时间就凋落了，着实令人遗憾，项目在他自己手中都未能延续下去，打造所谓的百年老店更是一场空话。

事实上，如果我们对大量的百年老店进行梳理的话，就很容易发现，尽管他们所从事的领域自创建以来一直没有发生什么变化，但一些具体的操作模式至少已经经历了3 ~ 5次演变。换言之，正是因为他们不断根据发展趋势和环境变化，对原有模式进行调整，才造就了百年基业。

当然，任何模式一旦形成，都是有惯性的，模式转型也是非常痛苦的过程。诚然，如那位老哥所说，开发终端确实在短期内会增加人员成本以及工作量，其管理难度和压力也会倍增，而效益产出并不明显。问题是你不去做，市场上有人会做，人家将工作做扎实了，帮助厂家实现了渠道扁平化，降低了渠道成本，提高了市场竞争力，最终就不会有你的什么事情了。经商是非常理性的一个行为，它永远服从于经济利益，去掉利益，各种各样的关系都是靠不住的。当你不能再为他们带来利润的时候，或者你的行为不服从他们利益的时候，无论是你多年来的客户，还是曾苦苦哀求过你的厂家，都会选择抛弃你。我们不能因为害怕转型中的阵痛而放弃转型，转型中的阵痛是非常必要的代价，要不日后将更加痛苦。

创业者持续走向成功的过程，实际上就是一个不断突破经验束缚的过程。这点，经历过曲折的人最容易体会到。在创业过程中，经验固然重要，但经验也会带来思维盲区，这就需要我们通过其他手段来弥补经验的不足，这种手段可以是阅读图书报刊，可以是聆听报告讲座，也可以是向专家请教咨询，还可以是与别人沟通探讨。但无论如何，都应当对不同意见仔细掂量，否则这些弥补都是无意义的，对你的项目运作没有多少帮助。

固守经验，还是破茧成蝶、与时俱进，不仅仅是一种态度上的差别，更应当是一种方法论上的不同。作为创业者，掌握一些方法论，远比掌握一些经验要重要得多。相对于经验而言，方法论要稳定得多，更有利于用来指导我们的创业实践。但令人遗憾的是，我们的创业者大多注重易变的经验，而忽视相对要稳定很多的原理、规律、方法论和思维结构。要想在经商之路上不断取得成功，我们非常有必要将这种颠倒了的本末关系再颠倒过来。

铁律56 用“想—说—写”的方式将宝贵的经验沉淀下来

作为一个创业者，不断总结自己的经验非常重要，但大多数人仅仅将此停留在“想”的层面。其实，这种经验总结应当沿着“想—说—写”的脉络去滚动进行，只有这样，宝贵的经验才能真正沉淀下来，不断提高和升华，最终变成一种传承。

任何一个创业者，坚持的时间久了，多多少少会有一些经验、想法、感触和领悟的。所不同的是，这些东西已经积累多少，是停留在表象上，还是在不断升华，是否在逐渐系统化和理论化，是否已经形成文字性的东西，是否准备与别人分享。也许有人会认为我想得太多了，不就是简单的一个经验吗？何必这么认真。

事实上，很多东西在我们想的时候，往往模糊不清，或者仅仅只是一闪而过的创意与念头，同时由于思维盲区和惰性的存在，在逻辑上还存在大量问题，而且这些东西来得快去得也快，过上一段时间可能也就慢慢忘记了。建立在“想”的基础上的经验，无疑具有非常明显的片面性和局限性，倘若把停留在“经验”当做真理，四处应用，就犹如把自己放在了一个冰水交融的湖面上，结果如何只能靠运气。

相信我们都有一个非常直观的体验，当某个想法讲给别人听，并与其深入交流之时，就会强迫自己对其中的一些逻辑进行梳理，尽可能多地补充论据，尽力使自己的表述严密。在这一过程中，就会惊奇地发现，自己思如泉涌，原来很模糊的一些东西在现场顿时清晰了起来，还有大量新的想法和妙语出现，从自己口中说出来的东西不但要比原来严密和完善得多，而且占相当大比例的都是临时想到和补充的。我们的许多看法也在不断遭受质疑、反驳甚至非难当中得到了修正和补充，从整体上得到了一个质的飞跃。

其实，这就是“说”的魅力所在，它一方面促使我们战胜惰性，为了将想法表述清楚并说服别人接受，就必须在逻辑、论点和论证上都达到一定规范，上升到一定高度；另一方面也进一步激发我们的思维和灵感，灵感更大程度是与别人的交流，以及在不断观察和实践的过程中产生的，思维和灵感虽然也会在闭门造车的条件下产生，但只有在交流、观察和实践当中产生的才会更切合实际、才更接近事物发展本身规律。一旦将自己的经验和感悟，说出来与别人分享了，实际上我们的心得无论是在高度、深度、广度和密度方面，都会得到前所未有的提升，通过与他人的交流和碰撞，思维盲区也会消灭掉很多，向真理又进了一大步。

尽管从“想”到“说”，已经实现了思维过程的一次飞跃，我们的观点和想法已经完善和严密了很多，但毕竟绝大多数人在口头表述之时，随意性较强，一些用词和提法没有经过仔细推敲，还不太准确，或多或少也存在着思维跳跃现象，在整体效果上不能算作定型。这就需要我们继续下一番工夫，将“想”到和“说”出的东西进行进一步整理和完善，将这些成果以文字的形式固定下来。“写”是非常重要的一个过程，其间就是对原来不太准确的一些提法做一些提纯和修正，对一些逻辑上的问题进行清理，对一些元素按照更加合理的方式进行重新排列组合，从而使我们的经验逻辑性、系统性和适用性更强。

“写”不仅是为了记录和备忘，更是为了自己的想法和观点能够在更大范围内进行传播和交流，能够经得起更长时间和更多人群的考验。东西一旦写下来，更容易被别人所攻击和挑错，因此人们可能会随便想、随便说，但绝对不会随便写。对绝大多数人来讲，写文章都是一件非常慎重的事情。“写”对思维、逻辑和观念的要求都远远高于“想”和“说”，想和说相对来说还是属于比较轻松的事情，而“写”在心理上就必须承担一定程度的压力。对我们处于创业过程的实践者来说，将“想”和“说”的东西最终“写”出来，是对自己很大的激励和鞭策。

可能我们的项目仍处于“迷你”阶段，但站在企业的发展角度来讲，我们迟早是要招聘大量员工的，我们迟早是要退休的，更多的事情需要其他人和后来人去做。也正是因为如此，创业者将自己的经验进行总结“写”出来，才更显得有意义。我们总结出来并以文字形式加以固定的经验，当积累到一定程度之后，就形成了自己公司非常实用和现成的培训材料。有新员工进来，我们就可以按照其中的内容对他培训，或者交给对方让其自学。当然，根据不同的岗位和级别，所涉及的内容要有所不同。将经验以文字的形式固定下来，更为重要的意义是可以以此为媒介，让这些无形的资产能够在公司内部不断积累、沉淀和传承下去，使得公司的竞争力愈来愈强，并减少因经验积累重复建设而导致的资源浪费。

创业者以“想—说—写”这一脉络去总结经验，并逐步将此方法应用到对员工的要求上面，形成定期的总结和汇报制度，既可以很好地解决经验的准确度、严密性、系统性和普适性的问题，还可以为将来经验在公司内部，针对不特定时间和不特定人员进行传播，真正变成公司的一笔宝贵财富作准备。这在相当大的程度上也会提高经验的传播速度和效率，方便新进人员的快速成长，不会因人员的流失而导致公司智力财富流失，进而降低人员培养成本和风险。这是一个非常简单和有效的方法，如果创业者和小老板们能够很好地应用，三五年之后，自己的企业就会超越很多竞争对手，逐渐独领风骚，同时也会为百年老店的打造奠定一些基础。

铁律57　无力把握的机会，实际上都是伪机会

对创业者而言，社会上存在着各种各样所谓的机会，而很多已经超出了我们能力所能把握的范围。这些我们无力把握的机会，实际上都是伪机会，我们不应当为其错过而感到懊悔，更不应当在其上面耗费精力。

我们常会听到这样一些感叹，说原来某某机会挺好，当时自己也看到了，就是没有去把握，现在后悔得肠子都青了。事实上，这样的叹惜大可不必，因为很多机会靠我们的能力根本就不能把握住，所谓的机会也基本是虚假机会。近些年来，北京等一线城市房价涨得非常厉害，连村里的老头老太太都知道，炒房来钱最快，几年下来几百万上千万轻轻松松到手。但这对手中没有多少储蓄，月月还在为房租和生活费发愁的“蚁族”们来说，显然是可望而不可即的事情。

我认识的一位朋友，老家是山西的，天津大学毕业，父亲在家乡开了个小工厂，虽然算不上富翁，但比小老百姓还是要强很多。这位朋友毕业之后在天津一家化工厂干过两年，还当上了车间主任，其后又到北京的几家咨询公司待了四年，属于玩票的“北漂”一族，月薪最高的时候没有超过3000元。看看通过常规路子是难以获得什么发展了，就琢磨着做一些投机生意，在一些老乡和朋友的怂恿下，跟家里要了一些钱，就加入了炒房团的行列。时逢2006—2009年先后两轮的房价狂涨，在短短的四年内，就获得1000多万元的收益。其后又在国贸附近租了个写字楼代理化肥，用200万元资金做生意，余下的800万元放在银行里存定期吃利息，日子

过得非常潇洒。

还有一位朋友，2003 年大学毕业到北京工作，到 2005 年年初本来有机会在回龙观那边买经济适用房的，2500 元 / 平方米，当时面积差不多都是一百四五十平方米，首付 30%。但那时这位哥们刚刚毕业，自己挣不了多少钱，又来自偏远的农村，家里经济条件不好，根本帮不上忙，自己职业未稳，10 多万元的首付，短期内跟亲朋好友也难以借到，最终也只能一声叹息，看着这个机会白白错过。他暗下决心，五年之内一定要做到月薪过万，完全靠自己的努力，在好一点的地段堂堂正正买一套房。“有志者，事竟成，破釜沉舟，百二秦关终属楚；苦心人，天不负，卧薪尝胆，三千越甲可吞吴”，这副当年蒲松龄写给自己的对联，也就成为这位朋友的座右铭。

经过多年的打拼，时间到了 2008 年 5 月，他月薪又翻了一番，达到了过万的水平，这时他再环顾北京的房价，接近六环的房价都一万多了，后又赶上金融危机，社会上一片喊降的呼声，这位朋友的心理预期也受到了影响。2009 年，先是房价到了一个最低点，实际上也没怎么降，春节过后出现了一个小阳春，到 5 月房价又进入快速上升的通道。他又赶上要年内结婚，就咬了咬牙，于 2009 年 10 月在五六环之间按揭买了自己的首套房子，100 多平方米，每平方米 13000 元的价格。仅仅不到五年的时间，在他真正买房子之时，每平方米就得多掏 1 万多元，整体下来多掏了 100 多万元。他回想了一下毕业这几年的经历，不由感叹道，自己这么多年累死累活，五年也赚不了 100 万元，现在倒好，仅仅迟买了四年多时间，就得多付 100 万元。但这终归还是好事，无论如何都在北京这块土地上有了自己的房子，对来自穷乡僻壤，没有任何背景的一个农家子弟而言，基本算得上奇迹了。

其实，他当时何尝不知道未来数年房价一定会涨，差别只在于涨幅有多大，但命运就是爱开玩笑，当时他一点办法都没有，最终只能比别人多掏 100 多万元去买高价房。人生的很多事情就是这样。再如，人人都知道用钱来赚钱最容易，搞大的资本运作暂且不说，就算你做民间借贷，月利息 1 分是再正常不过的了，按照投资组合的理念，分成若干小额等份找一些可靠的主儿放出去，基本上没有什么风险，这也许是最笨的办法，一年下来都有 12% 的收益，还是省时、省心、省力，其他的事情照做，不会有任何耽误。但无论怎样操作，前提是你必须有足够的钱。对仍在温饱线上徘徊的平头百姓，即使你能发现很多机会，手中没有钱你又能如何，更多的只能是望而兴叹，发发牢骚，做做愤青，抱怨世道不公，自己没落到富贵之家，无法跟人家玩“拼爹”游戏。

或许以上的例子都有些极端，但类似的事情在每一个创业者身边都有很多。当今社会资讯空前发达，我们不时地会接触到各种商机信息，今天朋友甲要开饭馆邀请你入股，明天亲戚乙要拉你去倒卖水果，后天还会有人游说你去开养鸡场。其实，绝大多数在国内都不算什么新行当，已经走上成熟，从业的老板们都有赚钱的，也都有亏钱的。我们根本不能说这些行业存在什么问题，有没有机会，而只能去思考，在现有的能力和资源储备框架下，能不能把握住这些机会。倘若这些机会与我们的能力和资源储备匹配程度比较高，则类似的机会可能真的是机会，就非常有必要去争取和把握，假如二者匹配程度很低，则不要轻举妄动。

当然，各种条件都在不断发生变化，今天匹配程度比较低，并不代表明天匹配程度仍然非常低，明天匹配程度比较低，也不意味着后天还会这样。分辨是否属于真正的机会，应当以匹配程度的高低为标准，并以动态的方式看待。每个创业者的时间、精力和资源都是有限的，学会对机会的鉴别和管理，更有利于我们把握机会，真正走向成功。

铁律58 在导入期，控制住成本就算一种赢利

在项目处于导入期的时候，不确定因素非常多，真正赢利是十分困难的事情。这一时期，我们最容易做到的就是控制成本，能不花的钱尽量不花，能省下的钱绝对要省，省就是赚，将宝贵的资金节约下来，以便用在更为需要的地方。

项目导入期最大的特征，就是在指定的时间段内，收益难以弥补成本，甚至需要资金不断地追加进去。在我们资金实力非常有限的情况下，如何合理安排成本支出结构，提高资金利用效率，使其更具生产力，成为一个非常重要的课题。这其中的方法和技巧，当然举不胜举，但能省的钱尽量省下来，是最为简单易行，也是最有效的一个方法。此类方法在项目进入快速发展期和成熟期后，同样可以应用。

我的一位老乡，在北京通过 eBay 向欧美市场拓展 B2C 服装业务。他们这类模式实际上需要比较多的人员来负责日常信息处理和沟通，如果直接从北京招聘人员，每人每月的工资基本上应该在 2000 元左右，同时还需要租赁面积比较大的办公场所，人员肯定流动率较大，会处于极不稳定的状态，每批新人都需要 1 ~ 2 个月的熟悉期，算下来成本高不说，由于人员上的问题项目都可能进行不下去。他自己思来想去，感觉沟通和信息处理，在互联网时代，在一些小的地方都能去做，没有必要非得把这个环节放在北京，于是在老家招聘了八个人，租了一个居民楼来运作此事，并让他的同学负责管理。每位员工月薪 1000 元，房租每月 400 元，其他的也就一些水电费用。这样一来，运营成本节约了大半不说，员工队伍基本上还比

较稳定。在当地，月薪1000元算是中等收入，由于就业压力比较大，类似待遇的工作并不好找。

还有一位朋友，开了家咨询公司，类似于安邦，主要给客户定期提供宏观经济分析和政策解读方面的内参报告。在北京找这样一位能胜任的分析师，虽然工作量并不大，但对人员的素质要求很高，月薪需要开到7000～10000元。由于他来自西部某省，从小在县城长大，目前自然有很多同学、朋友和熟人，在当地机关、企事业单位工作，其中一些人的理论水平和分析能力还是相当不错的，本职工作不是太忙，将分析框架和模板交给他们，熟悉上一段时间，写出来的东西并不比北京招聘的分析师差。于是他广泛物色这样的人给他做兼职，每月待遇3000元搞定，还省下了办公设备、场地租赁和水电餐补保险等费用。两年下来，此类为他撰写报告的人员竟有20多个。通过这种方式，这位朋友每月至少节约8万元的成本，一年下来相当于增加了近百万元的利润。最终，他自己节约了可观的成本，兼职人员对提供的报酬相当满意，报告质量也越来越高，客户只要订购过他们的产品，就基本没有流失的。

在我国，各地之间的收入水平，差异还是非常大的，这就为创业者利用收入差整合资源提供了条件。我们完全可以将设计、生产、营销、研究、仓储、呼叫中心等不同的业务单元放在有不同竞争优势的地方，进而降低运营成本，提高利润水平，大幅提升在同行中的竞争力。其实，这并不是什么新鲜思路，那么多的跨国公司不是早就利用全球各地巨大的资源禀赋差异来整合资源吗，比如一些服装公司，将研究和设计环节放在法国，将生产环节放在中国，将销售环节再放在美国。再如国内一些印刷、家具、食品、饮料生产企业，将营销部门放在了一线城市，而将生产基地放在了周边的县城，这样可以大量降低人员和土地成本。以经营图书业务起家的电子商务服务商卓越亚马逊，就将中国的仓储配送中心放在了京津之间的廊坊。对中小创业者而言，这种在大公司早已司空见惯的思路，完全可以应用在自己的商业模式设计当中。

降低成本的方式很多，比如租小一点的办公场所，进行简洁大方的装修，部分员工在家上下班，购置二手办公设备，无纸化办公，类似问题集中处理，花一笔钱尽可能达到多方面的目的，通过一些方式来压缩差旅费用，将自己成本较高又非核心的一些业务单元外包给专业公司，尽可能采取“一对多”的集中沟通、推广和传播模式，通过网络语音系统来压缩电话费用，等等。

当然，从企业运营角度来讲，能省的钱尽量省，同时也意味着，该花的钱还是要花，与控制成本相比，优化成本结构显得更为重要，即通常所说的，好钢要用在刀刃上。譬如，可以将房租、水电、设备和人员方面节约下来的费用，用在广告投放、策略研究、竞争对手监测等领域。

非常令人遗憾的是，不少创业者能省的钱不省，该花的钱不花，折腾来折腾去，搞得自己越来越被动，本来应当不断优化的成本结构，正好被颠倒过来了。这种事情说起来似乎非常荒唐，但我们身边恰恰不乏这样的事例。很多老板和一帮狐朋狗友吃次饭或K次歌，就得花数百元，但你让他买一些专业的图书资料和培训光盘供员工学习，就左推右推，不太乐意。再如，本来月薪6000元可以雇一个专业性强且经验丰富的企划人员，但是老板很舍不得，结果在推广方面想当然地胡乱投入，花了30多万，由于细节没有处理好，其效果还赶不上专业人员花10万元可以达到的效果。自己天天感觉一些钱在浪费，但又搞不清楚浪费在哪里。实际上，以合适的待遇招聘一位专业素养较高的人员，此类问题很容易被解决掉。就是为了每年省不到10万元的人员成本，最终其他方面的成本成倍往上翻，资源造成了极大的浪费。

铁律59 从资源匹配和风险规避角度来讲，模式升级好于转行

随着时间推移和环境变化，原有商业模式逐渐会暴露出很多弊端，甚至难以为继。在这种情况下，企业就面临着坚持还是转行的两难选择。从资源匹配和风险规避角度来讲，用模式升级代替转行往往更为切合实际。

经商本来就属于高风险事业，就拿同一个项目来说，我们在某个阶段上的成功，并不意味着未来肯定会顺风顺水，越做越好，期间出现很多波折也是非常正常的事情。创业在很多方面和婚姻一样，不能一遇困难到就想到放弃、选择转行。任何事情，远距离观察和零距离体验往往都存在着非常大的差别。当我们对别人艳羡之时，也许对方正在痛苦挣扎之中。

站在个人发展角度，我并不反对转行，但前提是你现在的经验和资源储备情况，与即将从事的行业匹配程度到底有多高，这个行业是否更适合你去发展，你去发展，成功的概率有多大。如果这些问题都没有考虑过，资源和环境匹配程度又低，就非常感性地去换行，无异于将自己空投到了一个荒岛上面，结果如何，更大程度上只能听天由命。

在我们面临发展困境之时，选择模式升级而非转行，往往对自己更为有利。

第一，你已经在这行发展多年，无论是从业经验、专业知识、行业把握，还是上游供货商、下游渠道以及终端用户方面，都要比其他领域的积累和沉淀多得多，如果你曾用心积累过，二者之间更是难以同日而语，现在资源状况和商业模式之间

的匹配程度自然远高于其他行业。

第二，由于你对现在的行业已经非常熟悉，各种资源都有着不同程度的积累和沉淀，所需要做的更多是在某些方面加强，在某些方面补漏，而不是非常系统和全面地从头来过。

第三,一个全新的领域，你在经验、知识、网络和人脉方面的积累要比现有的行业少得多，尽管大家都在说经验是相通的，很多东西大同小异，规律和原理都一样，但任何一种商业模式，除了规律和原理之外，还存在很多纷繁复杂的独特细节，你之前没有经历过，哪怕最简单的东西，都是需要交学费的。

第四，很多事情，道理非常简单易懂，并没有什么高深和复杂的，做起来却非常耗时耗力，没有几年的时间，解决不了多少问题，就拿客户资源积累、供应商关系稳定来说，即使你思路非常清晰和切合实际，没有 3 ~ 5 年的时间，都难以取得大的突破。

第五，在原有的基础上进行模式升级，除了个别因素外，绝大多数方面，是要解决多和少、强与弱的问题，需要调整的是一个结构，而你一旦选择转行，在新的领域，几乎所有的方面都须解决“从无到有”的问题，其难度之大可想而知。

第六，我们并不排除在新领域，经过持续投入、艰苦奋斗和卓绝努力，最后还是有取得成功之可能，但想一想，如果将这些资金、时间和精力，投入在模式升级之上，同样会取得巨大成功，其程度也会更高。

站在多年咨询经验和案例研究的角度来讲，本人一般并不建议创业者去转行，而应该升级自己的模式，除非新的行业的资源和环境匹配程度更高，或者是由于某种特定的原因，原来的行业实在是没有办法坚持下去了。

G 君，我初中时候的同学，关系一直比较要好。他们家一连五六代都是商人，曾祖父和高祖父都是比较成功的旅蒙客商，去过恰克图、乌兰乌德、大库伦（今乌兰巴托）等地，家族从清朝以来到现在，出过一些大大小小的官员。

这个哥们从 2004 年起，在家乡开了家奶站，从奶牛养殖散户手中帮蒙牛收购原奶，依靠蒙牛返还的管理费来实现赢利。后来遭遇了奶站整合运动，经营了多年的奶站被别人收购了，自己只是象征性地拿了一些股份，并不参与实际运营。后来他思来想去，一方面感觉奶站淘汰和牧场兴起是大势所趋，另一方面感觉在奶源行当已经积累了不少宝贵经验和资源，如果在此领域继续坚持下去，未来还会有很多机会。

他于2008年开始，在城郊圈了90亩地，建起来一个现代化的牧场，牛棚和挤奶场地建设以及相关设备购置投资了120多万。与奶农签订了奶牛租赁协议，每头牛每年付出3600元的租金，奶牛饲养和护理由他们负责，租赁期内产下的牛犊，归他们所有，先后陆陆续续租到了100多头牛。在当地，购买一头奶牛需要10000多元。G君通过租赁的方式，低成本解决了奶牛问题。从当年来看，可以节约60万多元的先期投入，大大减轻了导入期的资金压力，从长期来看，他们还省下了一大笔奶牛购置的费用，牛犊长大之后，就不用再继续租赁奶牛了。他们还准备继续租赁100多头奶牛，以进一步扩大规模。并计划到2011年年底，达到300头奶牛的规模。

从奶源发展的方向来看，为了提高产奶质量和规模效益，原有分户散养的模式将被逐渐淘汰，与散户养殖相配套的奶站，也会日渐式微，而集牧草种植、奶牛饲养、原奶收集于一体的牧场，则代表着未来的发展方向。据传，国内有家非常有实力的乳业巨头，曾在全国奶源大会上放出狠话，要三年内消灭奶站，与之配套的奶源，要全部完成向牧场的过渡。而奶站整合，只是这一发展过程中的小小插曲。

当然，让奶站转型成牧场，也不是一件容易的事情，其间会伴随着巨大的阵痛。大片土地承包，主管部门审批，场地建设，设备购置，专业人员招聘，奶牛购置或租赁，件件都是难题。一些奶站的经营者也不是说资金实力上不去，而是嫌太麻烦，感觉可能做别的项目更好一些，就选择转行了，而不是搞模式升级。这几年下来，当年跟他一起做奶站的，转行的也有不少，但似乎发展得都不太理想。

铁律60 资金周转效率和利润贡献率是衡量商业模式的两大指标

资金周转效率和资金利润贡献率这两个指标，在很大程度上决定了你的项目能发展到什么程度，若干年后是私营企业，是股份公司，或者还是个体户。项目要想真正发展，实现规模不断扩大，就必须在这两个方面实现突破，否则只能原地踏步。

不少创业者，项目运作了五六年，虽然一直都在赢利，但就是做不大，基本上还处于个体户的发展阶段，反反复复就是做不大，自己还一天到晚忙得要死。倘若你问及这其中的原因，他们往往会回答说，自己也想通过追加投入和雇用员工来实现规模上的扩张，结果发现不雇人自己还能赚一些钱，一旦雇人，自己还没有员工赚得多，自己承担了很大风险，受苦受累，最终反而给员工打工了，心中多多少少有些不情愿，许多年过去了，一直突破不了这个困局。

一位哥们，在中关村经营电脑耗材，五六年下来了，还是个体户。这几年就遇到了类似的情况，他们开夫妻店，自己经营，平均每个月下来，去掉成本，利润7000元上下，自己也确实忙得不可开交。他们也尝试雇用过员工，结果业绩并没有增加，每个月成本却增加了数千元，前前后后折腾了几次，情况都差不多，最后还是感觉做个体户好一些。

还有一位朋友，在社区开了家便利店，每月下来纯利润3000～4000元，后来由于事情比较多，又雇了一个小姑娘。当时预计通过其他方面的努力，效益还是能够上来一些，但后来证明利润没有提高多少，每个月还得增加1500～2000元的成本，有几个月份自己的收入算下来还没有这个小姑娘拿得多。渐渐认为做大的希望非常渺茫，最终还是退回自我经营的状态。

在现实当中，这种现象非常普遍。出现这种情况的原因固然很多，但最为核心的还是资金周转效率和资金利润贡献率。这两个指标，直接决定了限定时间内，在人员数量和人力资本投入相同的情况下，你的利润水平如何。举一个简单的例子，假定你流动资金投入 2 万元，一个月周转 3 次，每次可获利 2000 元，每个月下来经营所得利润就是 6000 元，如果其他条件不变，资金一个月周转 4 次，每月下来利润就是 8000 元，倘若一个月周转仅仅只有 1 次，则利润只有 2000 元。如果你的项目雇用了两名员工，每人月薪 1500 元，在资金不同循环周期下，盈亏情况差异就变得相当大了。

再举一个例子，项目流动资金的投入还是 2 万元，资金一个月周转 2 次，你经营甲产品每次周转可获利 1000 元，5% 的毛利率；经营乙产品每次周转可获利 2000 元，10% 的毛利率；经营丙产品每次周转可获利 4000 元，20% 的毛利率；在这三种不同的利润空间下，每月分别能够获得 2000 元、4000 元或者 8000 元的利润。倘若你聘请了三名员工，月薪都是 1000 元，在不同的利润空间下，项目盈亏情况同样差异巨大。

以上是两个非常简单的例子，现实中的情况往往会复杂得多，基本上都是两个变量同时在发生变化。事实上，影响资金周转效率和资金利润贡献率这两个变量的因素很多，不同种类的产品，同类产品不同牌子，产品之间的不同组合，不同的经营地段，以及不同的客户定位，这两个指标上的差异都非常大。说白了，商业模式的不同，直接决定了资源周转效率和资金利润贡献率。在那么多因素当中，只要有一个因素发生了变化，可能这两个指标就都不一样了，比如第一个案例中所代理的品牌，第二个案例中的产品组合。

对创业者而言，我们需要去不断完善和颠覆自己的思维模式，看到本质揭示规律，而不被事物的表象所迷惑，并在适当的条件下从中抽象出便于掌握和推广的模式。我们不妨在选择商业模式的时候，按照资金周转效率和资金利润贡献率这两个指标，沿着“高——低”两个向度来划分象限，第一个象限为“高资金周转效率，高资金利润贡献率”，第二个象限为“低资金周转效率，高资金利润贡献率”，第三个象限为“低资金周转效率，低资金利润贡献率”，第四个象限为“高资金周转效率，低资金利润贡献率”。我们选择商业模式，就尽量在第一个象限里面寻找项目，而尽可能避免所选择的项目落入第三个象限之中，倘若项目选择不慎，木已成舟，那就需要在可控的范围内，通过一些变量的调整来优化这两个指标。

如果你的项目是在第三象限运行，能生存下来就已经算是不错了，赢利能力不能支撑雇用大量的员工，一旦雇人，利润就会大幅下降，老板没员工拿得多的现象也就随之出现，甚至还会出现亏损。如果不对自己的经营模式进行反思，而只是将利润水平大幅降低的原因归结在雇用人员上面，那可能永远只会处于个体户的发展阶段之上，不要说三五年的时间，就是给上二十年，也不会有太大的变化。

如果你的项目在第一象限运行，并不断优化，处于更好的位阶上，就足以有实力和能力去雇人经营，具有良好的做大做强潜力。对已经形成的模式，我们在绝大多数情况下不太可能推倒重来，但仍有办法不断去改良和优化，毕竟变量很多，其中还是存在很多调整余地，就看如何去把握了。坦率来说，我们没有必要对原来的做法感到悔恨，一名合格的创业者，总结以往的经验教训固然重要，但更具价值的是要在现有的基础上，去把握一些可控因素，有意而为地在那两个关键指标上作出努力，尽可能提高项目的资源配置效率，为规模快速扩张奠定良好基础。

铁律61 在准确把握发展趋势的基础上，就要提前占位

很多项目，虽然未来的发展前景的确非常好，但等到成为大热门的时候你再去运作，就为时已晚。因此对此类项目，我们需要提前占位，尽管这样做在头几年内会出现较大亏损，但只要数额可控，还是值得去实施的。

不少创业者，总热衷于追逐热点，看别人现在干什么赚钱就去干什么，看哪里是热门区域就往哪里跑。可上天总喜欢捉弄人，你明明看上去不错的机会，好不容易削尖脑袋挤了进去，可又因为刚刚起步竞争不过对手，有时候甚至挤都挤不进去。其实，事物发展总是有比较清晰的发展脉络和趋势，在其真正来临之前，多多少少会有一些预兆，如果我们认真去观察，还是能够从一些蛛丝马迹中感受得到。

如果我们在准确把握发展趋势的基础上，能够在别人还未行动甚至是浑然未觉之时出手，就能提前占位、占尽先机，当别人发现热门之后再行进去，我们已经牢牢站稳脚跟，再难以同我们相抗衡。当然，这样操作也会带来一些负面效应，那就是先期介入的几年内，需要承受没有赢利或者利润很少的痛苦，对资金实力和个人毅力都有很大的考验。

北京很多新建小区，设计户数超过1000户的不在少数，我们就经常会看到这样的现象。一些经营便利超市、蔬菜水果、主食厨房、特色餐馆的店面，在小区刚刚建成不久、入住率非常低的时候，就开始运营，当然在头两年内，生意非常惨淡，赚不上钱不说，基本还要亏本。在这个过程中，不断有人进入，也不断有人退出，

但总归有人还是自始至终坚持了下来。也许有人开始嘲笑这帮人傻，住户还没有多少，周围环境也偏僻得很，还去开这开那，不是自找倒霉吗？

两三年之后，当我们回过头来再去审视这些店面，可能感觉就不太一样了。随着小区入住率的提高，这些配套店面的生意越来越火暴，只要是这几年坚持下来的，基本上获利情况都比较理想，特别是自成区域的地段，更是如此。一些人感到在这里开一家超市或者面馆生意会非常不错，但当你有这个想法，再去租赁商铺的时候，已经难以找到合适位置。

有位朋友，非常善于思考，总能捕捉到别人不太注意的一些东西，并将此转化成大大小小的商机。有次她找我聊天，说现在其实寻找项目很简单，我国出生率最集中的年份大致为1975—1982年，此后受计划生育政策影响，出生率逐渐降低，现在选择项目可以跟着这群人走。当这群人需要买房子的时候，与房地产相关的行业肯定会火；当这群人集中结婚的年份，婚礼相关行当就会非常火；当这群人集中生小孩的时候，社会又集中进入了一个新的婴儿潮，母婴用品就会非常火；当他们的孩子开始上幼儿园的时候，幼儿相关产品会非常好。她又举例子说，从年份角度来讲，2006—2008年最适合经营婚礼用品，2008—2010年最适合经营母婴用品，2010—2012年，最适合经营幼儿相关产品。反正就是跟着新一轮婴儿潮出生的孩子走，当他们需要什么的时候就经营什么，并提前一年左右布局，肯定没有错。我听后笑了笑说，很有道理。

我虽然对她所说的时间节点不是太认同，但仔细想一想，这种思维还是蛮清晰的，社会上确实存在着这种波浪式的商机推进现象。经济和商业这类东西看上去似乎高深莫测，其实还不是一切以人为中心转移吗？这位朋友天分还是相当高的，她一语道破了天机。想想也是，什么宏观经济、微观经济，什么钢铁产业、食品产业，什么质量等级、产品营销，什么实体产业、金融服务，什么效益优先、以人为本，什么商业模式、赢利组合……说到底这些统统都是人类创造出来的，还不是以“人”为中心不断变化，以人的需求转移而转移吗？

只要我们抓住特定人群，不断研究他们的需求演变方向以及变化的时间节点，大多数创业者是不难找到比较理想的一些项目的，如果在此基础上能够实现“提前占位”，我们能够触及到的财富，就如滔滔江水绵绵不绝。令人非常遗憾的是，大多数创业者根本不会按照这个逻辑去琢磨市场，他们需要的是“短、平、快”，需要的是迅速致富，往往更多的是追逐热点，据说是这样来钱快。

运作项目很多时候跟炒股一样，当你看到这是个大热门的时候，再去动手，往往已经晚了，追逐热点，失败的概率高达 90% 以上。真正的高手，基本都是在涨停来临之前悄悄建仓。运作项目与炒股不同的是，绝大多数项目都存在一个导入期，如果你提前占位，当所从事领域真正变火的时候，导入期已经结束，能够直接借助东风直攻曹营；倘若当你看到某个行当现在十分火暴，再行进入，当你将诸多条件准备停当，即将大展宏图之时，整个领域已经开始大幅降温。

提前占位和先期介入策略，本身并没有是非对错，但其实施的前提是要对发展趋势和时间节点有一个较为准确地把握。对发展趋势判断失误造成的危害，我们自不待言。但即使对趋势判断准确，而在时间节点上出现了重大失误，或者太过靠前，或者过于滞后，都会给项目运作带来巨大挫折。比如，某类项目本来 20 年之后才会变得很火，但你判断为 5 年，你在 2 年后开始筹备，最终消耗在这个上面的时间就要长达 18 年之久，这就意味着 18 年内不会真正赢利，需要苦苦撑着，期间的痛苦和代价可想而知。也许有人感觉这个难度太大了，非常人所能把握，但你别忘了，市场对创业者的要求本来就远远超过了普通人。

铁律62 抱“大腿”也是迈出创业生涯第一步的一种办法

如果我们实力较小，没有比较完整和系统的资源积累，不妨通过与大型企业或者政府部门配套，外包他们一部分业务，来迈出创业生涯的第一步。尽管这样做存在大量弊端，会对长远发展造成影响，但毕竟可以帮助我们实现从无到有的重大转变。

尽管我们有长远的规划和宏伟的理想，但路总归是要一步步走的。千头万绪，关键还是要迈出第一步，想方设法掘到第一桶金。但第一步往往是最艰难的，我们在创业之前大多数没有多少积累，即使有些积累，也往往集中在某几个方向上，配套程度较低，不足以支撑功能完整的商业模式在较短时间内取得成功，项目的导入期会比较长，而且需要较大的资金量作为支撑。

但如果利用自己的独特优势，选择与大型企业或者政府部门配套，我们的项目就可以比较容易地生存下来，大大缩短了导入期，省去了在导入期为弥补诸多不足而不得不进行的巨大投入，可以利用赚到的钱去实现滚动发展，进而上升到一个更高的发展层面。如果在这一基础上再去努力积累我们所需要的各种资源，就要容易得多。解决了从无到有和项目生存的问题，再去解决模式调整、优化和转型的问题，是很多创业者非常现实的一个选择。我们可以将此称作“傍大模式”。事实上，在过去的20多年中，很多新兴企业都是通过这种模式来实现生存、发展和不断壮大的，比较典型的就有富士康和明基，还有沿海地区数以千计的服装、鞋袜、玩具代工企业，以及主流车厂的外协企业，都是靠“傍大模式”来起家的。

尽管目前不少代工厂家遇到了非常大的问题，但这并不能否定“傍大模式”在创业过程中的有效性。这些遇到问题的企业，都曾靠此实现了生存和发展，只是他们过于沉湎于自己的成功经验，未能对模式进行调整，实现转型，没有把潜在的一些风险规避掉。

我的一位师兄，2004年到一家刚刚成立的公关公司上班，这家公司发展到2009年，营业额就已经上亿元。这家公司的老板原来是汽车行业的一位资深人士，在圈内拥有良好的人脉资源和专业水准，创业之初，选择给一汽丰田做公关外包，这是一个非常不错的客户，但他们没有就此安于现状，而是一边积累更加丰富的经验，一边寻找新的客户，另外还通过从一汽丰田拿到的资金来拓展新的赢利点。到目前为止，他们的客户已经发展到了三家，一汽丰田、一汽大众和一汽红旗，已经完全在汽车公关领域站稳了脚跟，员工也由最初的10多人发展到现在的100多人。

还有一个朋友，来自农村，家里既没有钱也没有背景，擅长做市场分析和模式研究，多年下来，每月赚5000多元，但在北京这样的一线城市，照他的收入，买房买车、养家糊口还是存在很大压力。无奈之余，就想起了创业。他很有想法，前后用两年多时间，考察了很多项目，包括超市、饭馆、串吧、网站、书店、服装店、礼品店等，有的甚至进入了实操阶段，但最终都没有成功，自己不太懂行是一个方面，更为重要的是缺乏足够的资金，使项目度过导入期。后来他对自己好几年的创业历程作了一个梳理和总结，又深入研究了很多商业模式，觉得还是从自己最擅长的领域着手。于是他按照专题的方式不断地对一些问题进行深度研究，并拿着这些成果找一些大企业的市场部，甚至是老总去谈。又经过两年多时间，他终于与国内一家非常有名气的企业建立了合作关系，做行业、趋势和模式研究外包，至此他每年下来收入20万元上下。

我也曾找他探讨过，这样做虽然可以规避掉导入期，并且直接进入相对稳定的状态，但毕竟存在很多风险，问他以后有什么打算。他回答说现在正在从两个方向努力，一个方向是在这一领域继续寻找其他客户，并打造一支专业过硬的团队，通过客户数量的拓展来降低风险；另一个方向是用赚到的一部分钱来开家超市，支撑其度过导入期，面向大众日常消费的项目还是最稳定的，给自己建立一个根据地，进而免除后顾之忧。

要想与大企业和政府实现配套，就需要创业者在某一方面具有超强的专业素养。与此同时，越专业的东西，潜在的消费群体就越小，很大程度上难以做大做强，“傍大模式”当然也难以回避这一问题。但这一模式起码可以起到资本原始积累的作用，可以为你选择其他项目提供资金，并为你在目标领域积累资源提供缓冲，可以视作你财富生涯的阶段性成果。

人生做任何事情，都不可能奔着自己的理想状态直接过去，适当绕一些弯路往往会走得更顺。也许我们的理想就是通过经营贴近大众生活的快速消费品来实现做大做强的理想，但类似的项目往往需要资金、人员、网络、供货商等，看似简单而操作起来短期内又不太容易解决的配套资源。尤其是草根初次创业者，要做到这些更是非常困难，光导入期所需资金这一因素，就足以将大多数创业者消灭。

在这种情况下，我们不得不将财富生涯大致分成几个阶段，逐步推进我们的目标，其中第一阶段，就是最为关键的资本原始积累，或者说第一桶金。只有将这个问题解决好，我们才有资格去更深层次和更为长远地发展，做大做强才有可能。不同发展阶段，可以选择不同的项目来达到目的，或者说每一个阶段上的项目，都应该有自己的历史使命。从这个意义上来讲，我们在第一阶段选择的项目，可以与终极理想完全不同，甚至是背道而驰。

铁律63 不仅要考虑创意和需求，更要考虑经济上的可行性

创业者选择产品和项目，不光要考虑良好的创意和满足用户潜在需求，更要顾及经济上的可行性。很多产品构想在技术上完全没有问题，如果不能从使用成本上战胜替代品，或者说虽然非常实用，使用成本却过高，在市场中就会遭遇无情的挫折。

很多产品的兴衰，跟技术以及发展趋势没有太大关系，而是经济可行性在发挥作用。人们在面临多种选择的时候，往往倾向于选择更为经济或者性价比最高的方式。在这里需要提到的是，某类产品具有更好的经济性和更高的性价比，这都是针对特定发展阶段而言的，随着时间的推移，这种状况都会发生很多变化。

比如煤制油项目，这并不是什么新技术，在建国后相当长的一段时间内，国内石油资源短缺，进口渠道受限，煤炭资源丰富，就曾搞过一批煤制油项目，从当时来说，以煤制油来代替石油，是非常符合经济理性的一项选择。但随着国内石油产量的增多，以及海外进口数量的持续加大，使用煤制油的成本，要远远高于石油，原来那批煤制油企业都被迫转产。进入2000年之后，特别是“十一五”的最初几年，伴随着国际原油价格的持续飙升，发展煤制油项目的呼声一浪高过一浪，其原因也不外乎是在石油价格不断上涨的情况下，煤制油作为相关替代品，逐渐有了成本上的优势。但2008年下半年原油价格狂跌，以及直到目前相对低位运行的状况，又使得煤制油成本优势不太明显，且发展趋势变得难以捉摸，在这种情况下，一些本来准备上马的项目，又遇到了很多坎坷和曲折，到现在都没有太大进展。很多新能

源项目都面临着类似的情况。我们完全可以假设，如果未来数年粮食价格连续翻番，势必会带动玉米价格狂涨，乙醇汽油的经济可行性也会遭到严重的挑战。

几年前社会上狂炒 ××× 抗磨剂，说可以使发动机在多少多少万公里以内免除磨损，一瓶此类产品的价格就高达 200 多元。实际上，汽车发动机油本身就有很好的抗磨效果，同时兼有防冻、耐高温、清洗、防锈等多重功效，一桶八九十元的轿车发动机油，其质量已经非常不错。你即使加上抗磨剂，也不能改进多少抗磨效果，而机油实际上还是少不了的。一瓶抗磨剂的价格，都快赶得上三桶机油了。这样的产品自然是典型的“概念型”产品，无论从实际功效，还是经济可行性上，都不可能持久，因此也就渐渐淡出了市场。

W 君，80 后，毕业于北京某名牌大学。毕业之后与朋友合伙创业，感觉在人海茫茫的都市当中，不慎丢包者太多，哥俩一合计，没多久就来了个创意，要发明一个名为“丢不了”的小玩意。具体而言，就是一组电子无线感应套件，其中一端装在自己的包里，另一端装在身上，当包与人的距离一超过五米范围，感应器就嘟嘟嘟响个不停，而且还能指示方位，使丢包者能够快速找回自己可爱的包包，可以省去不少麻烦。经过半年多时间的不断努力，样机终于设计出来了，装在包里的感应器有板砖那么大，光成本价就有 1000 多元，如果继续改良的话，倒是能够做到手机那么大，若再加上 GPS 定位系统，方位感会更强，但成本却要上升到 10000 多元。如果实现量产，制造成本倒是还能下降不少，但所需的推广成本却大得惊人，单机的销售价还是不会低于 1000 元。本来是要设计一个物美价廉、特色明显和人见人爱的小物件，没想到会搞成这种结果，最终这个项目也只好作罢。其间，他还将自己参加工作一年多的收入都搭了进去。

从节能角度考虑，汽车发动机轻量化是一个发展趋势。有一位大学老师，在反反复复地研究下，终于成功制造出了一部重量只有传统发动机一半的样机，但光材料费就高达 100 多万元，而普通发动机的材料费加制造成本也就 3 万元左右，两者竟然相差 30 多倍。当然结果可想而知，这样的科研成果只能放在实验室里，难以量产，并不具备推广上的经济可行性，而且在相当长的时期内这种状况不会发生大的改变。我们经常为一些科研成果未能应用到实践中而感到遗憾，其实这是非常正常的事情。相当多的科学研究是站在发展趋势和技术可行角度考虑的，而其成果的市场推广则还要重点考虑经济上的可行性。

从经济可行性角度来讲，人力和机器之间就存在一个相互替代的关系。站在运营者角度来讲，并不一定非要采用大批劳动力，也并不一定非要购置机器，而关键在于选用哪种方式从效率和成本上考虑更为合适。在人力成本相当低下，机器成本又异常高昂的情况下，也许以人力来替代机器，是更为现实的一个选择；但当人力成本越来越高，使用人力还没有机器合算的时候，以机器代替人力也就顺理成章了。

作为创业者，无论是从事制造业，还是流通业，在选择产品或者商业模式的时候，都要考虑到，在经济上衡量这种产品和模式从目前和长远来看是否都具有可行性，尤其是要重点考虑潜在替代产品和模式，与你所要选择的产品和模式之间哪一个更具有成本优势，性价比如何，这种优势有多大，能够保持多久，稳定性如何，是否存在着很多不确定因素，这些因素主要来自哪里，有没有办法解决掉。

经商就是经商，对商人而言，精确的数字游戏，要远远比那些良好的创意，以及那些求新求异的模式重要。这个道理虽然非常简单，但又是非常容易被创业者忽略的一个方面。

铁律64 读书可以弥补实践的不足

不少人认为实践非常重要，进而否定书本知识。其实这是非常错误的一个倾向，读书的价值并不在于给我们提供现实的解决方案和超越时空局限的真理，而在于弥补经验的不足，给我们更多的启发和扫除思维上的盲区。

从创业者悟性和能力成长角度来讲，实践是最为理想的一个环节。通过在市场中的摸爬滚打，我们不但可以验证自己的想法，哪些切合实际，哪些不切合实际，哪些又是我们之前疏漏尚待改进之处。通过与市场之间的不断磨合，我们逐渐知道了如何操作才能更加适合自己。这些都不是通过读书和讨论就能得来的，在很大程度上也证明了实践在认识发展过程中不可替代的作用。

但这不应当成为否定书本知识的理由。诚然，很多人不读书照样能够成功，书本也往往解决不了你所面临的问题，你的实践经验更有针对性和可操作性。难以回避的事实是，无论你如何实践，无论你如何勤奋，无论你悟性如何高，你亲身实践所能涉及的范围和由此带来的经验都非常有限，还是不可避免地存在着很多思维盲区。在当今这个瞬息万变的社会中，单靠你实践所获得的经验，明显已经难以应对市场环境不断带来的挑战。

书本可以说是在揭示规律，也可以说纯粹是别人的主观看法，水平参差不齐，很多东西还没有自己认识的深刻和全面。但基本上都可以看成是他人经验的总结，不少还是我们未曾遇到甚至是难以遇到的。书本上讲的东西不一定正确，也代替不了实践的功能，因此才有“书中得来终觉浅，绝知此事要躬行”的说法。然而，读书毕竟可以开阔视野，用别人的经验来弥补我们经验上的不足，同时也可以扫除一些思维盲区，便于我们方便、快捷和集中地接受别人的经验。

自人类有文字以来，就有数千年的历史，在古今中外数以万计的创业实践中，基本上已经穷尽了绝大多数可能的模式。他们的经验，都以某种形式类化、抽象、系统，并形成相应的理论和书本知识。相对于这么多人的实践、领悟和经验而言，作为个体创业者所能遇到的和所能悟到的，都只是沧海一粟。从逻辑上来讲，我们不能以自己的经验为基础，去否定别人经验的适用性。这就如同几个人坐在一起聊天，不能说别人的观点肯定是对的，但最起码能给我们带来一些启发。

理论和实践本来应该相辅相成、彼此促进、良性互动。但令人遗憾的是，在现实当中比例相当大的创业者偏偏跑向了两个极端，要么轻视实践派，认为他们狭隘肤浅无知；要么瞧不起理论派，认为他们只会说大话和空话，脱离实际，解决不了问题。虽然两派观点和看法针锋相对，但有一点是共同的，那就是都以自己的经验和主观判断为基础。人类已经有数百万年的历史，文字传承也有数千年之久，尽管种族千差万别，但人类经过千万年来的选择，所沉淀下来的很多价值却都是共同的，这些东西往往具有强大的合理性和普适性，倘若你违背它，就会在特定时空受到惩罚，比如注重读书和学习，比如注重亲身实践。如果书本知识真的没用，读书真的没用，这些东西早就被淘汰了，根本不会延续那么久。如果读书对创业和项目运作，真的没有太多帮助的话，也就不会有哈佛、牛津、剑桥那么多世界名校设立商学院，经管类专业和图书出版商都难以有多大市场，存活下来的概率也很小。然而，现实恰恰不是这样。很多人往往喜欢用自己一时的经验和感觉，来否定人类千万年来形成的传统和经验，还美其名曰“前卫”和“划时代”，似乎自己的主张就代表着发展趋势和潮流，代表着人类的进步。他们哪曾想到，自己主张的东西仅仅过了几十年甚至更短的时间，就消失得无影无踪，又回归到历史的常态，根本经不起时间的考验。

当一些创业者总结自己失败教训的时候，我们常听到的一句话，就是经验不足，套用一句老话就是，“经验不足是个筐，什么都能往里装”。但我们应当反思，经验不足能成为借口吗，我们所做的绝大多数事情，都是原来所未曾经历过的，即使你之前经历过类似的事情，实际情况还是有很大的差异。换言之，我们做绝大多数事情，都不同程度地存在着经验不足的问题，而且在我们面临很多事情的时候，即使经验不足，也必须去做，根本没有太多的选择。

一方面我们经验不足，另一方面还要创业，那我们应该怎么办？其实，破解这一困局的方法，无非以下几种方式。第一，向别人请教和咨询，利用别人的经验来弥补自己经验上的不足，这种方式的好处是针对性和互动性较强，能产生更深层次的思维碰撞，不足是受时间和空间的限制较大，很多时候我们难以找到合适的人去探讨。第二，寻找相关性较强的图书和资料研习，其好处是可以超越时空局限，一般都有多种材料可供参考，可以反复去看，可供备忘查阅，劣势是针对性和互动性不太理想，对阅读者的悟性要求较高。第三，自己摸着石头过河，边实践边总结，这样做的好处是体会深刻、针对性强，一旦形成良性互动，就能发挥出强大的战斗力和适应性，不足是同样对创业者的悟性有着很高的要求，其效果不算稳定。在这三种方式中，任何一种都非常重要，都有着独特的贡献，绝不能过分强调其中之一，而贬低其他方式，尤其要尊重别人思想和经验的结晶。

铁律65 共赢，不仅是一种美德，更是现实的利益选择

在与客户、供应商和外协方打交道之时，切忌过分压榨对方，出于竞争压力，他们表面上会答应非常苛刻的条件，实际上会想很多办法去报复你，进而达到心理平衡。追求各方共赢，不仅是创业者的一种美德，更应该是一种现实的利益选择。

追求利益最大化，是经商的一个内在要求，但什么是利益最大化，如何才能真正做到利益最大化，人们的理解却千差万别。有不少创业者，片面地把利益最大化理解为向客户和供应商及外协方尽可能多地索取利益。这种思路看似没有问题，其实会给自己带来非常大的麻烦。其一，你将这些利益相关方压榨得没有利润了，他们就难以得到有效的生存与发展，你的商业资源难以积累和沉淀，这不利于项目的稳定，阻碍你做大做强。其二，天下熙熙，皆为利来；天下攘攘，皆为利往。别人同你商业往来，是希望能够从中获得利益，如果你过分压榨对方，就使得人家无利可图，而感觉你太自私，慢慢你的商誉就会受损，臭名远扬，你的生意至少难以扩大，甚至还会一天不如一天。其三，随着市场环境的日益成熟，现在大大小小的企业都还是比较注重诚信的，但前提是他们也拿到了适当的利益，如果你过分压榨对方，他们往往会在履行承诺的时候，给你制造各种各样的麻烦。受这三个方面因素的综合影响，这种看似能实现利益最大化的方式，在实践中应用起来往往适得其反，将自己的利益人为地压缩到一个狭小的空间之中。

软件开发外包，是十分常见的一种模式。但这也给不少商人压榨承包方提供了

便利。曾经有一个老板，将自己部分软件开发任务，外包给某个开发团队，谈判之时价格压得太低不说，项目进行过程中还老是克扣这克扣那。承包团队越来越感到最后连尾款结清都会存在问题，就在程序里面设置了一个小小的“病毒”，如果老板最终还算仁义，这段代码就直接删除，如果还在尾款支付上找麻烦，这个“病毒”就会定期发作，致使整个程序陷入瘫痪状态。果不其然，那位老板寻找千万种理由，就是不把款项结清，程序也只能定期瘫痪，用户天天去找老板的麻烦，老板一开始还以为是什么小问题，就按普通的售后进行处理，次数多了，他也就仿佛明白了什么。最终没有办法，除了乖乖地把余款结清，还给承包方一个比较合理的补偿，此事最终才得以了结。

工程承揽领域，也是此类事情的高发区。我认识的一位老兄，自己开办养鸡场，和一个施工队订立了修建场房的合同。这位老兄素来以抠门著称，这次当然也不例外。经过数番讨价还价，他竟然以低于报价一半的价格包工包料定下了这个项目，当然这个价格也远低于市场行情。当然，如果你非常懂行，并且能对各个环节监控到位，也许就真正的省下钱了。奈何他自己对建筑施工一知半解，而且也没有时间去从头盯到尾。接下来的故事非常老套和现实，施工方在材料上以次充好、偷工减料，极尽糊弄之能事，该用的材料很多都没有用，该用心打理的很多地方都没有认真打理。反正交工的时候很多事情是看不出来的，待到发现问题之后，钱早就已经到手，顶多装模作样地去看看，象征性地修修补补。这位“葛朗台”终于尝到了苦头，后来在万般无奈之下，只好另外找别的施工队，又从整体上维修了一遍。前前后后算下来，费用并没有节省多少，又额外搭进去了不少时间和精力，心中添了不少堵。

作为创业者，我们自然要防止自己吃亏上当，但也不要老是想着去占别人的便宜，敲骨吸髓地去压榨别人。做生意要讲究公平和共赢，尤其是对实力还非常弱小的创业者更应如此，我们本来就缺乏资金、技术、网络、供应商等非常重要的资源，如果在此基础上你还要将利益方榨干吃尽，无疑会将自己置于更加不利的地位。如果再加上对方恶意报复，就更会给自己增添麻烦。在这种情况，不要说是做大做强，恐怕生存下来的可能性都很小。

也许有的朋友会说，商场本来就是尔虞我诈，尤其是在现有市场环境下，你不去拼命挤对别人，别人还要挤对你，自己这么老实，注定是要吃亏的。其实，做任何事情都有一些约定俗成的东西，或者说是潜规则。虽然说很多东西并没有明文规定，也没有人到处讲，但你一旦违背，必将付出相应的代价，“出来混，迟早是要还的”，只是这种还的形式千差万别，你自己也不一定能意识到。

此外，人与其他任何动物一样，天生就有非常强烈的自我保护意识，当你侵犯到他的利益的时候，他总会以自己力所能及的方式进行反击，类似于最为原始的“同态复仇”，给你制造对等的麻烦。当然，当今社会竞争压力越来越大，大多数个人和商家并不会主动给别人制造烦恼，做事情都会给别人留有余地，除非别人以某种方式得罪了他。

选择共赢的方式跟对方展开合作，与其说是为了别人，倒不如说是为了自己能够厚积薄发地积累各种资源，并在此基础上实现永续经营，使得做大做强的可能性大大提高，进而真正做到商业利益最大化。尽管主观上还是为自己，但客观上已经照顾到了别人的利益，给对方也留下了生存和发展的空间。假如你在与客户、供应商和外协方打交道的过程中，不但不去压榨对方，还能在市场行情的基础上适当提供一些优惠，他们会更乐意同你做生意，各种优质资源都会逐渐向你靠拢。

铁律66 导入期需要积极的投入政策

绝大多数项目都会存在一个明显的导入期，在这个发展阶段，需要的投入很大，而产出可能少得可怜，投入和产出严重不成正比。因此导入期不能像成熟期那样量入为出，而需要积极的投入政策，否则就会因为投入的不足而导致项目的失败。

中短期内，在经济效益上要求产出要大于投入，并根据可能的产出来确定投入，是成熟公司再正常不过的一种经营理念。但如果用这个标准，来要求处于市场导入期的创业型公司，就会遇到非常大的麻烦。抛开项目宏观层面的前景不说，导入期的大部分投入根本就不太可能在短期内产生什么效益，其产出只能从比较长远的角度上去衡量。比如管理软件系统搭建、VI 体系设计、人员培训、宣传材料制作、市场调研、宣展物料投放等方面投入，就是这样，如果非要形成对等的产出，这些方面的工作就都不需要做了，项目往往只能进入恶性循环状态。越不投入，前景就会越差；前景越差，又越不愿意投入，长此以往在经营上就会越来越被动，最终导致项目彻底失败，前期所有的投入统统打了水漂。

也许有人认为这是最简单不过的一个道理了，大多数创业者对类似的投入还是有心理准备的。但同样是处于创业期，跨国公司在运作新项目和开拓新市场方面，就非常容易犯这样的错误。大企业的成熟项目，无论你感觉它存在多少缺陷，都毕竟在品牌、技术、人力、客户、资金等方面，有着中小企业特别是处于导入期项目所难以企及的沉淀，这些足以支撑严密的投入制度，他们早已能够滚动发展和良性循环，需要解决从有到优的问题。而处于初始阶段的新项目，各方面都是一片空白，光品牌认知这一指标，你就需要砸进去大量的真金白银，特别是在市场上已有同类产品或服务作为标杆的情况下，更是如此。

某美资世界 500 强企业的终端产品项目，在美国本土拥有非常好的产品研发技术、品牌知名度和市场地位。因为感觉中国市场潜力巨大，就于 1999 年来华发展。他们在中国只设立了营销办事机构，并坚持高质高价路线，客户如果需要他们的产品，就联系美国方面发货，起订量为一个集装箱。在市场开发方面，他们严格按照美国总部的要求，每一笔投入都要求有详细的即期经济效益产出分析，并根据上年业绩状况确定本年度的投入预算。

这家企业虽然在美国本土具有非常强大的实力，但中国市场对你的产品还相当陌生。除了圈子内的专业人士和少数大的经销商之外，消费者、集团用户、分销商、销售终端对你的大名还闻所未闻，市场上该领域早就存在着几个名气较大的强势品牌。他们不考虑在中国与纯粹的新项目没有太大区别，同样需要一个较长的市场导入期，而以世界 500 强企业自居，将美国本土运作成熟项目的经验盲目照搬过来，也只能说明自我感觉良好，有非常严重的自恋情结。

这个项目在中国市场整整坚持了 7 年，但在如此僵化思维的指导下，这 7 年时间除了必要的人员工资和差旅费用外，在市场上的投入基本为零，根本谈不上可操作性很强的战略布局和构想。到了 2006 年，终因长年没有进展，人员和差旅费用都变成了沉没成本而退出中国市场，给市场留下了无限深思。这个故事看起来非常滑稽可笑，特别放在老牌世界 500 强企业身上似乎不太可能，却是实实在在存在的，而且类似的事情时有发生。

与这家企业处于同行的两大牌子，都是世界 500 强企业，一家是美资公司，另一家是欧资公司，从 20 世纪 90 年代中期正式进入我国，现在都已经成为中国市场的领航者。这两家企业都站在集团化全业务长远拓展的战略高度看待该终端产品。尽管在介入中国市场长达数年的时间内，销量和利润同样都不是很理想，但他们考虑到项目本身的长远发展以及集团公司整体上的战略需要，每年都在终端形象建设、品牌平面媒体传播、展示品和促销品投放以及网络整体布局方面投入巨资，甚至为了争取某些优质终端，还不惜血本以租借的方式投放了大批价值不菲的设备。

这两家企业的在华终端产品项目，经过十年左右的时间，才开始真正赢利，但此时他们已经在同行当中做到了老大和老二的位置，市场地位无人撼动，这一切在相当大的程度上都归功于他们极富扩张性的市场投入政策。从 2005 年开始，这两个牌子都不约而同开始实施量入为出和向每一分投入要产出的政策，按照成熟项目来处理投入和产出之间的关系。这两家企业真正明白项目的运作规律，并按照不同发展阶段，采取差异化的市场投入策略。

曾备受争议的“谷歌退出门”事件，尽管谷歌方面冠冕堂皇的理由是厌恶中国政府的网络监察制度，坚守其“开放必胜”的核心价值理念，不再愿意过滤搜索结果，并将其中国市场发展状况一直不太理想的原因归结为政府网络监管限制了他们的技术优势发挥。而事实上，谷歌在中国市场发展滞后的原因主要还是重视不够、投入不足。

谷歌在内容性英文搜索市场上是引领者，并在短短的几年内就成为市场的垄断者，发展基本顺风顺水，并没有感到太多市场导入期的成本投入压力，因此在具体的商业运营过程中对“产出投入比”异常重视。公司虽然年纪轻轻，但财务指标理念已经非常接近处于成熟期的生产型企业，对利润考核非常严格。在这种经营理念的指导下，谷歌后来尽管已从战略高度上重视中国市场，但始终没有处理好“投入”和“产出”之间的关系，过多考虑了每一分投入能在多大程度上带来产出，在中国市场本已处于劣势，而投入却还明显少于其主要竞争对手百度，给世人留下了无限遗憾。

铁律67 小资本创业必须跨过同质化这道坎

对很多创业者而言，同质化是难以绕过去的坎儿。产品与别人没有太大的差别，成本方面不占优势，自己又起步较晚，如何在此基础上实现差异化，让客户识别和认同我们，是小老板们必须面对的一个重要课题。

大多数创业者所从事的领域，其实都已有很多运营成熟竞争者。在目前比较成熟的市场环境下，无论是产品也好，还是服务也好，要想从根本上做到差异化，都非常困难，当今早已是一个同质化严重的时代。实际上，这一现象不光困惑着我们这些草根创业者，很多跨国公司也大多面临着产品严重同质化的问题，但他们往往是通过强化某一方面的概念，或者是创建新的组合来解决这一问题。

就拿汽车发动机油产品来说，事实上都具有润滑、密封、抗磨、清洗、耐高温和抗冻等功能，但如果同时介绍这些功能，一来暴露出产品同质化的弊端，难以有效突出自己产品的特色，二来所传递的信息太多会导致消费者和受众难以记住，因此那些大品牌都从中选择一个特性来强化和放大，以作为自己区别于竞争品牌的鲜明特色，并由此来实现产品的“差异化”竞争。在这种思路的指导下，壳牌润滑油着重强调自己产品的清洁和清洗功能，与目标受众所有的沟通都是在这个基础上展开的，虽然许多年以来，其具体的传播诉求已经发生了相当大的变化，但所要表达的这个功能却一直没有改变。而嘉实多润滑油则更加强调他们产品的良好的启动性能，一句“未启动，先保护”足以让受众记住他们的产品“个性”。

洗发水同样也是同质化程度很高的一类产品，飘柔的卖点是丝发柔顺，海飞丝的卖点是去头皮屑，潘婷的卖点是修护秀发，还有很多消费者不断去用个人体验来论证这种诉求的正确性。而事实上，几乎所有大牌洗发水都同时具有这几种功能，只是你接受了厂家的宣传和心理暗示之后，更愿意从他们所说的角度去体验这种功效。

同质化现象在流通企业可能表现得更为突出。像家乐福、沃尔玛、卜蜂莲花、世纪联华这些超大终端，在产品种类和所涉品牌方面并没有太大区别，甚至可以说基本一样，他们所不同的是在各大城市的网络分布密度、店面所处地段以及产品排列组合方式，并由此带来了不同类型消费者不同的商家偏好。

在目前市场上，也存在这样一些知名品牌，所经营的产品实际上同时含有五六种不同的功能，但他们为了显示自己的专业化，并强调产品细分群体的独享性，将同一产品细分成五六种包装，按照不同的产品线进行销售，而且相互间还存在较大的价格差异，这一方式看似没有技术含量，将简单问题复杂化，而从市场反应情况来看，销售效果却要远远好于产品单一包装模式。

以上谈的都是非常简单、易行和常见的技巧，这些大公司早已玩得非常熟练的方法，对草根创业者来说更为实用，可以解决项目定位过程中的很多困惑，弥补由于研发和创新不足而带来的劣势。比如同样是酒精类产品，就首先细分出来一个玻璃水产品，说是擦玻璃专用的，有人又在此基础上开发了家庭专用和汽车专用两大类别，还有人将汽车用产品进一步细分为去虫胶、防静电、防尘土和冬季专用等几个种类。每一次概念上的细分，都为新进入者开辟一片天地，都会产生一个相对优势的品牌。事实上，无论概念如何炒作和细分，本质上都是乙醇和水的混合溶液，都具有清除虫胶、防电防尘、防寒抗冻的功能，说白了，用一瓶价格很低的白酒去擦玻璃，会起到同样的效果，这种所谓的创新无非是概念上的创新，这种差异化实际上更多的还是概念上的差异化。尽管产品本身并没有实质性创新，但总归给创新者提供了立足之地。

在产品本身同质化严重的情况下，还可以通过包装规格上的变形，来实现消费者认知上的差异化。比如在食品和饮料领域常见的针对儿童这一消费群体，设置小包装产品，并加上适当的卡通图案，来打造儿童专享品牌概念，方便面、果汁饮料、面包、果干、豌豆、花生都比较适合来这么做。据一位朋友介绍，长沙的一位小学老师，经过仔细观察，发现了一个小小的秘密，社会人员承包的学校食堂给学生打的盒饭量比较大，大多数人根本吃不了，每顿饭都要剩很多，日久天长，还造成了巨大的浪费。而这些搞承包的，受传统思维影响，认为做学生的生意就应该价低量大，没有过多考虑小学生这一群体的具体情况。于是这位老师就突发奇想，认为将一份饭的量改小，而将盒子改成各种时尚的卡通图案和造型，一定好卖，决定投资运作这个项目。结果项目一上马，生意就火得不得了，以高于正常价 20% 的价格去销售，还是大受欢迎。

通过产品组合进行创新，借以打破同质化困局的例子在我们周围也比较常见。譬如将常用的几种厨具做成几种不同组合的套装进行销售，将尺码不同的服装组合在一起开发成情侣装或亲子装进行推广，将电热水壶、茶壶和茶杯组合成套装进行推广，再如卓越亚马逊将盗墓系列的图书组合在一起按照特价进行销售。

作为创业者，最为重要的不是抱怨，而是考虑在现有的框架和条件下，如何最大程度规避不利因素，对现有资源进行整合、变型和提炼，在实质并没有发生多大变化的基础上，与现有市场主体展开差异化竞争，为自己争得一席之地。

铁律68 营销决不能替代产品本身

好的名称、字号和VI体系，对项目固然有着巨大的帮助和促进，可以节约大量的资源投入，但这些东西绝不能替代产品自身，不能脱离产品而独立存在。如果将太多希望寄托在这些领域，而忽视产品自身的提升，最终还是难以将项目做好。

大多数朋友创业，都会想方设法为自己的公司和产品起一个好名字，并设计一套富有传播力的VI体系，认为有了这些东西，项目也就成功了一半。这种看法是非常有道理的，也正是因为如此，才有人疯狂地去抢注商标、域名、企业和产品名称，才有品牌价值评估这一说。然而，所有这些都是建立在一个共同基础之上的，那就是产品自身品质过关，并不存在明显的瑕疵，它们能起到的作用只能是锦上添花，而非雪中送炭。这就如一个人的姓名，你可以将它起得很有内涵和品位，但如果自己的素质、能力和潜力都非常平庸无奇的话，还是对自身发展没有多大帮助。

有位亲戚在家乡开了家面馆，名字起得很有意思，叫“168荞面馆”，取时下比较时髦的谐音“一路发”之义，迎合了世俗的大众文化，既为自己和顾客图个吉利，也是为了方便记忆，能够打出自己的品牌，逐渐做大做强。他这家面馆从1997年就开始营业，十多年来也一直坚持了下来，虽然每年都在赢利，但利润不是太大，老是处于原地踏步的状态，不过还是积累了一定的信誉和客户，慢慢地也算是一个老字号了。到2006年，他自己到另一地段又开了一家“168荞面馆”，将经营接近十年的老店转让给了他姐姐。本来这是一个现成的摊子，相对来说要好打理得多，早已到了守成阶段，只要将原有的一些东西坚持住就是了。

但事情往往出乎意料，他姐姐接手之后，一来这几年粮油蔬菜价格上涨比较大；二来想提高利润空间，多赚些钱，在降低质量标准的同时，还新上马了莜面、烧麦、氽饺子、炖骨头等品种，但口味比较一般。同时，由于十年左右没有重新装修，店内已经显得有些破旧脏乱。刚开始，受她弟弟多年苦心经营之惠泽，老顾客光顾较多，生意还算不错。但一年之后，生意就开始明显变差，由此进入了恶性循环，这位大姐天天抱怨生意难做，同时给的量变小了，价格也变高了。时间到了2008年年底，生意拿比较差来形容已经不恰当了，基本上处于惨淡经营状态，又支撑了半年多，到2009年秋季店面悄然关门，老板被迫寻找其他发展机会去了。

在北京海淀清河那边，曾有一对维吾尔族兄弟，开了家新疆风味的面馆，靠近某大型企业，最先起了个名字叫“哈桑拉面”，后来又改成了“吉祥斋”。由于他们量大味美、色香味俱全，旁边既有小区又有企业，生意红火得不得了，赶上吃饭时间，还需要天天排队，在他们周围的几个街区渐渐也成了“知名品牌”。他们从1999年开始在那里开店，一直干到2009年，整整经营了十年之久，虽然没有增开什么分店，但效益还是非常不错的，可以说是财源滚滚。到了2009年春季，原老板由于别的事情回新疆发展，离开了这座他们已经待了十年之久的城市，将店面整体盘给了同是维吾尔族的一位朋友。但仅仅又过了半年，这家店面就彻底关门了。其原因也非常简单，就是因为面食质量和口味下降得太厉害，那个地段过路人很少，消费能力基本是依靠附近居民、企业和机关来支撑的，因此服务质量下降的恶果在很短的时间内就爆发出来了，而且打击非常沉重。

在我国最近十多年的营销实践中，不断有新项目，采取山寨版的方法，注册公司和品牌名称、商标，设计VI体系和包装，对一些耳熟能详的名词进行抢注，甚至还诞生了一批专门靠抢注和买卖商标为生的投机商人。但从这么多年来的实际效果来看，这种方式并没有发挥出理想的作用，注册了一大堆所谓有价值的商标和域名之辈，手中的“货”绝大多数一直处于休眠状态，靠这些东西来“敲诈”著名企业的行为也很少有得逞的，因为这些东西具有专属性，山寨版的企业不可能掏高价买这些东西，而那些名企也越来越懒得理你，因为类似的东西只能卖给他，他不理你，你也基本不会给人家带来多大的损失。

现在社会上各种各样的品牌价值评估非常多，逐渐给人的感觉是好的品牌可以直接带来价值，同时可以按照那个价格将牌子卖掉。其实这是一个比较大的误解，品牌是一个附着在企业、产品和各种资源配套之上的东西，去掉这些东西，品牌的价值就会大打折扣，甚至还可能会一文不值。在自己传统领域非常强势的牌子，在介入新领域之后却遭遇巨大挫折的例子并不鲜见，还有一些曾经牛气冲天的牌子，因一些突发性事件，一夜之间品牌价值归零，超低价格转让都没有人要，被“三聚氰胺”事件击倒的三鹿品牌就是如此。

我们每一个创业者，一定要破除对好的名称、字号和VI体系太多的幻想，即使你在这些方面做得非常好，在其他领域的努力还是不可或缺，特别是在涉及产品核心价值的质量上，最起码还是应该坚守底线，并要持续改进，不断创新，否则最终还是难以摆脱失败的命运。事实上，目前那么多响亮的牌子，都是从默默无闻的状态发展起来的，这期间花费了太多的资金、精力和心血，而在他们挟品牌优势进入新领域，同样会遭受艰难曲折，比创立一个新品牌难度小不了多少。这就如同一个人的名字，即使你明天改名为李世民、奥巴马、戴高乐，也并不意味着要比别人发展顺利，同样还是需要在各个方面坚持不懈地作出努力。

铁律69 项目一旦定位之后，就不要轻易调整

项目的定位一旦确定之后，就不能轻易改来改去，胡乱调整，特别是向截然不同的方向变动。那样不但会使受众觉得定位模糊不清，而且还会引起原来定位消费群体的误解和反感，造成资源投入的巨大浪费。

某个项目一旦进行定位之后，无论是好是坏，都不要轻易进行大幅度调整，一个较为现实的选择就是进行微调，并想方设法去解决其他方面的配套问题，使其更为适应现有定位的要求。倘若不考虑目标消费群体的感受，而强行调整定位，一方面容易引起原有消费群体的反感，另一方面新的目标消费群体可能也难以接受。

在北京朝阳路财满街那边，曾有一家规模较大的海鲜饭店，位于靠着路口的底商，从其装潢风格和经营品种来看，定位还是蛮高的，目标主要是拓展商务餐客户。奈何时值2006年年底，财满街刚投入使用不久，商户很少，而附近居民消费能力有限。从理论上讲，这家饭店的定位很好，也实现了抢先占位。但遇到了现实中的经营烦恼。经过半年多时间的惨淡经营，老板有些撑不住了，终于想到了变通。这一变不要紧，变得太离谱，早上外面架个朝天锅，卖油条、小笼包、馄饨、豆浆、豆腐脑、小米粥，晚上在门前搞大排档，卖烤串、麻辣烫、凉菜和扎啤，而且还是非海鲜风味的。

这样一调整，人气倒是比之前旺多了，一早一晚顾客络绎不绝，毕竟早点和大排档的价格跟小店差不多，而且装潢气派，连邻近的老头老太太都想过来体验一

把，感觉在这个地方吃烧烤和大排档很有面子。那时候我正好在那边住着，一早一晚都能赶得上，心中就暗暗发笑，也不知道老板之前是做什么的，太有才了。这样一调整，实际上距最初的定位发生了180度大转弯，已经不再是什么微调和策略上的补充，犯了经营上的大忌，肯定会遭受重大挫折。

后来果不其然，这样一搞，自己降低了自己的档次，虽然还在想方设法按照海鲜定位拓展客户源，但收效更微，因为没有人愿意在卖油条、豆浆和麻辣烫的地方吃海鲜，心里总有一种异常的感觉，而且一早一晚搞得地面上一片狼藉，真正的高档客户也不乐意在此用餐。而租金、装潢和人员方面的成本过高，靠早点和大排档，生意再好，每月利润还是表现平平。他们出于赢利压力，还被迫降低了早点和大排档的质量标准。到了2007年秋冬之交，由于天气转凉，同时顾客的体验性不太好，早点和大排档都难以经营下去了，结果只好关门。

项目和品牌一旦完成定位，无论是好还是坏，调整成功的难度相当大，而且越成熟的项目和品牌越是如此，这主要是因为市场早已对你的品牌形象定了型，很多事情已经由不得你了。在现实当中，也不乏这样的案例，就是原来定位比较低的品牌，虽然已经发展成了强势品牌，也推出了相应的中高端产品，调高了品牌定位，而市场上对其品牌形象认知仍停留在低端品牌之上，虽然投入大笔资金大力推广其中高端产品，但无论如何努力，收效都不太理想，最终不得不放弃这种努力，而重新注册一个定位于高端的新品牌去推广。

对创业者而言，与其对项目和品牌的定位进行大幅调整，还不如集中资源弥补各方面的不足，将原有的定位强化起来，这样效果可能要比大幅调整定位好得多。像上面提到的海鲜饭店的例子，他们那里的地段和前景都非常好，照这样的定位坚持上两三年，待商户入住率达到一定程度，实现较好的赢利状况问题不大，当然短期内的压力还是难以避免，但这可以通过其他营销手段来弥补，不是不可解决的。退一步来讲，即使真的因势利导想对定位进行调整，其实也很简单，就是干脆把招牌换了，在质量和口味上下一番工夫，做成特色烧烤、火锅和大排档也未尝不可。错就错在高中低端客户的钱都想赚，最终不但定位形象变得模糊不清，而且每一块儿都做不好，高端客户不会满意，低端客户也渐渐地离你而去。

很多人认为，原有项目和品牌已经投入很多钱了，在这个基础上进行定位调整，而不是另起炉灶，是最经济和最现实的一种方式，可以节约很多资源。其实不然，品牌往往是和定位及经营项目联系在一起的，一旦对定位进行了较大的调整，实际上就相当于运作了一个新项目或品牌。在特定条件下，甚至连纯粹的新品牌都赶不上，全新品牌没有历史包袱，没有在消费者心目中形成形象定式，在同等的资源投入条件下，效果往往可能还会好一些。

创业与别的事情不一样，当你在项目运作过程中发现问题之时，切忌乱了阵脚，得病乱求医，慌不择路，东一耙子，西一耙子的，这样会造成资源的极大浪费，使你陷入更加被动的境地。而应当对自己的定位及资源配套情况进行重新审视，如果定位确实存在严重问题，即使坚持下去都没有发展起来的希望，我们就要有壮士断腕的勇气，当机立断；如果现有定位与发展趋势相吻合，可以通过调整和加强各种配套资源解决现存的一些问题，我们还是应当坚持下去，而不是一遇到问题就临阵脱逃。即使再好的项目，都有一个导入期，再准确的定位，都与市场之间有一个磨合期，存在问题是必然的。如果一遇到问题，就认为定位需要调整，恐怕永远也不能将定位确定下来，资源都撒了胡椒粉，种了试验田，给人们留下无限遗憾。

铁律70 生命周期较长的领域，高速发展就意味着透支未来的增长空间

很多耐用品，在需求开始释放之后，无论是厂家还是商家，都会水涨船高，赚得盆满钵满，从业人员也令人羡慕。但这类产品生命周期较长，在限定的几十年内市场容量有一个定数，高速发展就意味着透支未来的增长空间，几年下来市场就会饱和。

耐用品，往往又是实用品，生命周期大多都很长，有的甚至会高达数十年之久，比较典型的比如房子，生命周期为 50 ～ 70 年；彩电，生命周期为 20 ～ 50 年；轿车，生命周期为 15 ～ 20 年；小家电，4 ～ 5 年；电脑，5 ～ 7 年；家具，更换周期为 10 ～ 20 年；移动电话，更换周期为 3–5 年。其实，企业网站和监控设备也属于生命周期较长的耐用品之列。这类产品需求刚刚释放的几年时间，市场规模往往呈爆炸式增长态势，也会将大批从业人员快速培养成成功人士，甚至不乏富豪。比如 1992—1996 年间的彩电行业，再如 2000—2005 年间的企业网站制作，还有 2006—2009 年间的监控设备。凡是正赶上时候的，个个都牛得不得了。

我有一个老乡，考大学考了 N 年，后来都有些疲了，家里知道他考不上，又不敢阻拦，等分数下来的时候，怕他经受不起打击出事，坚决不让他本人去查，而是让他弟弟代劳。成绩单拿出来一看，确实离分数线还差得很远，家里人就轮番安慰，筹了一笔款让他到省城读计算机专业自考。读了不到三年，感觉家里经济越来越困难，他就到包就业的计算机培训学校上了一个六个月的速成班，出来之后就马上转

身成为计算机培训学校的授课老师，当年这类培训需求也确实超级旺盛，如果换到现在，别说是留下代课了，恐怕连工作都很难，好一点的也只能到电脑城给商户打工。

当然，也是该他时来运转，由于为人老实肯干，而且授课认真负责，他在省城那些电脑培训机构当中渐渐地有了名气，大家都想挖他去代课，在此期间他也在圈子内积累了广泛的人脉。但他感觉自己还是需要在专业水准上要有所提高，于是又到北京的几所当时名气比较大的电脑培训学校现炒现卖讲了一年多的课，之后便返回省城边教学边揽项目。此时正好是 2005 年，他的名声在当地圈子内也到了如日中天的地步，被视为一流高手。他所承揽的项目是穿网、布线和监控设备，靠江湖中的名气和数年来积累之人脉，在 2005—2008 年这几年小赚了一笔，每年都有三四十万的纯收入。但到了 2008 年，情况就迅速逆转，省城及其周边的市场已经接近饱和，揽项目相当不容易，像他这样的高手揽项目都得靠运气了。好在这位哥们和他内人，从 2006 年开始就在当地代理 LG 的液晶显示器，虽然工程项目再也难以揽到了，但显示器项目每年还有七八万的纯利润。

还有一位老兄，四十多岁，河南郑州人，在原中石油属下的一家分公司当过老总，后来又在新疆建设兵团下属的一家企业担任过重要职务。2006 年自己开过一段时间咨询策划公司，但效果不太理想。2007 年通过自己积累的人脉资源进入监控设备领域，承揽某大型集团公司在郑州的家属楼摄像头安装工作，当年就小赚了一笔，感觉这个行业确实不错，相对好做得多，而且来钱快。2008 年全年下来与 2007 年差不多。但进入 2009 年，项目就非常难揽了，自己的人脉资源也利用得差不多了。进入 2010 年，除了零星的一点小活，基本就没什么事情了，只能再去找新的领域去发展。他属于后知后觉类型的，但基本还赶了趟末班车。三年下来，全款买了一套房子和一辆车。这个行业这么快就饱和，非常出乎他的意料。

事实上，这也是再正常不过的事情了，在当今中国这个已经高度市场化的国度，只要有这么一个进入门槛并不高，又需求集中释放的耐用品行业，大家都会大干、快上、猛进，用不了多少年，市场就已经基本趋于饱和。彩电行业行业是这样，冰箱行业是这样，电脑行业是这样，液晶显示器行业是这样，电动自行车是这样，监控设备、基础设施建设、汽车、网站制作、手机、ERP 系统、房地产等许多行业，也都是这样，只不过是程度不同而已。全国各地一番猛进快上，把十几年、几十年需要做的事情，在短短的几年内都给做完了，将行业未来的发展空间透支掉，这就是颇具中国特色的奇迹。无论是喜欢也好，不喜欢也好，这都是客观存在的现状，现在是这样，将来也会是这样。如果未来出现了类似的行业，同样避免不了这样的发展历程。

对很多创业者而言，就是要不断以敏锐的嗅觉去寻找这样的行业，在短短几年时间内实现财富的井喷式增长，为自己将来开展其他项目，甚至是资本运作打下资金基础。但同时也要非常清醒地认识到，类似行业的好日子长久不了，在这几年内能赚多少钱就基本只有多少钱了，未来很难有更多的机会，而且还要居安思危，早作打算，要不等到行业饱和之后，会使自己陷入非常被动的境地。

人们常问什么是好项目，如果从稳定性和可持续性来考虑，可以选择轮回周期较短且又是人们必需品的领域，当然随着时代的发展必需品的种类和含义都不太一样；如果从赚快钱的角度来考虑，可以选择处于需求集中释放期的耐用品。当然，无论是哪种选择，都不是完美无缺的，各有利弊，倘若不能充分认识到其中的弊端，就会使自己在不知不觉中陷入非常危险的境地。审时度势，伺机而动，顺势而为，才能在沧海横流中显我英雄本色。

铁律71 导入期隐蔽能有效降低投入、规避风险

对很多创业者而言，导入期是能够隐蔽的，朝这个方向努力，不但可以节约大量资源，而且还能降低项目运作风险，大大提高项目成功的概率。导入期隐蔽和没有导入期是两个不同的概念，只意味着导入期在项目正式运作之前就已经完成。

任何项目都有导入期，但在很多聪慧之辈那里，导入期又是可以隐蔽的，很多在导入期所要开展的工作，他们早在项目正式运作之前就已经完成了，一旦开始运作，就直接进入了赢利阶段。

F君，现在四十多岁，属于典型的石油子弟，父母都是某大型油田的工程师，自己也从国内的一所石油院校毕业。20世纪90年代中期，正值我国IT产业开始井喷，与之相关的职业备受社会青睐。这位朋友自然热血澎湃，要与时代共舞，梦想制造一个中国版的比尔·盖茨神话，于是在1997年下海创业，到深圳开了一家IT公司。他本人对IT技术和行业并不太懂，在这个领域也没有什么人脉资源可资利用，当时只是感觉IT领域发展空间很大、前景很好，抱着对盖茨们的崇拜和对未来美好的憧憬，就义无反顾地进入了这个行业。

理想是美好的，现实是残酷的。第一年亏损，他感觉很正常，创业肯定有个过程，一下子就能实现赢利的少之又少，这也说明不了什么问题。第二年亏损，他还是感觉正常，各方面都需要投入嘛，大部分投入都属于基础性投入，这些投入见效需要很长的周期，做事情本来就应该考虑长远，困难和亏损都是暂时的。第三年还

在亏损，这一亏损不要紧，他本人心态倒是可以，但到了年底就弹尽粮绝，资金来源上能想的办法都想过了，万般无奈之余，只能壮士断腕，选择放弃。

自己第一次创业失败之后，他就认真总结和分析自己的失败经验，感觉自己无论在知识结构，还是在行业经验，抑或人脉资源上，优势都还在石油石化领域，毕业许多年来，自己的中学和大学同学都已经在石油石化行业站稳了脚跟，发展好一点的，甚至都已经走上了重要领导岗位。一番反思之后，他就动了选择在石油化工设备销售领域发展的念头。然而仔细一想，就感觉还是存在问题，自己对设备方面的知识，以及行业真实的运作情况缺乏了解，于是决定到这样的企业去“潜伏”。这位朋友定力还真好，这一干不要紧，整整干了六年，从最基层的业务员助理，一直干到总监，这六年想尽一切办法为自己积累和整合资源，当然他还是恪守职业道德的，这六年来给老板也干得非常卖力。

2006 年年底，F 君终于卷土重来，开始了自己的第二次创业行动。这次准备非常充分，第一年下来，就赚了 600 多万的利润。他的模式说起来也非常有意思。在国际上有一批专门面向油田炼厂提供设备的厂商，他们的设备的确非常棒，但令人遗憾的是价格太高，国内的用户难以承受。国家从“十五”期间，就开始推行重大工业设备国产化替代战略，国产的替代设备在价格上也非常便宜，价格只有那些国际厂商的十分之一，能够满足国内用户的需求，但在一些关键部件上的技术还是不太过关，这位朋友就选择这个环节作为切入点。他自己整整六年的设备销售经验，在油田炼厂以及海外相关领域，都拥有别人难以替代的人脉资源，他就利用这种独特的条件来整合资源。首先通过用户和国产设备商那里的关系，了解市场非常真实和细致的需求，然后再将这些需求分类汇总，委托自己在欧美国家的亲朋好友收集那些厂商公开的产品说明书，根据这些材料对市场需求和国际厂商的技术参数进行对比分析，然后又组织有关技术力量，设计能够有效替代的零部件，再寻找能够达到要求的配件厂商进行代工，最终通过自己在国内用户那里的人脉资源进行销售和推广。

这位老哥简直就是神人，困惑我国石化设备国产化数十年之久的难题，就被他非常轻松地化解掉了。在这个过程中，不但解决了油田炼厂的设备需求问题，还为设备国产化进程作出了巨大贡献，替国家节约了大笔资金，同时自己也是水涨船高，实现了许多年来的财富梦想，真正做到了利国利民利己。

当然，在他再次走出来正式运作项目之时，这一本来应该在导入期进行的工作，已经近乎完美地完成了！利用六年的时间，一边给老板拼命打工，一边尽自己最大的努力，完成了项目导入期隐蔽，靠一己之力竟然打通了产业链，创造了一个现实版的神话。

我们回过头来再对这个案例进行假设。如果当年他不去打工，而是直接按照这个思路去创业，六年下来都不知道搭进去多少钱了，而且也难以深入了解、积累和整合潜在的各方面资源，项目肯定做不起来。当然，倘若他没有在 IT 行业那几年不堪回首的经历，他的心智模式也不足以开创如此大的事业，直至影响一个行业的命运。这位朋友与他之前的老板虽然从大方向看，还是在同一领域发展，但和原来的业务有很大的差异性，基本上不存在任何竞争。他现在的发展已经远远超越了原来的老板，不过令人佩服的是，直到现在他们还是很好的朋友，关系比以前更近了一层，每隔一段时间还去相聚几次，共同交流和探讨行业当中的一些问题。

这个案例非常精彩，但现实中能做到 F 君这种程度的，非常罕见。然而如果我们仔细观察，还是能遇到项目导入期隐蔽的例子，而且这样的案例几乎都来自创业者资源储备最为集中的领域。也许您已经在这其中悟到了些什么。

铁律72　无论合伙人是谁，都应要求对方拿出适当比例的真金白银

尽管合伙人选择的标准很多，但现实中可供选择的对象屈指可数，根本由不得你去按照这些标准行事。无论你最终跟谁合伙，都应要求对方拿出适当比例的真金白银，以便将大家的实际利益捆绑在一起，能够经得起考验，真正坚持下去。

从理论上讲，选择合伙人可以有N多标准，当你真正去选择的时候，备选项寥寥无几，甚至只有一个。我们是草根创业者，本来实力就非常有限，跟千里挑一的国家公务员选拔不同，由不得你那么多标准，有人跟你合伙就已经算是不错了。因此不要指望你的合伙人有多高的素质，有多么坚忍不拔，他不可避免地存在各种不尽如人意之处，这就牵涉一个合伙人的管理问题。

很多专业的风投公司，虽然也在投一些前期项目，但他们基本都有一项铁的标准，就是运作团队也必须拿出相当数额的真金白银投入项目当中，对那种纯粹空手套白狼的项目基本都是免谈。他们之所以会这么做，其理由主要有这么几个方面。第一，做事情都应该风险和收益共担，不能让最大的风险都自己担了，而将来产生的利益大家却一起来分享，这样是一种不公平的安排。第二，团队成员只有将血本投入进去，断了退路，才会真正坚忍不拔，尽心尽力，最大程度将自己的潜力发挥出来，遇到艰难险阻才不会退却，因为退出的成本会更高，无论多么艰辛，坚持下去总会有一线希望。第三，经商讲究的是利害关系，与其相信承诺和道德，还不如去相信利益，商海浮浮沉沉，最有约束力的还是利害关系，这已经被无数次证明过了。

而在实际上，一旦你真金白银投入进去，就相当于将身家性命都赌上了，也变相地将自己“绑架”。无论是好是坏，受多少苦，遭多少罪，都必须坚持下去，为了血本，你必须得穷尽一切可能，将潜力发挥到最大，去坚持这项事业。古人常说的，置之死地而后生，富贵险中求，很大程度上也是这个意思。

你自己是这样，其实每个人都差不多。无论你的合伙人资质、性格和品德如何，他最终都是能够很清晰地判断出怎么才能对自己最有利。一旦他和你一样真金白银地投入进来，当他实在忍受不了艰难困苦的时候，最终还是会咬一咬牙，继续忍下去，而不是一有悲观的情绪，一受到压力和打击，就想到放弃，或者是感到太辛苦，该付出十分力的时候只付出了八九分。

也许有朋友认为，身股、技术股和管理股都可以成为引入合伙人的方式。实际上这也没有什么错，前提是你的项目已经度过导入期，靠这些方式，眼下能够给入伙者带来非常现实的利益，这样才可能有巨大的驱动力。假如你现在尚处于创业初始阶段，自己还在每天赔着钱，你给自己的合伙人身股、技术股和管理股，并不能给他带来多少现实的利益，也不能给他带来多少实质性的损失，刚开始他还可能兴奋一阵，但因为缺乏刺激，这种状态时间持续得越长，这种激励的效果就越会消退。反正干好的可能性渺茫，干坏自己也损失不大，正向的驱动力没有，负向的驱动力也没有，时间一长，他就不太可能竭尽全力干活，甚至还有退出的可能，做事情的随意性很大，这对创业无疑是不利的。

如果合伙人和你一样，都真金白银地投入进来，而且数额还很大，他即使很长时间见不到效益，就是为了止损，也必须拼命去干。换句话说，在这种情况下，他已经被项目本身所“绑架”了，甚至在一些情况下，还有点不成功便成仁的悲壮，自然就会进入“不待扬鞭自奋蹄”的状态，使出十二分力气要将事情办好。

翻开“二十五史”，我们可以看到不少散尽家财、拉上全家老小，加入某政治军事集团的例子，有的是头领要求他们这么做，有的则是为了向主公表忠心，取得对方的信任。但无论如何，这都是一种典型的断了退路的做法，已经将自己彻底捆绑在主公的战车之上了，无论以后道路如何艰辛，尝尽百般滋味，都已经回不了头，自己的每一分表现，都事关身家性命。

如果从宽泛的意义上来看，他们造反和打江山的行为，同样属于创业的范畴，而加入集团核心，也可以看成是成为合伙人。其实，古人同样是非常聪明的，他们对合伙人的要求是纳一份“投名状”，以保证对方在艰难困苦与食不果腹的状况下，还能够与组织一起战斗到底，经得起许多险恶的考验。

这样讲，也许很多人感觉非常残酷和恐怖。但创业本来就是非常残酷和考验人的，尤其是在合伙这件事情上。在极端的环境下，利益可以冲破一切，包括友谊、道德甚至是亲情，只有利益才是永恒的。有多少亲兄弟在一起创业，由于利益没有深度捆绑在一起，经受不住重重考验，最终都有人临阵退却，半途而废。

倘若有深刻的利害关系在强制，即使他后来有一千个不情愿、一万个不乐意，除了坚持之外，没的选择。需要澄清的是，这里谈到的对合伙人进行利益绑架和深度套牢，都是建立在善意基础上的，出发点是为了大家能够真正不畏艰难险阻，将项目进行到底。同时，这种绑架应该是相互的，你在绑架别人的同时，也应该进行自我绑架，如果只绑架别人不绑架自我，就是典型的利己主义者，不但会遭人讨厌，而且自己做一些事情时也可能不会真正做到尽心尽力。去掉深刻的利害关系，做事情就没有压力，没有压力就会随意性很强，最终反而什么都做不好。这点用在别人身上适用，用在自己身上同样适用。

铁律73　创业者运作项目，要留出实践的弹性

创业者运作项目，固然要有适当的日程安排，但也应当保留适当的弹性，为临时性事情留有余地。日程安排得太满，没有足够的时间处理突发性事情，或者安排好的事情没有时间上的保证，容易导致这两类事情都处理不好。

项目走向成功并逐渐做大做强，与创业者的高效率是分不开的，高效率往往又是和日程安排的紧凑性联系在一起的。但如果日程安排得太满，已确定好的事情就容易和临时性的事情去打架。假使放弃临时性的事情，这些事情却又着急又重要；倘若抽出时间处理临时性事情，自己的日常功课就无法完成，会影响到整体上的工作进度和长远发展。

有位朋友，性格谨慎，做事情逻辑性强，也富有计划性，但又近乎刻板。他自己开了家公司，为了强调效率和时间利用程度，日程安排非常紧，搞得像一部非常紧密的仪器。他自己也经常抱怨太辛苦，总是感觉时间太少，忙不过来，事情老是被一些偶发性因素打断，确定好的计划难以得到很好的执行。他经常为类似的问题而自责和懊恼，每天基本上到了不是紧张就是自责的地步，恨不得不吃饭不睡觉，变成一部永动机。

也许这位朋友的表现跟他以往的经历有关，也许跟他的性格有关。但无论如何，一旦出现类似的情况，如果他不对自己进行深入而彻底的反思，即使真的一天给他四十八小时，不吃饭不睡觉，还是摆脱不了这种困境，这根本就不是时间不够的问

题，而是方法论上存在严重缺陷。给他再多的时间，日程还是安排得紧紧的，没有空隙，偶发性事情处理起来还是没有时间上的保证。除非他对这种日程安排方法进行适度调整。

可能有人会问，你时间安排得不紧凑，多少年下来所做的事情，肯定要比竞争对手少很多，你不就慢慢落伍了吗？其实，这是一个似是而非的想法。其一，成功与否，关键看的是你所做事情的质量，而非数量，尽管有的事情需要日积月累，但还是存在欲速则不达之现象的，你天天不吃饭不睡觉，做出来的事情未必都比别人好，成功的概率也未必比别人高。其二，无论你如何努力，效率如何高，时间安排如何紧凑，一个人的力量毕竟是有限的，从古到今没见过哪个皇帝的江山完全是靠他自己打下来的，也没有见过哪个亿万富翁的事业完全是靠他一个人做起来的，背后都有一个团队和组织在运作，如果你真的要做一番大事业，把项目做大做强，打造成百年老店，更多的是需要靠组织团队以及整合资源，而不是所有事情都去亲力亲为。其三，很多事情，都需要足够的时间去酝酿和沉淀，比如一些想法和思路的完善，你的时间没熬到，根本就不太可能速成，即使强行速成，最终还是会留下很多巨大隐患的，会为以后发展过程中遭受巨大挫折埋下伏笔，你的着急和浮躁会给自己带来很大的麻烦。

给日程安排留有空间，主要是为了应付一些偶发性事情，但这也并不意味着在没有偶发性事情的时候，让时间就白白地溜走。在这种情况下，我们还是可以通过学习、讨论，甚至是对原有的思路和想法进行梳理和归纳，来充实这些时间的，当然也可以将安排靠后的功课提前来做，或者干脆用来休闲娱乐也未尝不可。总之，可以保持相当大的自由度，富有很大的弹性，又不至于对全盘计划造成冲击。

与日程安排太满相反，另一个极端就是，很多创业者干脆没有日程安排，还将其美其名曰为“见招拆招”、“兵来将挡，水来土掩”，颇有一番大师风范，也江湖味十足。这种创业者在现实中的确非常多，没有时间观念，做事情太散漫，往往是想法多落实少。在这些人的意识当中，总会有一些意料之外的事情去处理，即使你做了很好的计划，还是会被各种各样的事情打断，根本执行不到位，还不如见机行事、随机应变妥当。

这种方法倒是可以应付很多偶发性事情，确实弹性很大，但弹性却大到了无边无沿的地步，换言之，就是做事情没有压力，随意性太强。本来某件事情应该三天完成，但在他这里可能得拖上半个多月，干脆就没有轻重缓急这一概念，反正自己一直没有闲着，也就心安理得了。然而，这样时间一长，你自己倒是无所谓，别人就感觉你做事情太不靠谱，即使是亲朋好友也会在内心中将你打入另册，最终“治”倒是没有实现，“无为”却做得绰绰有余。我们不能否认这样的人经商也不乏生存下去的案例，不过终究难以做大做强。

日程安排必须考虑任务的进度及其分解，同时也要给自己留有一定的弹性，不能很好处理好这个关系的计划，实际上比没有计划更为可怕，因为很容易使自己陷入非常混乱的状态之中。如果完全没有日程安排，你最起码还可以积极去应付一些又重要又急迫的事情，能把它们处理得相当好。但这种情况下，你会以一种非常急躁的心态去行事，在效果上会打很大的折扣；或者是你花时间和精力，将这些偶发性事情处理得很好了，却耽误了很多日程内的事情，一拖很久，干来干去也没有干好。

如果打工，你存在着这种倾向，稍微正规一点的公司都会有人给你辅导，最起码能指出存在的问题。创业者所面临的一个现实是，根本没人会给你辅导，自己也往往没有这方面的意识，尤其是没有在正规公司历练过的。不少朋友认为创业和打工是两个完全不同的概念，企业给员工的一些培训并不适合于创业者，但千万不要忘了，很多方法论是相通的。

铁律74 心态真正成熟的创业者，不应该回避沉重话题

心态真正成熟的创业者，是不会回避沉重话题的。沉重话题之所以沉重，就是因为它们非常棘手，难以解决，又非常重要，往往也是影响企业生存发展的关键性课题。优秀的创业者，面对这些问题，是在不断寻求解决方案，而非实施鸵鸟战略。

在现实当中，我们常常会见到这样的一些创业者，一谈到项目运作的关键性问题，诸如营业额、利润空间、拓展方向、潜在风险、成本盈亏、发展前景和所面临的问题等话题，就极力回避，连连说这些话题太沉重，不愿多说，甚至会说这些事情都不会去多想，想多了也没有用，还不如稀里糊涂地过实在，车到山前必有路，过一天算一天。

其实，这是典型的鸵鸟战略，你不敢坦然面对，甚至在潜意识里面刻意逃避。创业与打工非常重要的一个不同之处，就是所有的风险和压力都必须自己去承担，所有的问题都必须自己去解决。敢于接受挑战，并想方设法、竭尽全力去解决问题，是一个合格的创业者所必备的素质，否则还没等对手来竞争，自己就先垮了，最终只能在生死线上痛苦地挣扎。

曾有位朋友笑谈，说看一个学生前途如何，就看他中学时代各门课程的成绩。如果一个学生偏科偏得太厉害，各科成绩冰火两重天，或者在某门课程里面，存在明显的喜好和厌恶方向，比如只喜欢学代数不太爱几何，成年之后百分之九十出息不大。其理由是此类人在必须完成的任务面前会退缩，不能正视困难，接受挑战，

迎难而上，而人生当中，肯定会有很多事情你并不擅长，内心抵触，但又必须面对和完成，有这种倾向的人，十有八九一旦遇到困难，还没有去拼搏，就直接放弃，因此会丧失很多重要的机会，不太可能完成重大任务，最终难免很平庸地度过一生。

我自己不完全接受他这种看法，因为人经历很多事情以后，一些行为模式会发生很大变化的，如果一个人的行为模式没有发生变化，他这样的看法无疑会得到验证，倘若一个人经受磨难挫折之后，变得敢于主动接受挑战，这样的预言也会失灵。这种说法尽管不能当做真理，但还是具有一定参考价值的，毕竟在困难和挑战面前选择逃避，会给事业的发展特别是创业带来很多非常消极的影响。

心态真正成熟的创业者，在面临各种问题的时候，应该是去除情绪化，一切服从利益，去理性面对和积极寻求相应的解决办法，而且越是棘手的问题越应该这样。如果一退再退，表面上暂时将问题规避和掩盖掉了，但终究会以更为严重的形式显现，让你无路可退，这个过程就如同温水煮青蛙一般。

敢于直面沉重话题，冷静接受挑战，这是一种非常难得的境界，这种境界绝非天生，也不会是一朝练就，而是需要不断有意去培养，这个过程大致上可以分为这么几步。第一，就是将你的长远发展目标和现状进行比对分析，列出要实现长远目标所需的各种资源条件和能力，再将现有的资源和能力同样逐一举出，利用对标的方法找出二者之间的差距，以此来确定自己的努力方向，但这其中肯定会有你感觉不太擅长、很有压力的一些要素。第二，将各项目标分解成不同阶段上的任务，并将其进一步细化成可量化的日程以及进度安排，在这个过程中要考虑日程的可行性和步骤性。第三，无论压力和挑战有多大，都要强迫自己去完成，要敢于啃硬骨头，到了这个地步，硬骨头并不是抽象的，已经细化到了一项又一项非常具体的任务，前面两个步骤都只是一种铺垫，而真正考验和锻炼人的，就是这个实质性的阶段。第四，当某种事情坚持不懈去做的时候，日久天长，慢慢就形成了一种习惯，甚至内化为品质的一部分，这个阶段贵在坚持，尽管这也是最为痛苦的一个阶段，正如美国海军陆战队训练的地狱周，此阶段一旦度过，你就练就了一身硬功夫，无论是心态、能力还是意志方面，都提升到了一个相当的高度。

不回避沉重的话题，也不是讲问题不分场合，不讲究技巧，同样不是天天讲。沉重话题比较适合在小范围内去讲，比如合伙人之间，再如同核心员工，或者是跟老朋友，讲的目的不是诉苦，而是寻求适当的解决思路和破解之道，利用别人的智慧来弥补自己思维上的不足，将问题考虑得更为细致和全面，想一些可行性相对较强的方法。与此同时，只要这些问题已经考虑得非常周全，也设计了不少解决方案，我们也没有必要天天去想、日日去讲，最终反而成了自己身上沉重的包袱，而应当将已经分解的任务逐步落实，一切都按照进度坚定不移地走。

在这里还应该指出的是，沉重话题你可能有办法去承受，但你的员工未必就能扛得住压力。这些东西尽量少在员工面前提起，以免影响他们的情绪和动力，即使在不得不提到的时候，也应该点到为止。

也许有人感觉这样做，对一个人的要求太高，甚至近乎苛刻。但没有办法，这都是商业理性的要求，你的事业越想做大，这种要求就会越高。创业很多时候跟打仗是一样的，你天天都在接受着巨大的挑战，对你的综合素质和能力的成长性要求很高。一旦踏上了创业之路，很多事情就由不得你去选择，你行也得行，不行也得行，因为身后就是悬崖。如何恰当处理沉重话题，固然是一门非常精巧的艺术，但我们还是应当想尽一切办法将其掌握。

铁律75 用训练和辅导来缓解人力资源方面的压力

一个合格的老板，同时也应该是一个优秀的教练，他不会轻易否定员工，而是正视员工之不足，可以根据具体情况，给他们以针对性很强的训练和辅导，从而使员工的能力和业绩成长能够适应公司发展需要，并与公司成长同步。

项目的长足发展，需要整个团队共同努力，如果老板一个人唱独角戏，即使他自己能力超强，终究也难成大事。同时，在创业期能招聘过来的员工，在初始阶段能力往往都不尽如人意，但迫于现状，平庸的员工还是要用，还必须想方设法推动他们由平庸进化为合格，由合格进化为优秀，由优秀进化为卓越。这就需要创业者能够扮演好教练的角色。

我的一个朋友，是南京某实力比较雄厚的企业的老板。他们公司创建于20世纪90年代中期，2010年营业额突破5亿元大关。这位朋友属于典型的现代儒商，不但风度儒雅，而且创业之前就是他所在领域非常年轻的一个专家，这么多年来还是非常勤奋好学。与所有创业故事一样，当年他虽然竖起了杏黄旗，但还是难将武艺高强之辈收于麾下，第一批员工是初中都没毕业就到南京城闯荡的几个小老乡。那几个小伙子之所以选择跟随他，也并不是为他的人格魅力所折服，感觉他日后前途无量，而仅仅是因为工作太难找，想混口饭吃。这位朋友自然也对他这批员工的素质不太满意，但又有什么办法呢，凑合着用吧。

这位朋友属于典型的现实主义实干派，事实上也是迫于环境压力的无奈之举，他用近乎手把手的方式对这些小兄弟进行训练，以便让他们为自己分担更多的压力和责任。在最初几年，他自己属于误打误撞式的尝试，但也慢慢尝到了甜头，发现其中的几个小兄弟，在他的调教下，专业化素养进步很快，在很多时候并不比大中专毕业生差，但因为没有学历，出去很难找工作，而他们又要比大中专毕业生稳定得多，也不会天天围着他谈待遇，谈涨工资，于是他在2000年前后萌生了充当员工教练的想法，将对员工的训练和辅导列为公司一项非常重要的制度，将这一行为由自发模式切换到自觉模式。这个教练式思路一旦清晰之后，他对最初跟随者的辅导，不再是一种相对简单的应急性辅导，而是按照职业经理人的标准进行培养。

世纪之交，正值电脑应用技术方兴未艾，他组织这帮兄弟大力学习Windows系统以及Office、Photoshop软件，熟练使用E-mail。后来还和他们共同系统学习了市场营销、产业经济、品牌传播、企业管理方面的课程。2007年还出钱送那几个小兄弟到同城的名校去修学MBA课程。我与他当年的一位小弟也非常熟悉，当然现在也是他们公司的骨干，通过多年来的交往，感觉其综合水平虽然跟世界500强的职业经理人相比还是存在着一定的差距，但在国内职业经理人队伍当中，已经属于中上水平，生产、财务、营销、品牌、采购和物流都比较在行，也算得上一个奇迹。

谈到这里，也许有人会感觉这其中有问题，这个老板教练水平很高，调教出来的人也确实厉害，难道他就不怕这些小弟跳槽或者单飞吗，以后会不会有类似的事情发生？其实这个问题问得似是而非，这种可能性基本没有。其一，这几个小弟虽然能力和知识结构都比较合理，同时拥有非常丰富的实战经验，其征战能力远远强于很多科班出身的白领，但他们至今没有正式的学历文凭，同时缺乏一流公司工作资历，在目前这个过分注重学历和大公司工作背景的社会，他们出去之后很难有像样的公司接收，在人力资源市场中的竞争力远逊于普通白领。其二，老板给他们的待遇在市场当中还是比较有竞争力的，能力、贡献、待遇相挂钩，企业又处于快速发展的状态之中，外面大多数中小企业所能提供的条件还难以同他们目前拥有的相比拟，每个人心中都能衡量出怎样做会对自己最有利，更何况老板还在经常给他们洗脑。其三，士为知己者死，女为悦己者容，这样有情有义的老板，在当今社会中很难遇到，目前的老板有能力、有实力，也愿意对他们好，他们一则心怀感激，寻求报恩；二则出去也确实很难再遇到这样好的老板。其四，老板对他们实施了模拟创业政策，一方面向他们出让公司的部分股份；另一方面让他们家人代理公司的产品，在政策上给予非常优厚的照顾。

作为老板的创业者，在绝大多数情况下，能力和经验都要比自己的员工强很多，如果以一个更为积极和开放的心态去对待员工，经常给他们一些针对性很强的训练和辅导，在一定程度上可以缓减因招聘困难而带来的人力资源方面的压力，倘若比较幸运，还可以为自己培养几位能征善战的大将。人与人之间虽然存在着各种各样的差异，但相当比例的人，只要给予必要的辅导，以及丰富的实战机会，都是能够实现迅速成长的。历代农民起义中，都不乏有从乌合之众中成长为一代名将的案例，其实我们的创业实践也是这样。

也许有人感觉自己的能力在很多方面都有欠缺，实战经验也不是很丰富，怎么能够有效充当教练的角色？实际上，这并不要紧，当老板的不一定自己非得有多少知识和经验，最为关键的还是悟性，教练只是一种态度和方法，创业者完全可以现炒现卖，同自己的员工去共同学习、提高和进步，并用自己的最新成果不断来辅导自己的员工，用自己的进步来逼迫他们进步。很多竞争力很强的中小公司，在很大程度上就是这样练就的。

铁律76 创业初期，尽量“把鸡蛋放在一个篮子里”

在很多老板的思维当中，多元化经营是迅速做大做强的一个捷径。我们虽然不能说多元化策略一无是处，但对创业者而言，却不是一件好事，非常容易导致资金、资源、精力分散，在任何一个领域投入力度都不够，与理想渐行渐远。

曾几何时，不能将鸡蛋放在一个篮子里的思想，风行于神州大地，并被大大小小的企业经营者奉为真理，并应用一个又一个经典案例来论证其正确性。但又不到几年，对多元化的讨伐声又是一片排山倒海。多元化孰是孰非，搞得很多经营者晕头转向，不少创业者更是无所适从。其实，作为一种经营管理思想和模式，多元化本身并没有什么是非对错，只有在同具体情况相结合的过程中，才能作出比较适当的价值评判。

对一些类型的企业而言，多元化是没有办法的选择，他们在坚守主业的同时，必须通过其他的短平快项目来弥补先天性不足。其中比较典型的就有专业化的冶金建设、电力建设类公司。冶金、电力等行业的项目建设具有非常明显的周期性，像钢铁产业，大约10年一个轮回，冶建、电建行业火的时候，项目多得忙都忙不过来，而当处于低谷之时，几年下来没有一个项目也是非常正常的事情。这其中就涉及一个非常重要的问题，当行业处于低谷周期，靠什么来维持企业的正常运营，拿什么来养活大批员工，即使底层劳动力可以根据项目需要临时招聘和遣散，但占相当比例的员工队伍还是要稳定的。

为了在市场化条件下解决这个不可逃避的难题，他们一般会选择这么几个努力方向。第一，就是选择在全球范围内拓展业务，利用不同国家行业周期的不同步性来部分破解这个困境；第二，发展房地产、宾馆、快速消费品项目，或者成为风险投资主体，以备主业进入低谷状态下，顺利支付人员工资等日常性费用；第三，进入楼盘承建市场，相对于专业性很强的建筑领域而言，房地产施工领域的周期性要平缓很多。

另外，如果你现在已经在行业当中居于领军地位，而且你的多元化项目在新的领域能够做到行业前五位，这样的多元化经营也未尝不可，或者你本身做的就是资本运作。与此同时，当企业规模发展到一定程度，出于战略上的考虑，为打通产业链而实施相关性很强的多元化经营，也算得上一个不错的选择。

然而，对大多数创业者来说，事业都远未发展到上面描述的那几种状态。创业初期往往意味着什么呢？意味着资金缺乏、人手不足、经验不太丰富、大多数事情需要老板亲力亲为。这也就是说，即使将所有的资源都集中在单一项目上，依旧存在很多欠缺，如果资源分摊到 2 ~ 3 个项目之上，又会是一种什么结果呢？那就是每个项目所能分享到的资源会更加短缺，每一个项目无论在规模上还是在特色上，都要远逊于自己的竞争对手，无疑人为加大了创业难度。

H 省某历史文化名城，有我两个非常要好的朋友，一位在当地警界担任要职，另一位是从事房地产行业多年的开发商。他们在当地比较好的地段开了一家娱乐城，为了扩大影响力和获得更为广泛的效益，其项目涵盖了洗浴、休闲按摩、舞台表演、网吧、餐厅以及电玩机等，前期投入近千万元，开业半年多来，每个部门都不太红火，都没有达到预期效果，虽然也有一些靠人情关系来的客户，但终究数量有限。后来他们拼命做广告，最终还是跟他们最初的预期相差甚远。

他们的一位朋友与我探讨过这个案例，经过深入交流，本人慢慢了解到了其中的一些缘由。这两位股东现在年纪都在 40 ~ 50 岁，其以往的成功经历深深打上了他们那个年代的烙印，即“关系是第一生产力”，他们相信通过关系能够搞定一切，而且对自己的眼光超级自信。在他们看来，娱乐城所涉足的这些项目，都是当前火得不能再火的项目，又投入 1000 多万元，基本上打造了“一站式”休闲娱乐服务。

当然，如果的确能做到这一点，还是很不错的。奈何他们涉足的项目太多，每一个项目都缺乏必要的运作经验。项目虽然很多，但每一个项目单拿出来，无论从规模还是从特色上来看，都显得非常平庸。整体上算下来，根本就不是什么强强组合，而是弱势叠加。

虽然这个项目目前还在坚持，但真正能够运作起来的可能性非常小，因为每一块儿，他们都缺乏经验，每一块儿要想真正做起来，都需要相当大的投入。倘若集中几块儿发展，又受到场地大小的限制，在装修上还需要重新来过，比新开一个项目容易不了多少。他们这个项目最终恐怕还是不得不从整体上盘出去。

当然，从目前的创业实践来看，在一开始就直接定位于多元化经营的项目并不多，大多数多元化运营还是发生在创业进入深水区，遇到各种未曾想到的重重阻力后，为摆脱压力和迷茫而进行再次选择之时，想当然地认为下一个项目会更好，但结果往往是使自己陷入更为被动的僵局之中。

还有一些人，在某个项目上取得了成功，就将自己的能力在想象中人为地放大，认为自己能力超强，干什么都会成功，在保持原有行业的基础上，新选择一些热门行业，认为会来钱更快。当真正去运作的时候，才慢慢发现根本就不是那么回事，几个项目来回争夺人力、物力、财力以及精力，都不太允许作为普通创业者的自己平衡好这些关系。

铁律77 短期无法取胜，就应该将有限的资源集中到长远的准备上

在创业过程中，如果能够通过短平快的方式为自己争得利益，并发展壮大的话，我们当然可以采取这种方式。如果靠现有资源，无论怎么运作都难为自己争得短期的利益，难以有效挑战竞争对手，就应该将有限的资源集中到长远的准备上。

曾经有一家定位于钢铁领域的行业网站，有一些事业单位背景，于2005年开始筹建运作。从当时的情况来看，运营型行业网站在主流上都将自己定位在价格行情领域，似乎这也成了一条不成文的规定，基本上没有人考虑这种定位是否科学和合理，只是感觉行业网站都应该做成这样。

但这个时候已经不同于2000年前后，也不同于2003年之后，定位于钢铁领域的垂直型行业网站已经出现了几家非常强势的企业，在上海有“我的钢铁”和“钢之家”，而在北京有“兰格钢铁”和“中国联合钢铁网”，这几家公司人数最少的都有上百人马，而且分工细密，各主要品种和主要地域的价格行情都有专人去负责，上游的信息源、内部的分析网、下游的客户资源，都已经得到很好的解决，整个网站都处于赢利状态之中，并在持续良性循环。换言之，这四家网站当时基本上已经把钢铁行业的价格行情方面的资讯做透了，任何新进入者，在价格行情方面能够超越他们的可能性都非常小，即使向他们看齐也是不太容易的事情。

处于筹建过程中的那家行业网站，计划三年内投入300多万，设有总经理1人，副总经理2人，其中1人负责资讯产品，另1人负责商务推广，资讯编辑5人，网

管1人，美编1人，资讯编辑同时负责信息的采编发以及会员和广告用户开发工作。这样的资金预算和人员安排，对一个行业网站来说，并不算多，实际上也不能算少，但如果去运作一个价格行情类的网站，尤其是在圈子内已有行业垄断者的情况下，其投入力度明显不足。

在项目前期策划阶段，内部就存在着很大的分歧。一派认为做行业网站就是要做价格行情，这种模式面向的客户面很宽，目标客户认可程度高，上游的原料和备品备件供应商，中间环节大大小小的钢铁生产企业，下游数以千计的贸易商和用户，都在关注着价格，赢利点可以向资讯会员、商机会员、广告投放和展会服务四大方向拓展。

另一派则认为，在目前项目可以动用的人力、物力和财力的情况下，很难从四大巨头那里虎口夺食，人家一个品种上所投入的人力，基本上就相当于自己的全班人马，即使加大投入力度，人财物的投入都跟对方一样，要大致达到他们目前的水平，最快也得三年的时间，在三年当中，那四家的实力和水平肯定不会原地踏步，还会有很大的进步，价格行情的路线很难走通。倒不如换种思路，集中现有的各种资源，以深度专题的方式，对行业的众多关键问题进行梳理，三年下来，所积累的专题数量就可以达到五六百个，虽然三年当中难以实现赢利之目的，但三年后想做不起来都难，客户主要定位于钢铁生产企业和与之配套的各种大型供应商。

后来在上级主管领导的过问下，很快前一种思路占了上风，其关键理由是后一种思路产生效益的周期太长，作为运营型项目就是要追求利益的最大化，追求短平快的效果。在随后的一年多时间里，这种定位的弊端逐一暴露。其一，虽然作为投资主体的事业单位，在钢铁行业已经有数十年之久的资源沉淀，但在价格行情方面却近乎空白，信息源建设方面迟迟得不到突破，难度大大超出了预期。其二，人员数量投入严重不足，精力分散，忙了东顾不了西，忙了西顾不了东，造成很多方面配套工作滞后，很多时候只能是领导批评哪儿就赶快补哪儿，哪里谈得上日程和计划，纯粹就成了灭火队员。其三，好不容易采编出一些资讯，与行业标杆相比，信息量太少，线条粗放，与用户的需求相差甚远，体验性差，网站的访问量低，进而导致会员和广告客户开发困难。其四，价格行情属于时效性很强的资讯产品，很容易过时，辛辛苦苦打造出来的东西，难以随着时间的延续转化成为一种资源上的积累和沉淀，对项目的长远发展也没有多大的益处，最终的结果自然是既抓不住当下，也难以抓住未来。这个项目在正式运行两年多之后，其状态与初始阶段并没有多大差别，相反团队成员上上下下，连同主管领导，都越来越没有信心。

当然，在这个案例当中，如果按照后一种思路去运作，也不一定能够实现赢利。但毕竟是一种差异化竞争思路，比较适合作为后入者实现生存和发展的策略。如果按照这个想法去操作，最起码还可以为自己积累和沉淀一些资源，在圈子内的实质性影响力也要比执行前一个思路好很多，如果将自己的网站打造成一个非常实用的资料库，即使转让或者是融资，也还是可以用来谈判的本钱。可惜运行了多年之后，还停留在原来很低的层面，甚至一度被宣布解散。

本人有位朋友，选择在知识产品领域创业，感觉如果在时效性很强的领域凑热闹，作为一个后来者只能将自己逼上绝路，于是他就注重通过深度专题的方式去关注和研究问题。三年多下来，竟然积累了 500 多个专题，并在此基础上形成了一套非常独特，而又具有相当大的可行性的理论体系，并逐渐得到了一些重量级企业的认可，慢慢站稳了脚跟。虽然属于典型的草根创业，但还是与上面提到的案例形成鲜明对比。

铁律78　天上会给创业者“掉馅饼”吗?

作为草根创业者，不要相信天上掉馅饼的好事，没有艰辛的努力，就不可能获得真正的成功。天天幻想一夜暴富，不劳而获，或者轻而易举地获得一些财富，本身就是违背人类价值准则的。即使真的遇到这种情况，其引发的负面效应也不容忽视。

对大多数人而言，都或多或少有着一夜暴富、快速成名的梦想，所不同的是，有的人能够通过理性来有效控制这种欲望，而有的人则比较容易被这种欲望所控制。但任何真正意义上的成功，都是要建立在实力或者奋斗基础上的。如果不是建立在这个基础之上，要么所谓的成功只是一种虚幻的成功，背后隐藏着巨大的陷阱，要么你无法将成功真正消化，所谓的成功也维持不了太久。

1931 年“九一八事变”之后，身在天津的溥仪天真地认为复辟大清的机会来了，错误地相信了日本人的谎言，前往东北筹划“建国”事宜，最终虽然如愿以偿登上“帝位”，但实际上一步步成为被深度软禁中的傀儡，表面上锦衣玉食，而精神世界却连一个囚徒都赶不上，连所要供奉的祖宗都换了，沦为名副其实的儿皇帝。其实，稍微有点政治头脑的人都能够想明白，政治上讲究实力，你溥仪没有一兵一卒，没有自己的班底，在当时的东北缺乏根基，去了之后还不是完完全全的一个摆设吗?还真以为是天下掉下来的馅饼。后来的事实也一再证明，在日本人扶植的大大小小汉奸头目当中，溥仪的处境是最悲惨的一个，其根本原因是别人毕竟手中还掌握着一些部队，有着原来实力并不算弱的班底，所以日本人还不敢太过分，而溥仪纯粹就是一个光杆司令，关东军对他的绝对控制也就丝毫不足为奇了。溥仪成为政治暴发户的代价就是成为囚徒般的傀儡。

退一步来讲，在当今社会中，即使给权贵的产业抬轿和充门面，也并不是那么容易的事情，同样需要你具有较高的能力、声望和社会资源，能够实实在在扮演好代理人的角色。战略投资者给你注资，帮助你去创业，也往往是看重你某一方面的过人之处。如果你感觉自己各方面的能力和资源储备都非常平庸，或者你现在各方面的条件都还没有发展到某个非常诱人的程度，突然有一块看上去非常不错的馅饼向你砸来，那你就要注意了，这其中十有八九是毒药或者陷阱。

经常有不少因创业而上当受骗的事情见诸报端。倘若察其细节，无不是被一些所谓的门槛低、投入少、无风险、高回报、易操作、稳赚钱的项目所迷惑，或者相信那些神话般的可以迅速致富的机会。比如常见的一个骗局就是来料加工，回收致富。具体说来，就是某类产品市场需求非常强劲，由于销量快速增长，厂家产能不足，难以满足需求，厂家可以向投资者提供相配套的原材料，创业者根据技术相关要求负责加工，产品由厂家负责回收，原料和设备是免费提供给创业者的，但在合作过程中，需要创业者交付一定的保证金。项目操作起来非常灵活，个人可以干，家庭作坊也可以干，还可以成立合伙的加工厂，每月算下来可以获利数千元甚至上万元。这样的说辞似乎非常合理，然而一旦你交了保证金，并领了原料之后，加工出来的产品无论怎样，都“达不到”厂家要求的回收标准，最终只是相当于花高价买了一堆所谓的原料和设备，交了各种各样的培训费。

社会上还有各种各样以加盟连锁为名进行骗钱的。具体操作模式是，经过一番或高明或简单的包装，说自己的某类产品如何如何畅销，如何如何具有非凡的功效，如何如何符合发展趋势，市场前景如何如何好，简直就是发现了一座未被开发的金矿，并附有非常详细的经济效益分析，讲究一点的，还非常出血地搞了一整套看上去非常正规和科学的 VI 体系及作业流程，甚至装模作样地搞上一两家样板店。一旦到了实际运营层面，这些所谓的连锁机构不承担任何风险性投入，收上几万到几十万不等的加盟费、授权费，将剩下的烂摊子甩给你，就彻底不管了。鲜为人知的是，他们很多时候同时在运作着数十个加盟连锁项目，可能会涉及服装、餐饮、玩具、零售、互联网、汽车服务等众多热门领域，其中任何一个项目一旦达到圈钱目的，该项目马上就地解散，换上另一副马甲继续运作。

社会上不断有某某公司成功上市，一下子诞生了多少多少百万富翁的传说。这就给以凑集上市公司原始股为名进行诈骗活动提供了一定氛围。一些所谓潜力很大的公司，聘请一帮高手策划包装，顿时成了一个前途无限光明的企业，于是选派自己的骨干，到处兜售所谓的原始股。最终的结局可想而知，一旦将钱圈到手，马上就地蒸发。

更有一些以发展直销和个人代理为名，行骗钱之实的形形色色的项目。一般而言，这类项目产品的价格堪称天价，正常的消费者往往难以承受。同时，他们在操作逻辑上，并不是将产品卖给消费者，而是卖给下线，下线购买这些产品，不是为了自己消费，而是想以此为道具，来达到赚钱的目的。在这种运作模式下，直销已经脱离了其本来的含义和价值，变成了一场击鼓传花的游戏，接最后一棒者，承受着最高的价格，承受着巨大的损失，花天价买了一堆自己可能十多年都用不完的东西，还被同道中人戴上了没能力、没本事的帽子。直销原本的价值是尽量减少中间环节，以更为合理的价格将更为优质的产品出售给消费者，但到了那些别有用心之徒手中，完全变了味道。那些所谓的榜样，更多是建立在下线血泪基础之上的。

当然，任何时代都存在各种各样的暴发户，无论从逻辑上，还是概率上，我们都不能排除这种可能性。但一个人成功得太容易之后，往往会发生的事儿，就是迅速败亡。为什么会这样呢？原因其实也很简单，就是成功得太早太快，自己的历练严重不足，能力结构和掌控全局的水平，各方面修养，未能有效快速发展到与成功后环境相匹配的程度，只是由于风云际会，把你推到了风口浪尖，这种成功，无异于把自己放在火上烤。

成功自有成功的规律，成功应该建立在实力和奋斗的基础上，我们不怕进步慢，就怕走不稳摔跟头。可以想一想，如果一个人 30 岁开始创业，每隔三五年上一个台阶，到 50 岁之时，就已经非常成功，基本上可以成为所在领域的著名企业家了。

与此同时，如果天上掉馅饼的事情真的那么容易遇到，至少应该有百分之一的概率，泱泱中华人口多达 13 亿，十多年下来，至少有 1.3 亿人口拥有百万财富。这明显与我国现状不符，也从另一个角度印证了绝大多数所谓低风险快速致富的机会，实质上就是陷阱。作为草根创业者，应该摒弃不切实际的幻想，一步一个脚印，用自己的勤劳和智慧，去换取真正的成功和实现财富之梦想。

铁律79 以理性的态度看待模型

模型的真正价值，在于将复杂的问题简单化、框架化，使得宝贵的经验便于传播和复制，因此其不可避免地存在着各种漏洞和缺陷。作为创业者，应该以一个理性的态度对待模型，既不迷信也不苛求，还要善于将自己的经验模型化。

对待很多营销、品牌和管理模型，创业者往往会采取两种比较极端的态度，或者将这些模型视作放之四海而皆准的真理，或者认为这些东西漏洞太多，不屑一顾。其实，这都是没有充分认识到模型价值的结果。

很多时候，我们感觉自己的经验非常丰富，但表述起来，或者让别人接受起来，却存在着很大的困难。而现代企业经营实践，要求很多良好的经验，能够在企业内部得到快速传播和复制，进而转化成更为强大的生产力。这在客观上就需要一种方法，让没有多少历练的人员，经过短期的培训和实践，同样能够有效掌握这些经验，并达到很高水平。其中比较理想的一个方法就是将现有的经验条理化和模型化。

正是由于这样的原因，对同样经验的梳理和总结，完全可以形成不同的模型。我们可以套用别人现成的模型，同样可以根据自己公司内部的经验和实际需要，提炼出更为适合自身实际情况的模型，没有必要对一些著名的模型生搬硬套，彻头彻尾按照它们的框架行事，而是应对其中的一些环节进行改良。比如对大客户开发流程，我们可以总结为五步法，也可以总结为六步法；可以按照客户开发的不同阶段进行梳理，也可以按照不同的客户类型进行梳理，还可以按照所需准备工作的几大模块进行梳理。这个模型的提炼过程根本就没有什么统一标准，从不同角度和不同侧面，都可以进行提炼。只要涵盖了经验中的关键要素，并便于理解、便于掌握、便于传播，这个模型就基本能够成立。

作为草根创业者，所有的一切都需要亲自到位，我们为自己积累和领悟到的独特方法与技巧而欣喜若狂，同时也为如何方便、快捷和高效地将其复制到团队和员工身上而犯愁。从效果上来看，手把手去教，遇到问题临时指导，是非常具有针对性，最为理想的一种辅导方式，但存在耗时多、周期长、成本高、传播速度慢、可培训人员数量少、时空局限性强等非常明显的弊端，在员工数量较少之时还尚能应付，一旦公司规模快速扩张，这种模式无疑很难适应发展需要。

这就如同学医，中医讲究的是师承，要学到细致入微的程度，需要十多年甚至数十年的时间，但这样下来，就能真正做到对症下药，个性化治疗；而西医讲究的是模式化和类型化提炼和总结，虽然在细致化和针对性方面有所欠缺，但毕竟方便学习和掌握，可以有效突破时空限制，在较短时间内大规模培养人才。近百年来，西医在同中医的竞争中能够取得绝对性优势，原因固然很多，而两者在传播和推广效率上的差异，就发挥着非常重要的作用。而在近二十多年中医药的复兴过程中，很大程度上也是从模式化、类型化、标准化方面寻求突破。

对企业来说，丰富经验模型化的价值就在于快速有效复制，使经验由依附于个人而存在的阶段，发展到依附于公司而存在的阶段，使其真正变成公司的智力沉淀和无形财富，进而为企业迅速成长准备条件。

由于模型是为了方便传播和复制，并通过抽象、归纳、总结与简化而产生的，因此难免会在一些细节上有所遗漏，在很多方面不太严密。很多模型之所以能够广为应用，且经久不衰，并不是没有疏漏，而是在严密性和简洁性这两个向度上取得了很好的平衡。我们也经常见到有人在不断攻击某些模型如此这般不合理，但他们或者根本提不出自己的替代方案，或者是替代模型虽然要比他们所攻击的严密和周全得多，但搞得过于复杂，以至于不太容易掌握，影响传播和复制效果，其自发传播性还远远赶不上他们所攻击的模型。

作为21世纪的知识型和学习型创业者，我们虽然来源于草根，但对待模型间题，既不能采取模型全能论的态度，也不能采取模型虚无论的态度，而应当以一种理性的姿态来看待这个问题。出于自身不断总结提高和未来经验快速传播、复制的目的，创业者应该养成一种良好的习惯，就是要定期将自己的各种经验梳理成各种各样的模型，以文本的形式固定下来，并随着时间推移和悟性提高而持续修正。

我们开发的模型，其质量可能难以同一些著名的模型相提并论，但毕竟是自己亲身经验和感悟之总结，与目前事业发展的契合度要远远高于各种流行的模型，对自己的创业实践具有更好的指导性，尤其是当我们从事着一个比较独特的行业之时更是如此。行业越特殊，可能流行的理论模型在我们这里越不适用，就越需要我们发挥主观能动性，将自己的经验源源不断地转化为相应的模型。

当自己开发的模型积累到一定程度之后，再按照不同的领域和相关属性进一步排列组合，依据一定的逻辑关系做更深层次的整合，以便形成非常独特而且系统的理论体系。这种方法如果一再被有目的和有意识地应用，就可以为做大做强准备很好的条件，即使退一步来讲，最起码也可以使自己的专业水准得到快速提高，使得自己的悟性越来越好，真正达到知行合一的境界，对得起自己的努力，对得起自己的奋斗，对得起上天赋予我们的生命。而实际上，如果一个创业者真的能做到这点，其事业发展一般也不会太差。

铁律80　过度优惠或趁机杀熟，都会伤害平时积累的感情

亲朋好友前来捧场，一定要按照正常价格，或者稍微优惠的价格收取费用。这不但符合商业理性，同时也有利于他们捧场行为的持续进行。在这种情况下，最为忌讳的就是过度优惠，或者是杀熟行为的出现。

我们在运作一些项目的时候，难免会有不少亲朋好友前来捧场的情况，特别是我们在做餐饮、卖服装、开超市之时，此类事情更为集中。在绝大多数情况下，他们前来消费，是为了照顾我们的生意，如果你过度优惠，或者趁机杀熟，都会使对方感觉不太舒服，不但不会使他们发展成为你的铁杆顾客，还可能伤了平时积累的感情。

H君在家乡开了一家川菜馆，色香味俱佳。他人缘很好，交际甚广，但做事情就是过分客气，太讲求情面。开业之初，基本上天天有朋友捧场，无论谁来，第一次来一概免单，以后次次六折，大致上也就收一个成本价。他自己倒是没有太多想法，只是感觉赚朋友们的钱，情谊上过意不去。但时间一长，一些人就渐渐有了想法，不少人将他的好心解读为不太欢迎人家，变相地向他们传递信息。结果在很多朋友那里，非但没有讨到欢心，反而给人留下了非常负面的印象，得罪了不少人。

其实，到他这里吃饭的亲朋好友们，绝大多数都是为了支持他的生意，只要按照市场上比较合理的价格结算就可以，你非要不收钱，或者打很大的折扣，就容易引起各种各样的猜测和误会。即使人家内心中也认为你是照顾他们，也感觉你在吃亏，每光临一次，都会给你添不少麻烦，因此以后也不好意思再行光顾。而你自己

也在承受着巨大的成本或者利润压力。

还有一类做生意的，专门杀熟。本来亲朋好友去他那里买东西，一来是希望照顾他的生意；二来是希望能适当获得一些优惠，但此类人出于亲友们不好意思四处打听价格，并讨价还价的考虑，给对方的价格过高。我认识的一个卖办公用品的朋友，卖给熟人的价格总是要比卖给别人高 30% ~ 50%。他自己以为对方什么都不知道，不会打听别的地方的价格，直接来到他这里。其实不然，人们买东西之前，基本上都会大致上询一圈价，即使当时没有来得及询价，事后也会找机会了解一下。

当然，遇到这种情况，大多数人仍然会不动声色，似乎毫不知情，一切依旧，但心理距离却越来越大，你很难让他们再去照顾你的生意，更有甚者，会感觉你在愚弄他们，便怀恨在心，寻机报复。一些人事实上就在这样不经意间，为自己树立了非常危险的仇敌，而自己在多年之后依旧浑然不觉。

做任何事情，基本都会有一个大致上的行情，不要老谋算着占别人的便宜，也不要让自己吃亏。经商最为重要的是以行情为标准进行交易，而无论这种交易的客体是谁，这种精神都不能因为顾客是陌生人或者是我们的亲朋好友而发生改变。从经营的策略上来讲，我们确实需要培养一批老客户，以便支撑项目的永续经营。如果能将自己的亲朋好友和其他各种社会资源，都转化成铁杆客户，自然也是一件非常理想的事情。但能否真的做到这一点，就非常考验我们的经营智慧了。

作为客户的亲朋好友，虽然比普通顾客多了一份情谊，但在购买心理方面与其他顾客并没有太大的差别。偶尔性的购买行为，肯定会受友情和血缘关系的影响，但要将他们真正转化成我们的忠诚客户，还是要在各个方面多下一些工夫的，比如我们所经营产品或者服务的质量、价格、服务态度以及品种丰富程度等诸多要素。换言之，我们只有将培养其他老客户的态度与方法，原封不动地套用在亲朋好友们身上，他们才会由潜在的铁杆客户转变成现实的忠诚客户。如果你相关方面的事情没有做好，光靠着感情和血缘关系去要求他们对你忠诚，简单几次还没有什么，时间长了肯定是徒劳，不要抱有任何幻想。毕竟任何人，从长期来看，都是非常注重自己利益的，他们不会因为别的一些东西，而让自己利益长期遭受损失。尤其是在商业活动中，大家的利益要高于一切，是终极的影响因素，而其他的只是一种润滑剂而已。

从客户层面来考量，大多数亲朋好友，选择你的业务，其实也并不是想占你的便宜，而是想照顾生意，他们基本上是能够摆正自己位置的。如果你一味谦让，给太多的优惠甚至是免费服务，反而会给他们带来巨大的心理压力，一种崇尚公平交易、心安理得的需求，被你人为地剥夺了，老是感觉欠着你，结果你的一片好心会把他们吓得只能远离而去。任何人买东西，不但要求消费标的本身能够物美价廉，而且潜意识里面还要求能够心情舒畅，没有任何压力。一个合格的经营者，不能因为自己过分热情，而给别人带来额外的心理负担，否则只能是自己给自己平添烦恼。

也许我们偶尔会听说某某人创业，因为亲朋好友白吃白拿而导致亏损和关门。其实出现这种情况，责任还主要在自己。其一，可能是存在着交友不慎的问题，个人所交的朋友在整体上素质太差；其二，当此类问题发生后，没有及时向亲朋好友们做出某种暗示，最终致使自己陷入非常被动的境地；其三，个人面子太薄，亲朋好友们前来捧场，不好意思收费，或者仅作象征收费，死要面子活受罪，最终不堪重负。

其实，在商言商，经商就应该遵守商业规则，无论你的亲友们出于什么样的态度前来消费，都应该按照诚实守信、买卖分明的态度来对待，否则不要说买卖关系很难维持下去，恐怕原有的情分都会受到影响。

铁律81 优秀的创业者，大多是数据积累和应用方面的高手

创业者从一开始，就要树立比较严格的数据观念，应当将自己的各项收入、支出、业绩等各种数据建立相应的档案。这些数据的积累，可以为以后相关分析和决策提供依据，从而使项目发展建立在更为科学与理性的基础之上。

不少草根创业者对数据往往不屑一顾，认为这仅仅是形式上的东西，没有多大的实际意义，关注起来还影响工作效率，具体情况自己烂熟于心就行了，做事情只追求实质，而不拘泥于形式，这样一来才算得上真正的灵活，大道无形。

这种流传甚广的说法，在数以万计的创业者当中，也非常有市场空间，但这种想法在以下几个方面存在着严重的缺陷。第一，随着时间不断延续，很多数据会在自己的记忆中逐渐变得模糊，某人的记性也许非常好，但他对三年前所发生的一些业务，肯定会存在着很多模糊不清之处，记忆失真的可能性也非常大。第二，存储在头脑当中的很多情况，绝大多数也仅是以素材的形式存在的，而数据只有经过分析处理，才能够呈现出差异、结构、脉络、趋势这些更为重要的东西，一组直观而又系统的数据，对经营活动才会更有帮助。第三，仅仅凭借头脑中的印象，很难感觉出一两个点的微小差距，但对真正的经营活动，这可能会对整个业务层面产生非常大的影响。第四，对安全库存、应收账款、业务进度这些比较精确的动态性指标，仅仅依靠大脑来存储和分析，恐怕是很难胜任的，肯定会带来很多麻烦，最终导致管控不力。第五，做生意，从某种程度上来讲，做的就是非常精确的数字游戏，如

果你不将这些东西有效记录和分析，事实上就很难找到生意中存在的一些问题和机会，最终也就丧失了做大做强的可能。

在项目运作过程中，如果善于应用各种数据，并导入适当的经营管理模型，很多时候能够取得非常理想的效果。朋友 W，原来在嘉实多做区域经理，从 2006 年起，辞职在青岛创业，租赁店面，专销老北京布鞋。创业之初，不少朋友都对他的项目提出质疑，认为开一家规模并不大的布鞋专卖店，去掉房租费用什么的，赚不了多少钱，跟原来在跨国公司当区域经理不可同日而语。但 W 自有他自己的生意经，他将每一个品种都进行编号统计，并将相关数据即时录入电脑。经过一个月时间的测试，根据统计的结果对各品种的陈列位置进行调整。比如，一个星期能卖 100 双的，放到最好的位置；原来期望值很高，占据着很好的陈列位置，但一个星期只卖了 50 双的，其位置就要为业绩更优的品种让路。倘若某个品种一个星期下来只卖了一双，第二周表现也差不多，就实施清仓促销策略，以求得资金迅速回笼。当然，即使同一个品种在不同时间段内的表现大相径庭，因此品种方面需要实施动态管理，引进、测试、调整、淘汰贯穿了整个运营过程，而且并行不悖。

他这种经营实际上是一种十分常见的品类管理模式，能够尽可能确保资金流转效率，属于典型的现金流导向管理，基本上能够很好地保证资源配置效率最大化。从 W 君的项目实际运行情况来看，也是这样，他小店规模虽然不到二十平方米，但头一年下来纯利润就达十五六万，现金流一直充足，用他的话来说，就像一台提款机，他又进一步克隆这一成功模式，到 2008 年，他在青岛开了五家同样的布鞋店，在品类管理方面更加娴熟。

实际上，W 的模式也有些特殊，因为他本人有跨国公司多年区域经理的工作背景，所以非常注重品类管理和数据应用，在刚开始运作布鞋店的时候，就直接导入了品类管理数据模型，并取得了很好效果。而对更多创业者而言，根本就没有那么好的历练，无论是理念还是在技术上，抑或在习惯上都缺乏实施条件。

然则，任何事情都有自己运行的内在规律，不会因为你的主客观原因而改变，草根创业者要想发展得很好，只能尽最大努力改变自己去适应规律，而不是要求规律发生改变来适应自己。因此我们无论原来是否有数据意识、在技术层面擅长与否，都应当有意打破原来的习惯，向着这个方向去努力，要想成为一个优秀的创业者，就更应该成为数据积累和应用方面的高手。

同任何方法一样，数据本身也不是万能的，它当然有着自己不可克服的弱点，比如在模型上有些刻板，难以反映更为丰富的内容，不太利于未来趋势的把握，对新事物和新领域缺乏开拓性等，而这些恰恰是思辨思维擅长之处。但无论是作为素材的数据，还是经过分析处理后的数据，都能够为我们的进一步思考和更精确判断提供一些依据，甚至是难得的框架，可以为思辨和趋势的把握提供一些新的方向。实际上，很多智者对很多规律和趋势的把握，就是建立在对数据分析和挖潜基础上的，数据本身并不是规律，但数据背后隐藏着规律。

在基础数据储备到位的基础上，对数据挖潜也是一个循序渐进的过程。我们三个月后对同样数据进行处理的时候，很多感觉和启发与三个月前就往往会有较大的差别，一年之后当我们再对这些数据进行思考的时候，很有可能感觉又不太一样。这个过程，就跟我们随着年龄的不断增长，对自己禀性反思不断变化和深入类似。然而，无论什么样的心得，都是建立在作为素材的数据储备到位基础之上的。而且这些个性化数据，除了自己用心积累和储备之外，没有其他可以替代的渠道。

铁律82 创业者不但要有很强的自制力，还需要有强大的抗干扰能力

创业过程中，日程安排确实需要具有一定的弹性，不能安排过紧，但在此基础上也要基本按照日程推进自己的工作，不要太多因为看似合理的借口，而致使进度无限期推移。如不能有效做到这点，即使理由再合理，也只能说明你不太适合创业。

日程安排过紧固然存在很多弊端，但如果日程安排老被各种各样的事情打断，最后导致任务进度无限期拖延，对创业来说也是非常有害的。朋友 L，从 2005 年开始，到 2009 年这四年多时间内，曾三次创业。第一次开了家信息咨询公司，编制各种行业报告；第二次开了家网站制作公司，为企业提供建站、维护和美化服务；第三次又开了家市场调研公司，为企业提供产品测试和满意度调查服务。在此期间，他自己还运作过房地产网站和金融类网站。

虽然在这三次创业中，他都有 1 ～ 2 个合伙人，但一直属于迷你型公司，准确地来说跟个人创业差不了多少。人们都说当老板的时间安排上自由，日程弹性很大，可以灵活机动地处理各种临时性事件，这点也让很多上班族羡慕不已，但在事实上非常容易导致严重的随意性倾向。L 在长达四年的创业实践中，于计划执行层面就存在太多的随意性。比如，某个行业研究报告的编制计划是一个月时间，最长不超过一个半月，他们也有日程安排，的确留有弹性空间，但总是今天要交电费，明天朋友来访，后天老家来人，杂七杂八的事情，把进度一次又一次打断，截稿时间也只得一再顺延，最后报告完成，已经到了三个月之后。

还有一次，L 的一个好朋友给了他 15000 元，要求做三个简单的网站，并负责相应一年期的日常维护，在协议签订之后不久，就先行打款到账，L 向他的朋友承诺一个半月，最长不超过两个月让网站上线，对方感觉 L 个人创业，临时性事情很多，于是说三个月时间完成即可，如有特殊情况，上线日期还可以顺延半月。在项目实施过程中，他的朋友也经常打电话询问进度，L 先是不断保证三个半月内肯定完成，到期限满了之后又说这样的急事需要处理，那样的理由需要顺延，反正理由听起来似乎都很合情合理，结果工期又整整拖延了四个月时间，交付质量亦不尽如人意。

他本人对房地产和金融这两个网站寄予了厚望，试图趁房地产和金融行业水涨船高、飞速发展的大好时机，为自己缔造一个财富神话，因此方案制定得十分周详，并附有相应的执行日程安排。我们姑且不论他自己运作这两类网站的资源储备情况和思路如何，光执行层面就存在很大问题。计划七零八落，关键环节进度一再顺延。最终结果自然可想而知。

日程进度由于某种特殊原因而顺延，本来属于很正常的事情，如果次数不算太多，程度不是太深，倒也无伤大雅。但如果次数太多，每次顺延程度都比较大，不管是由什么缘故导致的，不管理由充分不充分，其结果都是一样的，就是你的计划一次次失败，你的项目一次次破产，再好的设想都只停留在方案阶段，现实中永远是海市蜃楼，可望而不可即。

创业本身就是非常严肃、非常残酷的一件事情，它高度遵从理性和规律，只看你的表现是否与原理及趋势相符，而不问你主客观原因。站在人情角度，我们可以对其中的一些缘由表示谅解或同情，但站在项目运作角度，也许只剩下功败垂成一条路了。而市场和社会的评判，永远是以成败论英雄，没有做成就是没有做成，鲜花和掌声是属于成功者的。

基于以上各方面之理由，创业者不但需要有很强的自制力，同时还需要有强大的抗干扰能力，不论这种干扰是来自环境，还是亲朋好友，抑或自己的家人，也许很多时候会因此在别人那里产生各种各样的误会，但这也是没有办法的事情，做任何事情都要付出相应的代价，不可能做到面面俱到，总是要有所舍弃。偶尔受到干扰，无论原因合理不合理，都很正常，倘若经常受到干扰，不管理由能否经得住推敲，都会使事业遭受沉重打击。给别人打工，总会有外界的一种强制力，在无形中强迫你去这么做，在创业过程中，尽管无人要求你必须如何，但还是要尽最大可能严格按照计划和日程办事，这理所应当成为我们所必须遵循的一条铁律。

尽管理解起来这是非常简单的一个问题，却又是创业者容易犯错之处，甚至不经意间又会成为一个温水煮青蛙式的致命错误。我们身边的很多草根创业者或多或少都存在着此种倾向，甚至连一些团队阵容豪华的项目都难以幸免。

站在人生角度来说，选择完全可以是多元化的，完全可以过一种洒脱的生活，没有必要非过一种受约束、被强制的生活，而无论这种强制来自于自己还是外界。但如果你是在创业当中，尤其是为了生存而进行的创业，你的行为和表现就必须与发展规律相符，也许是欣然接受，也许是无奈屈从，都已变得不太重要。如果你由于种种原因保证不了计划日程的执行和落实，或许你完全可以选择去过另外一种状态的生活，但无情的事实已经证明你不太适合自主创业，当寓公可能更为合适。

作为草根创业者，对待这个问题，你的亲友可以不明白这个道理，你的家人可以不明白这个道理，大大小小的旁观者可以不明白这个道理，但你本人没有任何理由不去明白这个道理。正所谓是人在江湖身不由己，个中滋味只有自己最能体会。

铁律83 传统工艺和产品中蕴藏着巨大商机

随着工业化的大力推进，很多为老百姓所喜闻乐见的传统工艺以及产品，越来越难觅踪迹，但并不意味着没有市场。作为草根创业者，倘若我们通过某种方式来复活这些东西，就比较容易为自己掘到第一桶金，甚至是开创一番大的事业。

近三十多年来，大批量、标准化、广市场的工业化生产模式，在我国如水银泻地般，无孔不入，渗入了我们生活的每一个细节，就连传统的酱油、醋、豆腐、牛奶、面条、水、蔬菜，都以前所未有的规模化模式进行着生产。为了适应大规模、远距离、长时间存储，以及数千里之外的人们消费到自己的产品，企业在生产过程中，不得不改变传统工艺，并放入大量添加剂。尽管按照这种模式生产出来的物品，具有自己的特色，并符合相关环保和安全标准，一再被证明对消费者造不成伤害，但时间一长，人们总是感觉这些工业化产品与传统工艺生产出来的还是存在很大差别，自然难免心存怀念，而更多是苦于这种需求没有地方能满足。社会上纯手工擀面、农村用粮食喂养而生成的鸡蛋、牛肉、猪肉、牛奶，还有用柴锅炒菜，之所以会大受欢迎，尽管价格比工业化产品高不少，还是供不应求，这些都跟社会上这种现实的需求有着很大关系。

就拿北京这样的地方来说，主食厨房基本已经遍及城市的每一个角落，但和面和擀面基本上都是借助于机器，尽管很多地方还标榜着手擀面这个概念，但实际上也仅仅是用轧面机做出来还未晾干的挂面，与完全采用传统工艺、真正意义上的手擀面还是有很大不同。对曾经接受过高等教育、被媒体封为白领和中产的70后、80后和90后而言，吃一顿真正的手擀面，也就成了一种奢侈，也许只能趁回老家之时，求助于自己的母亲，甚至是大娘或外婆。

但也有人从中看到了商机，在我家附近的菜市场当中，就有一家专卖真正的手擀面条的商户，每天到他那里买面条的人都需要排很长的队。店主是夫妻俩，都三十五六岁的样子，来自河北保定。他们家的手擀面，是现场制作，赤手和面，面杖擀制，菜刀现切。同时大大的杨木案板，超大的高粱秆管箩，一应俱全。给人的感觉仿佛是回到了改革开放初期的中国，因为这种方式卖面，目前可以用罕见来形容，不要说是京城，就连很偏远的县城，现在用的都是轧面机。他们家的切面三元一斤，依旧很受欢迎。

鸡毛掸子，曾是我国数千年来十分常用的除尘用具，除了实用之外，因其美观大方，还具有一定装饰功能，甚至是老婆教训自家男人和儿女的重要道具。在20世纪80年代，鸡毛掸子仍是我国主流的几大除尘用具之一，特别是在广大农村地区，人们更是就地取材、变废为宝。但从90年代开始，鸡毛掸子逐渐被塑料刷子和绒毛掸子所取代，一则是因为后者可以大规模批量生产，二来经历了长期物资极度匮乏之后，将工业产品视为一种时尚和文明进步的标志，成为那个时代的社会共识，再使用鸡毛掸子被认为是土得掉渣的行为。从除尘效果来看，塑料刷子远没有鸡毛掸子好，化纤制作的绒毛掸子适用范围有限，价格并不便宜，而且美观程度也不太理想。

最近几年来，在北京等地，时不时地能够遇到一些推着小平车卖杂物的小贩，插着鸡毛掸子叫卖，根据大小和做工的不同，价格在30～180元，居然还算畅销，一些刚刚装修完的业主，往往也乐于购买此类除尘工具。如果能有中等规模的企业按照标准化和品牌化的方式去运作鸡毛掸子市场，并使其作为一种重要的除尘工具进入连锁超市等终端，应当还是能够开创出一番天地的。倘若有人能够将此类产品顺利地创造性“复活”，无论是对传统文化遗产的保护，还是对实现自己的财富梦想，都大有裨益。

也许有朋友会认为，复活这些传统工艺和产品，没有什么技术含量，赚不了多少钱，而且也在降低自己的身价，与做大做强的梦想愈行愈远。其实不然。君不见柴鸡蛋、小磨香油都很有市场吗？此外，一些顶级的手表和汽车品牌，其产品依旧保留着纯手工打造的工艺，人家同样实现了做大做强的梦想。与此同时，不少人之所以选择创业，并没有多少远大理想，仅仅是为了生存而已，在这种情况下，适应细分消费者之需求，复活传统的工艺和产品，最起码可以使自己在竞争异常激烈的社会中站住脚跟，达到养家糊口的目的。

另外，这个方向上的很多项目未必就不能做大做强，关键还是看具体的运作思路。就拿完全传统工艺的手擀面来说，如果能在标准化、品牌化、连锁化等方面获得突破，再提高一些价格，并不是没有做大的可能，虽然不能通过大规模、大批量生产来达到目的，但可以通过连锁经营和模式复制来实现理想，像北京的庆丰包子铺在短短的数年内，就将各类店门拓展到 140 多家，如果仔细观察，其实他们的模式还是非常传统和简单的。

而鸡毛掸子这样的项目，由于社会上存在着巨大的需求空间，通过一些环节的优化，还是具有规模化生产的可能，最起码能够容得下几家获利能力丰厚的规模以上企业。比较核心的是要解决好标准化、品牌化、系列化，以及销售渠道和网络建设的问题。也许有人认为这种想法很不现实，但我们想象一下，连咸鸭蛋、泡菜、水饺、千层底布鞋这些产品都可以企业化、正规化运作，鸡毛掸子怎么就不可以呢？何况传统物品的复活，确有现实需求支撑。

铁律84 将耐用品快速消费品化，是一种理念的创新

当今社会需求向着更加多元化发展，一些传统的耐用品，使用周期也越来越短。在这种条件下，将耐用品快速消费品化，是拓展新项目的一个方向。作为草根创业者，可以以此为突破点，来构建自己的差异化商业模式。

随着市场竞争的日益激烈，以及市场饱和之日更早来临，诸多传统耐用品行业面临着如何保持生存和发展的困境，于是如何缩短耐用品使用和更换周期，就成为不少企业所要重点思考的战略性课题。钢铁产品一向被认为是典型的耐用品，因此从长远来看，也不可避免地要面临需求上的瓶颈。像房地产和基础设施建设所使用的钢铁产品，循环周期长达50~100年，而恰恰这些建筑用钢构成了钢铁需求的主体，即使循环周期相对较短的下游用户，比如汽车、冰箱、电热水器，其更换周期也为10~15年。这些周期明显难以适应钢铁企业健康永续发展的需要，并会给行业带来非常强烈的周期性震荡波动。为了尽可能减少行业周期性波动给自己带来的危害，一些优秀的钢铁企业，有意识地去开发一些循环周期较短的品种，并努力加大它们在销量结构中的比例。像宝钢这样的企业，就战略性地开发了用于易拉罐的钢质二片罐产品，这种易拉罐用钢的更换周期一般为半个月到一个月，甚至更短，已经接近于快速消费品。

社会上现存的一次性用品，很多实际上就是耐用品快速消费品化的典型案例，比如一次性木筷、餐具、医疗器械、纸杯、手套、手巾湿纸，就是对原有生命周期

较长的耐用品之颠覆，从而使这些产品成为实质性的快速消费品。从近些年的实际情况来看，像传统属于典型耐用品的房地产和基础设施建设，也呈现出一定的“快速消费品化”的倾向。譬如，住宅的生命周期一般为 50 ~ 100 年，而我国很多地方的房屋，在 20 年左右的时间，即被拆迁，而道路由于不同管道的铺设，程度严重的每年都会被挖开一次。尽管这种方式为不少专家和学者所诟病，但在客观上确实能够拉动内需，对国民经济的良性循环起到一定的促进作用，而且还抑制了不少相关行业周期性困境的出现。

此外，像一些家电和 IT 产品厂商，在不断降低价格的同时，也在不断降低产品的质量标准，很多零部件的生命周期越来越短，他们通过重复消费来弥补不断降价带来的损失。同时还通过不断向消费者灌输“升级”这一概念，试图推动他们不断购买最新等级产品，达到缩短产品使用周期，尽可能形成重复消费的目的。

耐用品的快速消费品化的另一个发展方向就是拓展耐用品的租赁市场。当今社会，都市中人员的流动性越来越高，且存在消费求新求异的心理，而耐用品大多价格较高，通过购买的方式每换一次，都会带来较大的经济损失，因此社会上存在着短期内使用某类产品的潜在需求，比如各类轿车租赁、机械设备租赁、家电租赁等，以此形成一种快速消费的格局。

将生命周期较长的产品快速消费品化的方式还有很多，创业者可以根据自己的不同创意来作出更多的选择，具体而言，可以从这么几个方面去努力。第一，提供更小包装的产品，适合消费者短期临时性消费，常见的有小指头般的牙膏，2Kg 包装的面粉和大米，火柴盒大小的香皂，20g 一小包的蒜香青豆等，其实像油漆、洗衣粉、调味品、香油这样的东西，都可以提供迷你包装，以作便民之用。第二，开创耐用品临时租借式服务，比如某类价值不高不低，但并不常用的工具，类似于图书租赁那样，比如熬中药用的砂壶、电饼铛、家装电动工具、吸尘器、童车、野营帐篷、便携梯子、盆景、装饰性瓷器，甚至还可以是部分家电和家具。第三，将更多的耐用品开发成一次性用具，或者是考虑快速升级换代的情况，缩短传统耐用品的生命周期，进而降低成本和销售价格，比如一次性雨衣、雨伞、布鞋、马扎、坐垫等。

尽管以上提到的一些模式非常容易被模仿和复制，并且不太容易做大做强，但对解决短期生存问题的创业者而言，也不失为一条路子。从发展趋势来看，市场需求越来越呈现多元化的特征，特别是在城市化进一步加速的情况下更是如此，原有的各种模式已经难以适应时代发展需要，这为耐用品快速消费品化提供了潜在的巨大空间，也孕育了大量商机。

作为一种细分性创业思路，自然有其适用范围。其一，适合人口数量大、密度集中的大中城市，因为即使按照千分之一的需求概率，也能形成一个较大规模的目标消费群体，能够对项目的正常运作起到支撑作用。其二，流动性比较强的人群以及相应的场所，比如经常在各地漫游的商务人士，还有处于不断搬家状态之中的“漂族”，小区比较集中的区域，或者写字楼比较集中的区域，以及宾馆、火车站和飞机场等。其三，适合与人民生活密切相关的领域，政府采购和与大中企业配套，固然前景非常广阔，但绝非草根创业者所能够把握得了的。

这样的一个思路，对生产和经销耐用品的企业来说，同样具有很好的借鉴意义。比如像钢铁和家电企业，在推动消费者和用户使用更高级别、更为新潮产品的同时，努力提高更换周期较短的品种在销售结构当中的比例，从而使得企业在整体上抗风险能力变得更强，达到永续经营之目的。这种优化品种和业务结构的思路，实际上已经被很多耐用品及类似企业所应用。

铁律85　顺势而为不等于随遇而安

我们事业的发展要顺势而为，努力在已有的情况下更进一步。如果有幸能够顺利进行下去，事业自会发展到一个登峰造极的程度。当然，这里谈到的是顺势而为，而不是随遇而安，二者给人的感觉看似非常相近，却有着本质的差别。

常言道，心有多大，舞台就有多大；不想当将军的士兵不是好士兵。具体到创业这个问题上，就是一定要有远大的理想，没有想过做大的根本就不可能做大。几乎所有的人都在认同这么一种说法。各种各样的传记当中，也往往将那些风云人物描述为从小就胸怀大志。然而这种看似不可置疑的常识，背后却隐藏着很多问题，会给创业者带来不少误导。

先拿妇孺皆知的三国人物曹操来讲，他就在《让县自明本志令》当中向世人坦诚地讲述了自己的心路历程。这位被人们称为枭雄的大人物，年轻之时的理想也就是当一个太守而已，后来的志向，也是由于风云际会，被一步一步推出来的，是顺势而为的结果。曹操虽然奸诈阴险，富有谋略，但活得真实坦荡，他不会向世人故意遮掩什么。他所描述的情况，自应是心迹的真实表露。

其实，类似的情况在很多名人，以及不少成功企业家身上都存在着。现在令人艳羡的一些亿万富翁，当初创业根本就没有想到自己某天会发展成这样，那时的想法很简单，就是为了养家糊口，为了生存，他们能做到今天的水平，是有一颗永远希望能做到更好的心在驱使着自己，换句话说，就是永不满足的心态。你若问他们的心路历程，很多人会告诉你，最初是为了养家糊口，等做到养家糊口之后，又感觉应当做到小康，小康之后又想到富裕，富裕之后又想到应当做到百万，百万之后又想到应当做到千万，到了最后才想到应该更进一步，向亿万的目标冲刺。非常有意思的是，那些一开头就嚷嚷着要做千万富翁、亿万富翁的人，绝大多数要么做不大，要么后来干脆又回去打工了，或者最终一事无成。

为什么会出现这种情况呢？其实也很简单，除了极个别人之外，从一开始就要称王称霸的，要么眼高手低不愿意一步一个脚印，将点点滴滴都做扎实了；要么锋芒毕露，被人早早注意，扼杀在摇篮之中，变成了“先烈”。而一开始没有太多想法，却又永不满足之人，无论他是否有意为之，在结果上往往会将每一步都走得很扎实，在别人眼里，此类人仿佛又胸无大志，因此无论是资源储备还是周围环境，都对他比较有利，而且他们又不好高骛远，顺势而为，一个台阶一个台阶去上，最后终成大器。同时由于他们的目标一直稍高于现状，因此也比较容易实现，心里不会因为感觉理想遥遥无期而备受打击。而那些一开头目标就定得非常高的人，在感觉理想难以实现之时，往往会走向另一个极端，或者认为自己的理想过分可笑，或者自暴自弃、怨天尤人，最终将一切都归结为命运。

现代人力资源理论就认为，高潜能人士的一个重要特征是永不满足、驱动力强。在这里应当特别提到的是，人家强调“永不满足”而非“胸怀大志”。永不满足暗含的前提是现在已经取得成就，但希望能够更进一步。胸怀大志未必能够做到这一点，出现志大才疏的概率很大，志大才疏之辈基本上是不可能成为高潜能人士的，最终往往会混得很差，甚至沦为彻头彻尾的骗子或者无赖。

从表面上来看，顺势而为和随遇而安，都是走一步看一步的心态，都胸无大志。然则二者有着本质的不同。顺势而为，尽管从短期来看确实没有太多的想法和远大理想，但却是在把握现在的基础上，以一种积极的心态，努力使自己的状况变得更好，而且理想源于现实高于现实，相对具有很强的可行性。随遇而安，是一种容易满足，得过且过，一切都碰运气的心态，虽然不能将其视为消极，但也与积极进取之心态不搭边。在这种情况下，出现小富即安的可能性非常大，由于内心驱动力不足，因此潜能也会非常有限，最终发展高度之可能性就会大打折扣。

作为创业者，健康的心态应该是顺势而为，根据现有条件，紧紧推着自己的事业不断进步。当能够达到理想之时，我们自然应当高兴，当目标受阻之时，我们也不要懊丧，而应该积极准备条件，优化资源。我们要谢绝在现阶段看起来不切实际的理想，谢绝好高骛远，而是脚踏实地，把现有的事情做好，蓄势待发。

如果能够永远做到顺势而为，我们的事业最终肯定不会太差，而且在相当大程度上还可以有效规避由于相关资源储备不足、底蕴不够而给企业带来的巨大风险，使得项目能够非常健康地成长，减少震荡，最终达到永续经营和做大做强之境界。

与此同时，顺势而为的理念还可以应用到目标管理过程中。能够考虑长远一些自然不是什么坏事情，但如果目标过于远离实际，即使你自己感觉没什么，依旧满怀信心，你的团队或者是下属，都会将其看成是笑话，口服心不服。从心理角度来看，人们往往会对经过努力还可能达到的目标感兴趣，并愿意为之拼搏，如果感觉无论怎样努力，还是不可能达成，基本上都会选择直接放弃。因此，从团队管理角度来讲，我们制定目标都应该采取顺势而为的方式，将其建立在现有条件能够支撑的基础之上，这样再进行分解和量化才有意义，否则只能是一相情愿的幻想，也很难再说服团队去拼搏。

铁律86 不诚实守信，是小规模创业最大的杀手

项目的规模越小、越没有名气，在经营过程中就越要诚实守信。在市场竞争过程中，中小企业本来就处于被歧视的地位，能够争取到的机会很少，属于典型的弱势群体，倘若不能信守承诺，就只能使自己陷入更为不利的境地。

现实的商业环境，明显对中小企业存在着很多先入为主的歧视。比如注册资本、经营规模、成功案例、经销网络、知名度等资质方面的要求，就足可以将很多有特色的中小企业拒之门外。尽管这些要求在很多时候不一定合理，却是摆在我们创业者面前不容忽视的客观门槛。无论你内心如何去想，无论你认同还是不认同，这些都是难以规避的。草根创业者想开辟一番事业，真可谓是举步维艰。很多符合条件的大公司可能在专业水准上还比不上我们这些草根，但人家最起码靠表面上的资质还是能争取到不少机会，而我们只能韬光养晦、苦练内功、静待时机。相对于大公司而言，草根创立的中小企业能够抓住的机会要少很多。

在市场竞争中，中小企业要想虎口夺食、生存下来，是靠抓住那些大企业的不足之处做文章，靠的是良好的服务和诚实守信来获得目标客户群的认可，并取得相应的口碑效应。项目从无到有，从小到大，基本上都会有这么一个过程。这样无疑有利于客户资源的积累，并促使临界点的早日到来。

这是非常浅显的一个道理，但很多创业者对此却不以为然，认为生存是第一要务，能多赚点就多赚点，能少承担一些责任就少承担一些责任，毕竟这样可以提高

利润空间和赢利水平，考虑不了什么长远，说不定企业哪天突然就倒掉了，吃一口算一口，自己规模和名气都很小，无论是否诚实守信，都不会对商誉造成太大的影响。

S在家乡县城中心街区开了家包子铺，开业之初，包子大小和口味都相当不错，价格还算合理。奈何刚刚开业，顾客对他们那里的情况不太了解，因此生意比较冷清。如果采取一些招揽手段，假以时日，还是很有潜力的，生意红火起来也只是一个时间问题。但经营了三个月之后，看看生意仍无太大改观，自己还承受着巨大成本压力，于是改变策略，包子的个头小了很多不说，包子馅的质量也越来越差，价格还上调了一点。本来通过三个月的时间，他那里慢慢积累了一些回头客，整体上向着良性方向发展。经营策略一调整，貌似利润上来了不少，状况却越来越差，其后又维持了三个月左右的时间，最终关门大吉。

实际上，大多数项目都有一个导入期，客户资源的积累需要一个过程，即使开一个规模很小的包子铺也不例外。在导入期内，生意入不敷出是再正常不过的事情了，只要能够实现良性循环，就还有坚持的必要，就仍需通过诚实守信来为自己争得更为有利的局面。S包子铺这个项目，领域非常成熟，模式也很简单，实际上并没有什么硬伤，也不需要处理各种错综复杂的关系，只要将原有的定位和方向坚持住了，临界点是很容易到来的。问题只在于没有将原来的一些东西坚持下去，没有遵守诚实守信的原则，结果只能自毁长城。

也许有的朋友在此会说，自古就有无商不奸的说法，现在做大做强的一些企业当年发家致富或多或少都是有些原罪的，老实之人只有吃亏的份儿。其实这在很大程度上是一种似是而非的调侃性说法。如果我们对那些企业进行深入的了解和剖析，它们的确在经营过程中应用了一些非常规手段或者说是技巧，但它们在一些方面还是坚守住了最起码的底线，比如产品的质量，带给客户的利润或者其他方面的利益，以及对各种资源非常真诚的维护。它们在从小到大、从弱到强的发展过程中，还是靠自己诚实守信积累了很多关键性资源。人性是非常复杂的，企业经营也是非常复杂的，无论是个人还是企业，如果能从草根起家，做到一定程度，绝不仅仅是靠传说中那些一度被渲染的手段，背后或多或少在某些方向和层面能够做到诚实守信。否则他们难以激活相关资源，青云直上。

其实，只要我们对周围自己能够接触到的大大小小的商人，进行归类梳理，深入分析，做一个简单的量化统计，就很容易发现草根起家的商人们成功之秘诀，也就是越小、越没名气越要坚持底线，而这样操作虽然压力很大，但容易积累各种资源，快速成长。我国餐饮行业有一种非常有意思的现象，就是某家富有特色的餐馆，在开业之初，往往价格比较合理，色香味俱佳，待客户资源积累到一定程度之后，不但提高了售价，饭菜质量也直线下降，通过这样的模式，菜馆自然很难长久经营下去，但老板认为他已经捞到了自己该捞的钱，将店面转让出去，自己跑到另一个地段重新上演一次这样的大戏。这种情况在各大中城市非常普遍。

当然如此运作，我们不能够否认人家确实可以赚到一些钱，多少年下来活得的确还比较滋润。通过复制不断培养老客户，不断去宰老客户的模式，来实现自己的财富梦想。但在实际上，他们已经放弃了做大做强的可能。而那些质量标准始终能够一以贯之的特色餐饮，刚开始看上去有些笨拙，老板脑瓜不够灵光，后来居然生意越做越大，有了一定客户资源和口碑效应之后，就开始以连锁经营的方式实施扩张，其中很多企业现在都已经做到上市公司的水平。那些本来有特色的餐馆，倘若能一直遵守诚信，最起码多开几家分店是没有问题的，发展程度自然比现在好很多，可他们白白浪费了很多机会。而令人啼笑皆非的是，一些草根创业者从创业伊始，就是奔着捞钱去的，直接将诚实守信这些东西丢进垃圾堆，使自己陷入更加被动的境地，这些人的命运最终自然也不必多言。

铁律87 怎样判断你进入的领域是红海还是蓝海？

某个领域是红海还是蓝海，和进入者多少以及竞争的激烈程度呈高度正相关性，而与是否属于新领域关系不大。市场经济最大的特点在于博弈，当社会普遍看好某类项目之时，即使真的具有良好的前景和发展趋势，其十有八九也是红海。

在不少人的意识当中，代表未来发展趋势的新兴领域，有着广阔的机会，是一座未被开发的金矿，只要早日进入，就等于为自己打开了实现财富传命的大门。还举了一大堆例子来论证此事，比如石油行业崛起成就了多少人，钢铁行业迅猛发展成就了多少人，IT 行业崛起成就了多少人，互联网行业崛起又成就了多少人，房地产行业兴起又成就了多少人，新兴领域似乎从来就直接等同于蓝海。具体的榜样如数家珍地就有洛克菲勒、比尔 · 盖茨、王永庆、史玉柱、马云等。这种看法针对某一特定历史阶段而言，属于真理，而在资本严重过剩的条件下，则会存在很大问题。

在目前境内外资本都整体过剩的情况下，只要有某领域被普遍看好，就会有大量的游资进入。同时由于大家都认为，只要坚持到最后成功，回报率都是成百上千倍的，因此行业投资饱和程度和竞争惨烈程度甚至要远远高于成熟领域，这就意味着导入期所要耗费的时间变得更长，配套资金量更是高得惊人，甚至可以用天文数字来形容。近些年来比较典型的就有视频网站、交友网站、新能源、环保项目、生物制药、大屏幕分众广告等，这些领域都被认为是前景无限的领域，当属蓝海，只有进去的人才知道竟然是一片血光，根本不是想象中的满园春色。

我的一位朋友，她公公属于技术专家，与几位志同道合的朋友，于 2008 年在北京创建了一家专做污水处理技术和设备的公司。本来感觉这一领域前景广阔，到达一定临界点后可以高速成长，属于目前少有的蓝海市场。没想到这个领域看上去很冷门，实际上投资者还真的不少，很多还具有优质人脉资源，两年多下来，已经砸进去接近 300 多万元的资金，连一个水花都没溅起来。好在她公公是老北京人，在五环之内拥有四五套房产，同时又属于典型的事业型理想主义者，并且非常自信，认为只要坚持下去，做起来也只是一个时间问题，大不了资金不济的时候将房产变卖掉。虽然我对这一领域缺乏深入的了解，但直觉是此类项目导入期至少需要五年的时间，所需配套资金至少数千万，他们的实力根本支撑不了，最终必须引进战略投资者，甚至是拥有极其重要的人脉资源的合伙人。

一个领域是否属于真正的蓝海，这个跟不同投资主体的实力有很大关系。如果你是千万级投资商，具有打持久战的心理准备，并有充分的给养保障能力，只要行业本身确实有巨大潜力，这一领域对你来讲，无可置疑地属于蓝海领域。倘若你基本算是一个草根创业者，所能投入的资金只在 100 万元之内，即使纠集到几个合伙人，可动用的资本最多也不超过 500 万元，资金量上准备不足，再加上进入者太多，这个领域对你来说就注定是红海，最终结局连皇子伴读都赶不上，只能以非常凄惨的命运收场。

一个领域是否属于真正的蓝海，固然与该行业未来的成长性有很大关系，但更为关键的是投资和产能是否过剩。无论是新行业还是老行业，如果投资规模和产能远远大于未来数年可预计的市场容量，整个行业都可以看成是一个红海，投资者在相当长的时间内将不得不面对惨淡经营的境地，对实力、信心、毅力都是比较极端的一种考验。

任何事情有利就有弊，有弊就有利。具有广阔发展空间的新兴领域，虽然在市场培育期可能面临着巨大的竞争压力，承受着难以名状的痛苦，却能够支撑有关企业在 10~20 年的时间内做大做强，并成长为叹为观止的明星企业。

与自然科学规律不同，经济规律具有明显的博弈属性，尽管某个领域的发展趋势的确很好，但只要这种趋势被大家都认识到，甚至成为社会共识，就很容易导致一哄而上，投资和产能过剩，竞争的惨烈程度和生存下来的难度，甚至远远超过原本普遍不被看好的领域，好事儿倒成了坏事儿，而那些普遍不被看好的领域，反而有可能成为黑马。在很多非常成熟的领域，同样存在着盲目跟风的问题。无论是股市楼市，还是很多常规的市场，莫不存在这样的问题。其实，这个道理很多人都明白，但总有一种侥幸心理，认为自己有能力将别人淘汰掉，能够笑到最后。要做到这一点，也并非不可能，但在大致上有一个前提，就是你的经济实力或者人脉资源具有非常强大的优势。

换言之，无论是高端市场还是低端市场，都存在着一个供给和需求之间的动态互动关系，在某一阶段只要供给远远超过了需求，这个领域就处于阶段性红海状态之中，即使它属于高科技含量、高附加值产品、高增长潜力的行业，也不能例外。古来就有“花多色不艳”、“油多菜不香”、“物以稀为贵”等类似的说法，其实就是从另外一个角度揭示了这个道理。其实不光物品供需层面存在着这样的问题，就是在人才的社会供需方面，也存在很多类似情况。一般认为农民工属于典型的社会弱势群体，但稍微有一些技能的，现在日收入都在 150~500 元，而很多戴着硕士博士头衔的白领，月薪处于 2000~3000 元的也并不鲜见。当出租车和司机较少的时候，出租车司机曾是令人艳羡的高收入人群，而目前则被调侃为“现代版骆驼祥子”。

铁律88 现下，网络创业的压力已经多于机遇

在信息海量的时代，如何方便快捷地找到自己所需要的信息，以及自己的信息怎样更加容易被发现，就成为一个非常重要的课题。正是因为如此，基于第三方互联网平台的创业难度越来越大，导入期会更长，耗费的心血会更多。

近些年来，草根阶层通过淘宝网创业的人数越来越多。如果你随意梳理一下自己认识的朋友，肯定会有那么几个在淘宝网上开店的。有关数据显示，在2010年11月11日“光棍节”当天，淘宝商城联合100多品牌的5折大促销活动，吸引了数千万的用户参加，当天淘宝商城的交易额达到9.36亿元，已经超过香港一天的社会零售总额，其中有两个商家单日销售超过2000万元、5个商家超过1000万元，180多家超过100万元。在网购已经成为主流消费人群的主流生活方式的今天，其内容已经不仅限于购买衣服、数码产品、化妆品等小件商品。更多人装修房子的建材、家居用品都会在网上购买。另外，我们还不断接收到这样的消息，说某人现在在淘宝网店上的年营业额超过了500多万元，某人目前在淘宝网店上的年营业额达到了数千万元，更有传奇色彩的是，杭州女“七格格”淘宝网店销售额在2010年有望达到1.5亿元，而做到这一点仅仅用了四年的时间。

这样的业绩让很多做实体企业的老板都会感觉十分眼红。试想一下，开服装工厂的企业，如果一年要取得1.5亿元的销售额，得需要多少销售人员，得需要多大分销网络，还得多少差旅费用，最后能有10个点的纯利润，就已经非常不错了。

但自己设计服装、找工厂代工生产，然后通过淘宝网店销售，粗略估计应该能有接近30个点的利润。

但同时我们也经常能对周围朋友的一些网店的经营情况有所了解，绝大多数网店连最起码的访问量都保证不了，不少人也是用尽了心机，但起色还是不大，而且越是新近开设的店铺越会出现这样的情况。不少人只能靠朋友施舍来象征性地完成一点销量。同样是在淘宝开设网店，之所以会出现冰火两重天的情况，其原因是非常复杂的。

经营网店很多东西是与实体店相通的，比如业绩好坏往往和所经营的领域、种类丰富程度、款型和花样、商品名称、品牌组合等诸多因素有很大关系。比如，IT产品、图书、服装、化妆品、光盘等相关产品，特别是品种齐全、款式新颖的店铺，业绩往往会好很多，而很多偏门的土特产，特别是地域局限性很强的商品，效果自然要差一些。无论是实体店还是网店，创业者的眼光和市场的磨合需要有一个过程。

与传统的商贸经营一样，网店的经营效果在很大程度上与能否找到优质货源有着很大关系。一般而言，创业者越接近初始货源，或者越接近产业集群地，自己商品的丰富程度和价格越具有竞争优势，在互联网比价相当便捷的情况下，自然会具有一些先天优势。比如在淘宝网上开店比较成功的一些案例，绝大多数或者是自己独立创意设计或者是来自于产业集群地或者传统物流集散地，比如广州、深圳、北京、上海、杭州、义乌这样的地方。

经过七年多时间的发展，淘宝网已经出现了一批“品牌化”的店铺，同时商铺数量也越来越多，几乎海量。淘宝网尽管定位于电子商务平台，但其本质上仍属于媒体。在供给信息呈几何级数增长的同时，草根创业者新开户的信息，被用户和受众有效发现的概率基本上越来越低。本来在信息传播领域就存在着明显的“马太效应”，而淘宝网店铺点击率、用户评价、商铺等级、信用评估等一系列规则，在客观上又进一步强化了“马太效应”发挥作用的力度。这些都造成了店铺开得越晚、店铺开的时间越短，越难以突破传播规律上的临界点，在淘宝这样的平台上创业，所需的导入期越长，在导入期上所要花费的时间和精力，越要远远超出在小区门口开一家便利店或者服装店。别的暂且不说，光做各项指标的优化，就是一个十分耗时耗力的事情，其难度之大，往往会超出创业者最初的想象，非常考验一个人的意志力。如果草根要选择淘宝网创业，动手越晚，就越要作好打持久战的心理准备，要有百折不回的境界。

任何事情都是一把双刃剑，在淘宝网上开店也一样。网络经济是一个非常典型的注意力经济，尽管作为后来者，在导入期内会承受常人所难以想象的艰辛，而且想通过这个渠道来支撑自己事业的难度越来越大，但只要不畏艰难险阻、努力坚持下去，一旦突破临界点，业绩就很容易出现几何级数的增长，做大做强的周期要比传统模式短得多。"七格格"在 4 年多的时间内做到 1.5 亿，如果换成传统渠道模式，至少需要 8~10 年时间。

可以想象得到，这个专题会让很多人看了之后非常不爽，因为现在社会上越来越认为在淘宝网开店是低成本创业的一个非常现实的途径。但本文的意图不是打击草根们通过淘宝创业，而是希望朋友们能够非常理性地看待这个问题，选择一种更为适合自身情况的方式去创业。一旦选择网上开店模式，就要抛弃原来各种不切实际的幻想，一步一个脚印，把路子走踏实了，去迎接真正的曙光。而非抱着迅速暴富的心态而来，坚持上一年半载之后承受不了打击就选择放弃。一分耕耘一分收获，很多事情都贵在坚持，不要以非常急功近利的心态来看待网店。我曾与一位朋友笑谈，在淘宝开网店成功，对创业者是有很高要求的，一是两到三年内没有将生存之本压在网店上；二是能以一种近乎痴迷的心态来打理，即使收效有限也能乐此不疲；三是要有超乎常规的毅力，不论遇到什么困难，都能持之以恒、一以贯之。

铁律89 一以贯之的精神不能随着业务量的波动而波动

在创业期间，无论业务是多是少，都要确保正常的营业状态，切忌三天打鱼两天晒网，那样对客户资源积累有着巨大的伤害。如果感觉实在支撑不下去，可以选择直接放弃，节省下时间和精力去做更有价值的事情。

无论运作什么项目，保持正常的营业状态，都是经营者向社会提出的一种要约，都应当具有一定的严肃性。创业初期，最为关键的事情还不是赚钱，而是积累客户资源和商誉。这个过程中，在营业时间内保持正常的经营状态，显得非常重要。客户前来光顾，最起码对你还是有种信任，期间存在着不同程度的商业机会。如果某个客户连续三次都在你这里吃了闭门羹，就会给他留下你经营不太正常的印象，即使日后再有需求，前来找你的可能性也已经不大。消费者的习惯很容易形成，也是很容易被打破的。即使他是你的老客户，只要连续三次在你这里遭“拒”，都改到另外一家去消费，很有可能就转化成了竞争者的老客户。当然你可以尝试改变客户这种已经改变了的习惯，但会面临非常大的难度，因为很多习惯的存在是感性甚至是无理由的，不会因为你的诱导而轻易发生改变。

H从省城医学院毕业，回到家乡开了家诊所，本来在当地按照人口比例来计算，门诊已经严重过剩，大家都面临着非常惨烈的竞争，这又是个养老不养小的行当，他所承受的压力之大自然可想而知。这位哥们生性好动、耐不住寂寞，一感觉当天顾客寥寥，或者有朋友打电话，就立马关门出去玩了。他诊所所处的地段还算不错，就在小区集中的区域，能够给居民带来极大方便，如果用心经营，慢慢也会打开局面。奈何前来买药和看病的人，老是被“拒之门外”，时间一长，即使他在店里的时候，顾客也不会来他这里了，而是习惯性地到更远的一些药店和诊所。

恶性循环也在不经意中形成，H越来越觉得去不去诊所都没有多大意义，渐渐地日常功课就只剩下收放卷帘了，生意自然没有多大进展，他自己也越来越消沉，认为门诊这行没得干了，经营方面也更加懈怠，直至一年半之后彻底关门。事已至此，他本人还是认为大的经营环境存在问题，不太利于创业，而没有更多从自己的经营细节上进行反思。

实际上，做任何一件事情，都不太容易，前期难以避免地会有一个积累过程。在我们的一生中，走路是这样，说话是这样，穿衣服洗脸是这样，练习写字也是这样。而作为人类精巧活动典范的创业而言，自然更应该是这样。我们做任何事情，要不干脆不做，倘若要做就要脚踏实地，而不是三心二意，三天打鱼两天晒网。也许诊所你可以不开，但你总是要做其他事情的，一旦养成自由散漫的习惯，做其他事情照样不可能做好。

从概率上来讲，我们每天开门营业，都会面临着很多可能性。可能顾客多得都需要排队等候，可能一整天就那么一两个人，也可能干脆一个人都没有。如果你从早坚持到晚，即使按照最为消极的等待式概率，一个月下来总会有些顾客，剩下的就是你如何维护和管理这些客户，将他们转化成你的铁杆顾客和口碑营销渠道。而其前提是你已经完整地坚持了整个过程。假如你三天打鱼两天晒网，即使每天状况良好的概率都很高，到了你这里，结局还是没有任何差别，无一例外皆是最坏的。

人的时间和精力都是有限的，每个人都有权利去选择自己认为最有意义的事情去做。对你现在所进行的项目，既然已经选择，就要努力坚持下去，如果经过一个较长时间段的坚持之后，发现仍有很大问题，实在难以支撑下去，就应当拿出壮士断腕的坚强决心，直接选择放弃，而不是用一种自由散漫，三心二意的态度去对待项目。时间虽然并不意味着效果，但做任何事情都必须有时间上的保证。一个项目确保不了正常的营业状态，又没有被放弃，就会在很大程度上占用着时间和资源，限制着创业者在其他方面的投入力度。运作任何一个项目，在时间和资源投入上都要有所配套，如果时间保障方面出了问题，资金和物力上的投入都会造成巨大浪费，经营的结果往往和创业初衷南辕北辙。

无论由于何种原因，经常不能保证良好的营业状态，除了不能有效积累老客户之外，其弊端还在于容易给人留下做事情不太靠谱，难以托付大事的刻板印象，慢慢商誉就会遭受损失。我们每一个人都喜欢同能够让你放心的人打交道，客户也是这样，一旦给他们留下你做事不太靠谱的感觉，即使你以后再不断改进，这种看法也是难以改变的，除非万不得已，他们不可能再去照顾你的生意。

也许很多人感觉这是一个非常浅显的道理，而且也并不是什么大事情，作者有些小题大做了。其实不然，如果我们随机对一些看上去经营不是太好的店铺进行抽查分析，就会发现十家当中有七八家存在着经常关门闭户的现象，而且这样的情况在缺乏经营经验的初次创业者当中更为常见。似乎我们可以这样去理解，未能有效保证自己正常的营业状态，是草根创业者难以有效积累客户资源，导致资源浪费和创业失败的一个非常重要的原因。前车之覆后车之鉴，如果你有过失败的创业经历，就反思一下是否犯过类似的错误，如果你属于首次创业，更是应当避免类似的事情在自己身上发生。对创业者而言，业务量可以波动，但持之以恒、一以贯之的精神不能随着业务量的波动而波动。

铁律90 请教的目的是获得启发和有效的解决方案，绝非诉苦和辩论

很多创业者，表面上是非常谦逊地向别人请教和探讨问题，而实际早就有了先入为主的判断，只是希望通过别人来论证自己想法的合理性。这是非常有害的一个倾向，如此一来，非但不能发挥出应有的效果，还可能使自己走火入魔。

创业是充满创造性的事情，无论你原来的经验如何丰富，征途中的你或多或少都会感觉力不从心，对其中的很多东西把握不好。在这种情况下，我们就非常有必要虚心地向亲朋好友甚至是专业人士请教。这应当是一件好事，可以给自己带来不少益处。其一，可以借此机会，在深入交流的基础上，进一步加强与这些亲友们的关系，期间甚至还可能会拓展一些新的人脉资源，为自己事业长远的发展继续储备条件。其二，我们可以为现实中遇到的具体问题寻找更多的解决思路和方法，或者在相互探讨当中得到某种启发，很多时候无心插柳的效果就是在这样的状态下取得的。其三，为自己找到一个可以倾诉的机会，舒缓心中已经积攒了许久的压力，有利于心态和情绪的调节，焕发活力，便于以一种更加积极与理性的姿态重新投入工作。

作为草根创业者，向别人请教，要取得良好的效果，还必须注意一些具体细节。一、自己首先应对问题的全貌有一个比较清晰的认识，并能大致从中梳理出关键脉络，这样可以方便对方把握关键要素，节约大量时间，提高交流效率，同时也能给对方留下思维清晰、潜力巨大的印象，进而还能调动对方的积极性。二、以一

种真正请教和探讨的心态，而不是辩论的姿态行事，请教的目的是希望从别人那里受到启发和得到行之有效的解决方案，绝非诉苦和辩论，不是让别人同情自己的苦衷，而是从别人那里获得真正的破解之道。三、我们要给对方提供的是与问题直接相关的重要素材，而不是自己先入为主的判断和结论，相关事项判断的权利，主要交给对方去行使，自己更多是根据对方的要求来补充相应的情况。只有这样一个过程，才是谦逊和有效的。

当然，现实情况往往和理想状态存在着巨大的差距。从大多数草根创业者的真实情况来看，他们向别人请教的真正目的，并不是为了清除疑问、寻求启发或者解决方案，恰恰相反，而是为了让别人给他打气，论证自己想法的合理性和正确性，或者是寻求一点心理上的安慰。向别人请教和探讨的过程，在性质上更倾向于向对方兜售自己素材和结论整体上的组合，促使对方认同自己的判断。当然，如果请教者自己的判断正确或者正确的成分较大，倒也无伤大雅，但不少时候他们会把自己极端浮浅和错误的判断拿出来让别人认同，让对方帮助自己论证。倘若别人指出其中的不当之处，他们又会不太高兴，极力为自己辩护。

在这种情况下，由于你请教的多是亲朋好友，他们碍于面子，一般不会批评你或者和你争论，顶多善意地放几个气球，看看你的态度，点到为止。在你看来，人家不够意思，自始至终没说什么有价值的话，尽打哈哈了，或者是轻描淡写地安慰了你几句。其实更大程度上是你自己方式方法所致，怪不得别人。从某种角度上来讲，人人都有好为人师的一面，越是知识渊博和有个人独到见解的越是这样，只要你准备充分，并以真正诚恳的姿态去向他们请教的话，对方还是能够尽可能地为你答疑解惑、指明方向的。

还有一类人非常热心，恨不得将他自己所知道的，毫不保留地告诉你。倘若能够遇到此类人物，当属你三生有幸，他们会非常热情地接待你，当然你也要识得抬举，能够真正虚心对待、认真配合、洗耳恭听。如果你依然沿用让他论证自己想法合理性的思维惯性去同此类人打交道，就会让对方有一种强烈的屈辱感，最终你与他的关系不但没有深入，反而可能就此产生隔阂。心眼小一点的，还可能借机对你误导。

老是先入为主，自以为是的人，尽管遇到问题也会四处请教别人，但这种请教还不如不请教。且不说浪费时间，非但不能取得应有的效果，反而进一步强化了先入为主的想法，自己还浑然不知。就事论事而言，于问题的解决没有多大帮助，从长远来看，也限制了自己能力长足的进步和提高。甚至还容易导致盲目自大、过分膨胀等严重的问题，误入歧途还算小事，极端情况下还会走火入魔。

站在被请教对象的角度来讲，很多时候内心也是非常矛盾的。本人多年来在这方面就深有体会。当亲朋好友来向你请教，凭良心来讲，应当将其中一些东西讲得透彻点，并作出几个建议供他们选择，只有这样才能对得起平时的情谊以及人家对你的信任。但大多数人真正需求的，实际上是让你帮着他们论证想法的合理性和正确性，将他们已有的想法细致化，你若对他们想法的一些不合理之处提出质疑，很容易引起对方过敏，轻则一顿辩驳，重则认为你故弄玄虚，打击人家信心，因此你只能旁敲侧击地点一点。很多时候，即使你将话确实讲到位了，人家出于礼貌表示接受，其实内心还是认为自己的想法切合实际，在实践当中毫不改进。你眼睁睁地看着他们一步一步走入误区，一步一步走向失败，而这些又都在你的意料之中，自己良心上过意不去，但又无可奈何。话说得明确了、到位了，你就必须面临与朋友翻脸的危险。总觉得无论怎么做，都对不起朋友，时间久了，就会成为一种心理负担。

铁律91 娱乐属于创意性产业，它没有什么老本可吃

猎新猎奇、寻求刺激，是人本性一种永恒的表露。但就其具体需求而言，又具有相当大的不稳定性和易变性。娱乐领域的这种特征，在很大程度上决定了大多数项目生命周期较短，难以长久，经营者需要不断推出新项目以保证持续发展。

现实当中，人的生活往往是平淡甚至是乏味的。也正是因为如此，人们总是希望能够有一些新奇和刺激的事情来调节自己的生活，娱乐性需求由此而生。娱乐的本质就在于求新求异，从中找到刺激和快感。即使再好的娱乐项目，一旦时间长了，客户都会产生一种腻烦之感，其中的新鲜、刺激、欢乐都会消退。娱乐经济在很大程度上具有“喜新厌旧”的属性，作为创业者，必须对此有足够清醒的认识，不要以其他行业的经验来观察娱乐项目，没有必要过分强求客户的忠诚度。

在我们每个人的记忆中，有多少歌星和影星，有多少歌曲和电影，有多少小说和游戏……曾经红极一时，没有多久又归于静默，甚至在我们记忆中都难以留下印记。正是因为他们属于娱乐，人们才不会对它们刻意怎样，消费的感性和冲动因素很强，难以持久。事实上，很多娱乐场所和项目也具有同样的特征。一些看上去很好的娱乐项目，之所以迅速盛极而衰，并不是因为服务质量的降低，或者是经营人员的不努力，纯粹是客户喜新厌旧的娱乐心理造成的。这种情况一旦出现，最为现实的选择就是另起炉灶，而非继续坚持。

娱乐在很大程度上属于创意性产业，它没有什么老本可吃，也绝非很多人想象

的那样可以一劳永逸，需要经营者不断挖空心思，去创造各种各样的新兴模式。从这个角度上来讲，投资娱乐行业，在享受高利润的同时，压力也是非常大的。

很多草根创业者，幻想着通过改善原有娱乐项目的质量，来留住老客户。其实这在更大程度上，只是一相情愿的想法。你项目质量再去改善，比起过去的皇家娱乐，还是要逊色十万八千里。就其每一具体项目而言，皇家都基本发挥到了极致。尽管这样，京城的万种玩物还是留不住皇帝老爷们的心，于是就有了赵佶马滑霜浓的传说，有了正德自封威武大将军的闹剧，有了乾隆六下江南的美谈。娱乐项目具有自身比较独特的运行规律，无视规律，自然会受到严厉的惩罚，倘若善于利用规律，结果往往妙不可言。

朋友S，在中原某地级市开了家电玩娱乐城，面积有1000多平米，投入200多万元，4个股东，每月租金3万多元，拥有20多名员工，每月工资支出4万多元。他们每3个月更换一次电玩设备。生意最火的时候，春节期间3天的营业额就接近百万。在经营之初，不到3个月时间就收回了包括装修、房租、设备、人员和公关在内的所有成本。一年之后股东之间分红，每人分得200多万元，这令他们非常满意。没有想到的是，仅仅到了第二年，经营状况就急转直下，全年的营业额竟然还不到500万元，除了房租、水电、工资以及各种公关维护等费用外，利润所剩不多，而且经营状况还在逐月恶化。慢慢地，其中的几个股东感觉越来越没有意思，开始提出撤股，去经营别的行当。S好不容易做到这种程度，出于对往日辉煌的追忆，以及对行业和自己能力的高度自信，尝试过了加快设备更新速度、强化客户维护和有奖促销等各种各样的营销手段，但最终还是不能扭转营业额快速下降的状况。

在上面这个案例当中，S实际上已经在通过不断翻新花样来吸引客户，但为什么还是难以抵挡客流量和业绩不断下滑的趋势呢？这又涉及了客户娱乐项目对喜新厌旧的问题。顾客的喜新厌旧，大致可以分为以下几个方面。第一，他们对大类娱乐项目喜新厌旧，比如原来喜欢电玩，现在又对网游感兴趣，再过一段时间又痴迷于博彩。第二，对场所的环境、设备和装修喜新厌旧，比如泡网吧的，总是喜欢新开的网吧，因为那里的电脑配置往往是最高新的，一般规模也比较大，桌椅板凳都是崭新的，装修标准也要高于现存的网吧，其体验性更佳。第三，对某类娱乐项目的具体品种喜新厌旧，比如同样是痴迷网游，可能这几个月喜欢完美世界，下几个月可能就要玩征途，再过几个月可能又迷上了极速飙车，当玩腻了一个品种之后，就要尝试另外一个品种。第四，对表演和服务人员喜新厌旧，比如到二人转剧场看演出，如果一年下来老是那几副面孔和相对稳定的风格，观众肯定会慢慢越来越少。上述的案例中，S尽管也在不断翻新花样，但他更换的仅仅是电玩设备，给客户带来全新体验的空间有限，这样的项目再坚守下去，肯定还是一日不如一日。当然从理论上讲，还可以吸引没有体验过的玩家前来消费，而在实际上，大多数地方的玩家都是一个定数，项目运作两年左右，潜在的客户基本都被挖掘得差不多了。

大多数普通娱乐项目，生命周期一般为两年左右的时间，甚至更短。到了这个期限，很多装修和设备就会显得比较陈旧，需要重新配置。在这个阶段，作为投资者，倒也不一定非得完全退出而去寻找别的机会，但项目本身还是需要脱胎换骨、迎接新生。比如，运行两年左右的网吧需要重新装修和购置设备，要不就得面对客流量不断下降的困局；二人转剧场每隔两三个月就得换一批演员；茶楼每隔两年左右也得重新装修一次，相关配套设备也需要更换，否则生意会日趋冷清。

铁律92 创业者破除对别人迷信的过程，也是树立自信的过程

创业者成长的过程，就是不断破除对成功人士迷信的过程。很多导致他们成功的因素，并不具有普遍性。创业最为重要的，就是不断针对自己的现实情况寻求解决方案，而不是以别人为蓝本，去刻意模仿其中的一些细节。

草根创业者当中，很多人存在着英雄崇拜情结。他们对王永庆、任正非、史玉柱、马云这些白手起家的商界楷模顶礼膜拜，同时还在刻意学习诸葛亮、李世民、武则天、拿破仑、曾国藩、毛泽东等伟人们的智谋，甚至模仿他们的每一个动作。我认识的一位在江苏做政府采购生意的大姐，就对千年之前武则天的政治智慧非常痴迷，对《武则天告诉女人：呼儿嘿哟——女人全知男人的 6 堂必修课》一书爱不释手，前前后后读了十多遍，还密密麻麻做了好几大本笔记，据说颇有心得，悟到了如何有效跟各色人等打交道的真谛。

还有很多行伍出身的老板，对毛主席崇拜到了无以复加的地步，销售区域被命名为战区，策划人员叫做指导员，内部工作报告叫《论十大关系》，动不动就是"三大战役"、"农村包围城市"、"统一战线"、"根据地"等具有强烈政治色彩的概念。如果在经营中遇到了什么难题，就求助于毛泽东著作。《向解放军学习》一度红遍神州，与这种社会心理需求，以及很多创业者的思维基础有着很大关系。

还有一些人，对明星企业家的熟悉程度，都超过了自己的业务。我的一位朋友，言必胡雪岩、王永庆、李嘉诚，基本上成为研究这些神人的专家了。说起这些人的

生意经，头头是道，但自己的经营实践却混乱不堪，手下雇了两名员工都管理不好，做生意未能坚守住质量底线。

成功人士之所以能够成功，的确有一些规律性的东西在发挥着作用，譬如以积极的心态寻求解决方案、注重修炼内功、具有超人的毅力等。但也有很多不具普遍意义、偶发性的因素。就拿武则天来说，假如她遇到的不是李治，而是刘彻、刘秀、赵匡胤，照着她那套玩恐怕早就命丧黄泉了。事实上，武则天之后出现过很多效尤者，太平公主和韦皇后都是非常厉害的角色，但最终都没能成功续写天朝女皇的传奇，因为客观环境发生了变化。

很多事情除了个人的素养和努力之外，风云际会也扮演着非常重要的角色。一些导致成功的要素，往往也是遭受挫折的根源。百战名将，都难免会有败走麦城的经历。明星企业家的成功，往往是和各种不可复制的独特环境联系在一起的，离开关联环境，他们不少经验的适用性就会大打折扣。举一个非常简单的问题，在那些成功人士的经历中，人员招聘、铺货等因素可能根本就不算问题，到你这里，却成了天大的难题。

从事创业的时间越久，就越会有一种强烈的感觉，自己所面临的问题具有非常大的独特性，基本上不太可能找到现成的模式去照抄，我们实际上需要的是一个又一个非常现实的解决方案，而这些方案基本上都是个性化的。我们自己所面临的难题，即使把那些成功人士请过来，也未必能解决得好。成功人士的经历和经验，不可避免地存在着很大的局限性，更何况很多传记当中所谓的环环紧扣的脉络和智慧，是人们事后总结、梳理和附会出来的，主人公在当时的主观能动性也未必真的达到了那个层次。

在创业之初，我们经验不足，懂的东西太少，没有多少鉴别能力，感觉人家的水平达到了叹为观止的地步，因此也容易产生英雄崇拜情结，更多采取模式化的拿来主义策略，来指导自己的经营实践。随着实践不断深入，创业者需要逐渐分辨出在成功人士的经验中，哪些属于普适性规律，哪些具有时代和行业专属性，哪些具有很大的偶然性，这些人还存在着哪些缺点和不足，他们的哪些方面存在缺陷，只是由于偶然因素才免受挫折，他们的哪些操作细节可以迁移到自己的实践中，哪些不可以。这个过程，是破除对成功人士迷信的过程，同时也是创业者真正的成长过程。

破除对成功人士的迷信，最终是要用一个比较成熟和理性的心态，去看待他们的发展历程。对他们的经历，既不拔高，又不贬低，实事求是进行全方位系统剖析，从中萃取出各种精华，成为我们思路和模式库中的重要内容，或者是方案储备。经过许多次类似过程，我们针对现实情况而做出的解决方案，早已超越了以某个企业或者名人为蓝本的层次，做出来的东西不但契合实际，而且非常有战斗力。

其实，创业者破除对别人迷信的过程，也是树立自信的过程。越成熟的创业者，越会感觉那些成功人士只是一个很好的案例而已，没有必要去崇拜，没有必要去模仿，更不会沦落到学习人家一颦一笑的地步。成功人士之所以成功，也不一定是他们悟性好，抑或理念前卫，而是以最切合实际的方式，将自己所面临的各种问题逐一解决掉。而解决过程也非常复杂，有有意为之的成分，有误打误撞的成分，甚至还有运气，并不一定是建立在能力和智慧基础之上的。

只要脚踏实地，充分发挥主观能动性，成功很多时候离我们并不遥远。我们需要做的是将那些成功人士，由“神”回归到“人”的位置上，近距离解剖而非远距离膜拜，只有这样才能真正从他们身上学到东西，整合出适合自己的解决方案，不至于学不得法、误入歧途。

铁律93 那些曾在《赢在中国》节目赚足掌声的优胜者，为何大多数人的创业实践都不太理想？

无论理论如何娴熟，所掌握的理论怎样精巧和切合实际，都不意味着你创业当中的表现就一定比别人强。成功的创业实践，除了思路对路之外，还跟资源与环境的匹配程度，相关问题的解决难度，以及团队执行力等要素有很大关系。

在很多人的意识当中，倘若一个人理论娴熟、思路清晰且切合实际，这个人在实践中也当属高手，表现自然也会出众。正是基于这种逻辑，人们总是对名牌大学的毕业生、创业模拟活动的优胜者以及管理咨询专家寄予了厚望，认为他们能力超强，比较适合从事经营管理活动，假如自己创业也能取得较大的成功。

然而，现实往往出乎人的意料。路长全无疑是我国当代顶级营销专家，对快速消费品领域非常熟悉，但就其创业成就来看，还是难以同理论水平与他相差甚远的牛根生相比。那些曾在《赢在中国》节目赚足眼球的优胜者，除了个别人原有项目就运作得不错外，大多数人的创业实践似乎都不是太理想。而那些白手起家，做大做强的企业家当中，超过一半以上并不具有良好的教育背景。军师们往往具有更高的智谋和判断力，但行军打仗基本上还得依靠将领，军师成长为将领的也并非没有，比例却低得可怜。

这里并非贬低理论掌握娴熟者的实践能力，而是要阐明一个事实，理论和实战具有相当大的差异性，实践除了受理论和思路指导外，还受制于很多其他方面的因素。理论上可以解决的问题，不算问题的问题，到你这里可能就是瓶颈。比如，搜集潜在客户的名录这么一件事情，在理论上没有什么复杂的，可以给出几个非常实用的方法，但当你真正去做的时候，貌似很简单的事情，做起来可能却非常不容易。从思路上讲，某人是你本次项目的关键人，只要将其搞定，事情就成功了一半，但让两个资源背景不同的人去争取，其效果可能就有天地之别。创业能否取得成功，思路的系统性和适配性固然非常重要，但并非全部。完全相同的方案，你让张三去实施，可能小有成效，让李四去实施，可能大有成效，倘若你自己去实施，恐怕只有烧钱的份。

创业成功与否，与当事人所拥有的资源同环境的匹配程度有很大关系。就拿开办牧场这件事来说，甲不但懂得养牛技术，而且也熟知经营管理和市场环境，但也仅仅限于行业资深人士层面，自己手中缺乏资金、客户资源以及其他人脉资源，尽管自己思路非常清晰且切中要害，但去运作的时候却困难重重，只适合打工或者找有资金有人脉的去合伙，难以依靠自己的力量去实现自己的思路。乙虽然对养牛和开牧场等很多东西只停留在概念阶段，但手中拥有 100 多万资金，在银行和地方政府拥有非同一般的人脉资源，因此就能够利用“土地使用权合理流转”的大好时机，承包到 200 多亩地，引进 200 多头奶牛，再去招聘一批经验不是相当丰富但也能过得去的员工，牧场也就慢慢地进入了轨道。假设甲起初也顺利开办起了牧场，其规模也肯定受限，发展的速度和高度十有八九难以同乙相比。像甲这种情况，也许做专业的牧场建设咨询公司，反而要比自己创办牧场更赚钱，更具有可操作性。对中国乳业有着透彻把握的人，实际还是能找到数十人的，但这么多年，也就造就了牛根生缔造的蒙牛神话。蒙牛能够实现火箭般速度的发展，与牛根生及其创业团队手中掌握的资源同环境匹配程度高有着莫大的关系。

问题的解决难度以及运气等因素，也会影响到创业实践的效果。比如你是做牛肉干的，本来打算一年内开发 10 家经销商，但千辛万苦，到年底仅仅有 6 家客户，而且进货量都不是太大。再比如你是搞污水处理的，几个重要客户能不能开发出来都非常正常。长期做销售的都知道，客户开发这类事情，除了你的产品对路、思路合适、专业技巧、拜访勤奋之外，运气也是非常大的影响因素，有时候你三个月开发不出一个经销商，有时候你一个月就能开发出三个经销商，即使曾经的销售冠军，在新的环境也可能遭遇彻彻底底的滑铁卢。

作为创业者，肯定不能做独行侠，或多或少会涉及合伙人、团队以及员工等问题。团队成员的专业水平、能力结构、经验背景和协作程度，在很大程度上会影响到一些方案的落实，进而直接决定了项目的实施效果。站在创业者个人角度来讲，当然是自己团队的各项指标越高越好。但在更多情况下，你拥有什么样的团队，是没有多少选择余地的，尽管我们可以去优化其中的一些指标，但这个过程非常缓慢。同样思路，同样方案，同样环境，不同团队去运作，效果肯定会有很大差异。现实中，我们在创业相当长的一段时间内，所能拥有的团队，不但和理想状态相去甚远，与同行相比也往往会处于中低水平。你心中可以有千万个不满意、不服气，也只能慢慢调整，由不得你上火。

创业本身就是一个系统工程，只有当思路、能力、资源、团队、机会等要素与环境匹配程度高的时候，进展才会比较顺利，过分强调其中的任何一个要素，都会存在很大问题。也许我们感觉一些情景模拟或者仿真游戏非常精彩，其实不少真实经历远比它们更精彩，你会遇到它们所忽略的很多因素，同时你所面临的环境远比它们残酷。在理论和思路上，在唇枪舌剑中，你可以脱颖而出，但在实战中，你未必就能傲立群雄。

铁律94　在与合伙人相处的过程中，一定要杜绝老大情结

在创业过程中，要杜绝合伙人过分争夺话语权的现象。大家争论的焦点应该是事情本身的对错，而非谁说了算的权利。求同存异，相互尊重，是至关重要的。否则只能使双方越来越对立，缺乏起码的信任，导致项目分崩离析。

在草根创业者当中，相当比例的人身上，都存在着老大情结，他们不甘在合伙过程中被边缘化，拼命争夺话语权。到了最激烈的时候，早已将事情本身的是非对错抛到了九霄云外，你主张的大多数事情，我就找各种各样的理由反对，双方积怨越来越深，对立化的情绪代替了商业理性。在合作过程中产生不同意见，本来属于非常正常的事情，一旦演化为相互争夺话语权，很有可能就将内部矛盾转化为敌我矛盾。在这种情况下，项目即使进展很好，用不了太长时间也得以解体而告终。

G女士，80后，大学四年学习室内设计专业，毕业后三年多时间都在北京一家比较有实力的装潢公司打工，期间也逐渐在圈子内积累了一些资源。2007年，她在北京注册了公司，与一位来自陕西的朋友到西安拓展家装业务。刚开始，市场拓展并不是很顺利，但由于两个合伙人性格都比较强势，很快就由一些具体事情上的分歧，扩展到了话语权争夺的层面。虽然双方股权各占一半，由于公司是以那位陕西朋友的名义注册的，对方就处处以老板自居，大大小小的事情都要自己说了算，G在刚开始的时候，很多事情还就事论事，据理力争，但时间一长，也就明白了其中的蹊跷，慢慢双方就形成了恶性对抗。由于公司连续六个多月业务寥寥，到2008

年 4 月，合伙关系以陕西的那位朋友退出，G 接手运营而宣告结束。

她毕竟一个女孩，身在他乡，独立支撑一家公司，多有不便。后又经亲戚介绍，引入了新合伙人。这位合伙人是 1982 年生人，老家内蒙古，初中毕业就开始在社会上闯荡，曾在广州某家年销 1 亿多的民营企业担任销售代表，连续 3 年都是销售冠军，具有很强的业务拓展能力。双方还是各占一半股份，在 2008 这一年内，慢慢在西安当地打开了市场，业务额也接连翻番，本来是一番蒸蒸气象。但这位哥们自我感觉良好，认为自己对公司的贡献要比 G 女士大得多，又有大男子主义倾向，在很多事情上越来越要他自己说了算。后来双方矛盾越来越深，经朋友多次调解，还是没有多少效果。到 2009 年 6 月，项目开始走下坡路，而这两个合伙人之间的内战丝毫没有消停的意思，最终于 2010 年春节过后停止营业，公司注销。

草根创业者，往往在思路、经验、资金、资源、能力等方面的积累都非常有限。与别人合伙，是一种非常现实的选择。但这个过程必须清楚认识到自己的位置，妥善处理好沟通和协调的关系。合伙人之间无论股份比例多少，实际上都是一种平等的关系，即使你的股权比例较大，拥有更多的话语权，也要尊重其他人的意见，不能搞独断专行，毕竟对方的身份是合伙人而不是员工。相互之间应该有比较清晰的分工。如果遇到日常性事件，自己可以先行处理，然后再及时向对方通报。假如遇到必须处理的临时性事件，比如需要购买某类办公设备或者公关费用支出，也需要向对方事先打个招呼。倘若属于重大事件，比如客户谈判策略、人员招聘、经营方针、费用安排等，就需要合伙人之间进行协商，期间求同存异，暂时搁置争端，相互妥协，自然也避免不了。

合伙人之间所有的争论，都应当以具体事件的本身为限，都要有利于项目之整体利益。也许有人认为，这样的标准很难确定，争夺话语权的各方都会信誓旦旦地说，自己完全是出于公司整体利益而进行争论，并没有什么私心。其实这个不用争论，你自己的动机究竟如何，良知最为清楚，骗得了别人根本骗不了自己，即使你自己不承认，只要类似事情发生得多了，合伙人和外人都会有所察觉。

实际上，大家既然一起合伙，自己先要把心态放平，给对方最起码的信任。创业本来就是一件非常辛苦的事情，有许许多多的事务需要处理，将自己的精力全部投入项目运作当中去，都未必能把事情办好。假如双方在创业之初就开始了话语权大战，即使当时项目发展还算不错，也会让公司陷入极度危险之中，轻则停滞不前，重则生意倒闭。出现这类情况，其性质和危害就如同太平天国运动中的“天京事变”，有百弊而无一利。

当然，解决此类问题，最好的办法是双方都能保持理性和克制，尽量避免争夺话语权情况的出现，即使对方出现一时冲动，也能够进行包容，而不是针锋相对。或者一方强势，另一方退让，最起码暂时大家还是能够相安无事，不至于给项目带来巨大冲击。后一种情况虽然也能解决问题，但如果这个和气的局面老是以一方的不断退让来维持，心中积累下来的怨恨终究还会在某个时间节点爆发，给公司带来巨大的冲击。

在项目稳步发展、做大做强的过程中，妥善处理合伙人之间的关系，显得非常重要，倘若过不了这一关，多么远大的理想都缺乏根基。作为大公司而言，自然会有一系列分工和制度安排来解决此类问题，合伙人之间也早已度过了磨合期。作为处于创业初始阶段的中小企业，在很多方面往往比较随意和混乱，很难有明确的制度安排，问题解决更多依赖于股东们彼此之间的良知和宽容。也许有人认为这是很虚的一个概念，其实只要用心还是大有妙处。

铁律95 人生的什么阶段属于创业的黄金期？

打工和创业是完全不同的两种思维和人生体验，打工虽然可以为创业积累各种经验和资源，但持续提高的空间有限。如果立志创业，黄金期是在进入社会五到八年的时间。在这个时期内，倘若苦心经营，该积累的基本都已经积累到位。

打工可以为创业积累很多经验和资源，比如专业知识及能力、行业熟悉程度、优质人脉资源等。但打工毕竟存在着诸多局限，在一些方面难以同创业相比。打工可以偷懒，有明确的工作和休息、上班及下班、节假日与非节假日的界限。在很多创业者那里，这些都是可望而不可即的奢求。打工者，即使是职业经理人，偶尔发泄一下情绪、偷偷懒，基本是不会影响到自己职业发展的。倘若创业者偷懒，所有的事情还原封不动地在那里摆着，即使今天不做，明天也是你的，根本逃避不掉，哪怕很小一点事情也是这样，要不就是跟自己的事业过不去。

创业阶段，企业在资金和人员等方面的实力非常有限，更多的事情只能依赖自己，需要通过加倍努力来弥补其他方面的不足。在别人享受下班、周末和假日的时候，创业者不得不为自己的项目继续劳碌奔波，自己不得不更为深入地考虑所面临的各种问题，以寻求更为恰当的解决方式。也正是因为如此，老板才被人称为最为辛苦、压力最大的职业。一分耕耘一分收获，这一道理，用在创业方面更显合适。很多时候，如果按照工时计算，老板的收入都赶不上员工。

作为打工者，除非你混到了总经理的位置，你的工作毋庸置疑地集中在某一领域，甚至是某几个专业点上。在打工过程中，你即使再优秀，基本上扮演的也是螺丝钉、零部件，顶多是轴承的角色，所能学到和悟到的东西很容易遭遇天花板。如果遇到嫉贤妒能的领导，基本上不会给你太多历练的机会，把你的专业素养、工作经验和发展层次限制在非常狭窄和低级的水平上。作为创业者，你需要熟悉自己项目的方方面面，不少时候不是你想这样，而是环境迫使你必须这样。也许你最初是在被迫关注更多的东西，然而日积月累，三年下来，自己的水平就有了很大程度的提高，在专业水准、知识面和全局把握能力方面，大大超越了以前的同事。在创业过程中，会遇到许许多多非常好的历练机会，只要你精力允许，潜力完全可以转化为发展的高度和深度。

人真正的能力是从实践当中锻炼出来的。从理论上讲，自己工作之外的事情，可以通过理论学习和观察领悟获得。实际上，游泳技术永远是从水中学会的。如果缺乏实战的历练机会，所能学到的东西在精度上会大打折扣。在实战机会方面，打工和创业具有明显的不对等性，这直接影响到了自己各种能力的提高空间。

很多成功者开始创业的年龄，从 18、19 岁到 35 岁不等，初次创业有的年龄较小，有的年龄偏大。如果仔细观察，尽管他们创业初期年龄差异相当大，但绝大多数在创业前已经有 5 ~ 8 年的社会阅历，积累了一定的经验和人脉。在我们周围也不乏这样的案例，20 岁初次创业就取得成功，大学毕业直接创业取得成功，似乎先前并不没有多少历练。假如我们在深入调查，就会发现事情往往没有那么简单。20 岁创业就获得成功的，很有可能十六七岁就开始在社会上闯荡，而且有着不同程度的商业经历。大学毕业直接创业取得成功的，或者是自己父母就有着比较成功的长期经商经历，从小耳濡目染，有童子功，或者是在上学期间就开始接触各种各样的商业活动，到自己毕业之时，已经相当于有了五六年的商业历练。

一进入社会就直接创业，鲜有成功案例。之所以会产生这种情况，其原因主要有以下几个方面。第一，没有养成良好的习惯，做事情随意性太强，时间观念差，工作缺乏必要的目标、计划和可量化日程，走一步说一步，而自己对这些缺陷还毫无知觉，这些都会严重影响到项目执行效果。职业习惯和人类其他习惯一样，必须通过外界的某种强制获得，很难自发产生，这种外在的强制，可能是有组织有计划的训练，也可能是工作过程中，单位和领导对你的规范性要求。别人的强制性要求，往往是自己养成良好习惯，并不断取得进步的原动力。第二，某方面的经验，必须通过一定年限的实践来获得，在打工过程中，总会有人向你提出各种比较明确的要求，甚至是给予指导，但如果你不是很懂就直接创业，所有的一切都得靠自己揣摩和领悟，尽管这也不失为一种进步的方法，但其效率往往会大打折扣，同时还会付出巨大的经济和机会成本，吃一堑，长一智，甚至是吃十堑，长一智。第三，我们每个人的能力，都需要不断与他人进行交流和切磋，只有这样，才能找到盲区和不足，找到调整和改进方向，进而得到快速提高。在给别人打工的过程中，肯定会有大大小小的会议，大家能够坐在一起对与工作紧密相关的问题进行探讨。自己创业的过程中，在很长时间段内都缺乏这样的机会。

绝大多数工作岗位上经验积累，都与一定的时间联系在一起。如果在某类岗位上待的时间太短，即使你的悟性再高，你的积累也只是蜻蜓点水，不可能有多么深刻和细微的认识；假如待的时间过长，基本上就是循环重复原有的经验，难以有更大的提高空间。一般而言，在某个岗位待三到五年的时间比较合适，在五到八年的时间经历两到三个岗位，如果一直用心积累，常规性的东西基本上可以积累到位。到了这个阶段，倘若想在专业层面，或者事业生涯上获得新的突破，就必须晋升到经理与总监职位，当然更为理想的还是要走出创业第一步。

铁律96 创业中的企业“做事”，成熟的企业“用人”

处于创业阶段的中小企业，对老板以及股东的要求，和大型企业有着很大的不同。中小企业的要求主要集中在“做事”之上，即具体的专业素养，而大型企业则主要体现在“用人”上面，即如何利用合适的人去做合适的事，达到效益最优。

企业规模越大，老板和管理层越远离具体事务，越看重数字和指标，也就越需要表现出高超的用人水平。这倒不是老板越来越不务实，而是环境变化使然。随着企业规模的不断壮大，项目面临的工作日益繁杂，并呈几何级数增长，老板个人的精力更加难以应付各种具体事务，甚至充当总监的角色都会显得难以应付。这在客观上就需要培养或者招聘一大批人才充实到合适的岗位上，需要应用各种管理方法和技巧，来确保所聘人员能在各自位置上最大程度发挥出自己的效力。同时，随着规模扩大，企业也愈加有实力去聘用专业素养非常强的各类人才，老板和高管层的责任，是如何最大程度地将这些人用好，而不是亲力亲为。企业越大，老板越要对发展战略专注，管理更偏重于和数据和指标，而更少考虑纷繁复杂的具体情况。如果企业大到足够程度，这些事情也很少需要老板去考虑，完全可以交给专业的团队去做，自己只要根据备选方案作出正确的选择即可。

处于创业期的老板，很多事情不得不亲力亲为，更多扮演着将军甚至是士兵的角色，其原因主要有以下几个方面。其一，企业处于初创阶段，各方面的工作量都不是很大，老板及几个合伙人勤奋一些，还是能够将问题处理好的，只是随着公司规模的扩大，老板和股东们的角色，要逐渐实现从士兵到将军再到元帅的转变。其二，企业实力尚小，所能开出的待遇条件非常有限，难以招到非常专业的人员，在人力资源匮乏的发展阶段，自己必须扮演核心员工的角色，自己亲自去抓生产，自己充当销售代表，自己去做数据分析，自己去做规划和管理，甚至还需要自己去打杂，有些时候还需要同时扮演五六个不同的角色。只是随着公司的发展，自己所扮演的角色地位越来越高。比如，原来扮演的角色是销售代表，后来变成了销售主管，以后是销售经理，再以后是营销总监。其三，机构设立和人员配置，是要随着细胞持续分裂而细化的，如果组织细胞还没怎么分裂，你就搞一个"麻雀虽小，五脏俱全"，最终很容易造成人浮于事的结局，不但降低组织运行和资源配置效率，甚至还可能使企业陷入非常危险的境地。因此，除非企业确实已经发展到了需要充实相应职能员工的时候，否则老板和股东们对待某些事情还是需要亲自上阵。

在这里还涉及一个非常重要的问题，就是创业者在项目当中的角色，要随着企业规模的不断壮大而进行转型。任何人做事情，都会存在惯性，在环境发生急剧变化的时候，自己也需要能够不断打破这种惯性，适应快速变化的环境，并适时调整角色。在现实中，很多创业者往往会陷入以往的惯性中不可自拔，其中又有这么几种表现。一、自己已经习惯于做非常具体的事情，如果不这样，总会觉得缺了点什么似的，心中老是不踏实。二、感觉自己做一些事情比员工专业，老是认为员工的水平赶不上本人，对员工的能力和工作质量不太放心，还是要对一些细节亲自到现场过问。三、认为很多事情自己应该给员工做示范，身先士卒，才能鼓舞士气，带好队伍。四、感觉自己亲力亲为，可以节约部分人员成本，提高项目利润水平，尤其是比较核心和专业化程度比较高的那部分工作。

企业不同发展阶段，对老板的素质和能力结构，以及在项目中所扮演的角色，有着不同程度的要求。这就如同一个人从出生到成年再到壮年，其衣服和鞋袜的尺码和颜色都要不断进行调整，而标准就是合适和匹配，倚大倚小都会存在不少问题。用大企业的思维来经营中等规模的企业，用中等规模企业的思维来经营小企业，用小企业的思维来经营迷你企业；或者是用迷你企业的思维经营小企业，用小企业的思维经营中等规模企业，用中等规模企业的思维经营大企业，都会给自己带来很大的麻烦。

同样是创业，市场环境对草根创业者的要求更为苛刻。在创业初期，草根创业者不但需要在工作上耗费比别人更多的时间和精力，还必须具有相当水平的专业素养。随着项目规模的持续扩大，还需要超强的学习和领悟能力，以及一流的角色转换水平。对普通打工者而言，最重要的是做事能力；对职业经理人而言，做事能力和用人能力同样重要；对大公司的老板和高管们而言，更为重要的是“玩人”水平。然而对草根创业者来说，要想做大做强，打杂、做事、用人、玩人，都得样样精通，尽管在不同发展阶段有着不同的侧重，但这些方面都是绕不过去的。也正是因为如此，白手起家，最终做大做强的草根创业者，或多或少都有一些传奇色彩，在很多人心目中，他们简直就是一尊神。在漫漫的历史长河中，刘邦和朱元璋成为草根创业者最受崇拜的对象，也就是非常自然的事情。

企业规模越小，对老板的要求越体现在驾驭具体事务的能力上面；企业规模越大，对老板的要求越体现在对干部的统御之上。如果您的创业项目要持续发展，做大做强，就必须作好充分的心理准备，不断迎接来自能力结构方面的挑战，以不断适应环境变化之需要。

铁律97 大公司看好的细分市场，正好给草根创业者留下了空间

细分定位在相当大程度上有利于创业项目的生存，但也会带来难以规模化的不良后果。此类项目的创业者要想突破这个困局，一个方向是在现有客户身上挖掘潜力；另一个方向是向更多细分领域进军，或者具备一定实力后向大众市场拓展。

一般而言，创业项目定位越细，潜在的用户群和来自同行的竞争压力也就越小。在某些三不管的边角领域，由于难以形成规模效益，或者钱挣得太辛苦，大公司往往不愿涉足，但这并不代表着没有市场需求，并不意味着利润空间低。这些不为大公司看好的细分市场，正好给草根创业者留下了空间。在德国，有很多非常有特色且做得不错的中小企业，他们起家靠的就是细分领域，先是立足国内市场，然后向全球范围内扩张，多少年下来，除了实现生存之外，竟也上了一定的规模，虽然难跟世界500强企业相比，但也很有成就，不少还在自己的领域内形成了垄断。

然而，细分领域毕竟是细分领域，自身必定存在着很大缺陷，最为突出的就是市场空间有限。从目标客户的数量来看，如果你的客户群体定位在普通民众身上，市场空间无疑是最大的；如果你的客户群体定位在老年人身上，市场空间就会缩小到四分之一；如果你的客户群体定位在糖尿病人身上，市场空间又会缩小很多；如果你将客户群体定位在企业身上，市场总容量有1000多万家；如果你的项目定位在与500强企业配套之上，你客户数量的极限也就500家；如果你将客户定位在整

个生产企业身上，市场空间充其量也就那么几十家。随着细分程度的提高，潜在客户数量会越来越少，客户开发的难度越来越高。

朋友M，2000年毕业于国内某重点大学，其后在某知名乳品企业市场部工作了六年多的时间，一直做到市场经理的位置。2006年秋季，由于自己职业规划的原因，这位朋友辞职创业，专门为国内乳品企业提供市场动态情况监测、行业趋势研究、个性化定制报告，以及企划职能外包等服务。创业之初，便与两个志同道合的朋友合伙。他们三人都拥有非常丰富的行业背景，创业伊始就与某巨头建立了长期的战略协作关系，一年下来就有100万左右的业务额。当时他们对这种情况还比较满意，毕竟开局顺利，像这样的客户不用太多，再有三个，就相当不错了，毕竟这属于典型的细分领域，运营成本很低，利润空间较大。他们对自己非常有信心，由于对专业性的要求极高，别人不太容易挤进这个领域。

可是现实跟他们开了个大大的玩笑。到2010年，已经四年多的时间，除了最早的那个客户仍在常年合作外，四年下来仅有一些零散的活。这些年来，他们虽然也一直在积极寻找客户，但从未有大的突破。光从专业化层面上来讲，到2010年年底，他们已经远远超越了刚创业时候的水平，在行业内已经形成了自己一套非常独特的体系。不过，这些东西连同他们自己，如何在保证相关知识产权的基础上，获得各大企业的广泛认可，可能还需要一个较长的过程。当然，他们在客户拓展方面进展不大，还有一些非常具体的原因。一方面，他们年纪较轻，在行业内没有多少知名度，公司注册资本也较少，在这个过分强调所谓资质的市场环境中，能够争取到的机会不多。另一方面，他们的业务面相对较窄，现在的企业外协业务倾向于整体外包，企划、公关、设计、广告、调研、测试往往打包在一起，统一找某家公司服务。此外，他们几个人的时间基本被各种方案、报告和分析所占据，未能针对几个重要的潜在客户展开有计划的巡回拜访。项目才刚刚开展四年多，M和他的合伙人就感觉已经遇到了玻璃顶，或多或少有些茫然。

在M的这个案例当中，如果他们坚持原来的方向，即使是还能成功开发出几家长年合作的客户，其实也很容易触及天花板。就按4家这样的客户来算，每年的营业额也就400多万元，即使再挖掘一下客户的潜力，基本上也就1000多万到头。

站在个人角度而言，这样的营业额和收入已经算是不错了，但作为企业而言，未能实现持续发展，终究是一种很大的遗憾。从企业安全战略来说，业务仅靠几家大客户维持，如果有任何一家出现变故，公司业绩都会出现大幅波动，不得不面临巨大风险。

对从事高度细分项目的创业者而言，要想摆脱发展过程中规模上的烦恼，基本上需要从如下几个方向努力。第一，在现有客户身上挖掘潜力。比如推动他们使用自己更多的产品，将自己更多的服务应用在他们身上，帮助客户迅速扩展规模，使得我们的业务也能水涨船高。比如，与连锁机构配套的培训和设计制作公司，其业务量可以随着客户网点的迅速扩张而猛增。第二，向更多的细分领域进军。此种拓展模式在垂直行业网站的发展过程中比较常见，比如原来一个专注于塑料的行业资讯网站，可以向相邻的化纤、化肥、氯碱、橡胶等领域复制模式，以寻求规模上的重大突破。在靠石化起家，并在该领域拥有巨大影响力的卓创网，现在就努力沿着林业、钢铁、农产品等方向渗透。第三，向大众化市场拓展。定位于细分领域的好处是项目容易存活，也许我们创业之初是迫于无奈才如此定位，当你已经积累一定的资金以及其他方面的资源之后，完全可以向大众市场拓展。比如，案例当中的M，他们就可以尝试创建面向大型新兴小区的连锁便利店。

铁律98　创业者对待风险要有一个理性的态度

经商本来就是一种风险非常高的事业，不确定因素贯穿始终。作为合格的创业者，或多或少都要有一些赌性，不能因为某些事情存在失败可能就选择放弃，不能因为遭遇严重挑战就不再前行。

富贵险中求，很大程度上说的就是经商。在创业过程中，无时无刻不存在风险。每次开发客户，都存在着功败垂成的可能；每一次信用销售，都有收不回本钱的危险。我们经常承受着市场环境变化带来的压力，那种感觉就像在水流湍急的大江中航行。在浮沉不定的商海中，以往成功，并不代表将来一样成功。昨天如日中天、今朝轰然倒塌的项目并不鲜见，价格变动异常频繁的领域更是如此。我认识的一个商户，经营畜产品20多年，20世纪90年代中期资产就达500多万，2005年前后由于遭受口蹄疫打击，被迫破产，后来为了偿还债务差点沦落到卖肾的地步。他这样的情况完全超出了自己能力可以掌控的范围，而且事出突然防不胜防。

经商处处存在着挑战，我们可以规避一些风险，可以降低一些风险，但没有办法避免风险。一个比较理性的态度就是，我们要敢于直面风险，勇于接受挑战，同时坦然淡定，不骄不躁，绝不气馁，在不断承受各种不确定因素带来的压力中前进。也许很多人感觉难以做到这一点，然而这是创业者的一种宿命，无论你乐意还是不乐意，都得朝着这个方向修炼。

当我们考量很多成功者经历的时候，往往会被他们环环相扣的谋略和高超的预见力所折服，一种崇拜情结油然而生。其实，这只是一种表面现象，从因果关联来看，前面的几次成功，肯定会为后来事情的发生准备很多条件，光就这种前后沿承关系而言，的确是一环扣着一环，貌似主人公拥有超强的策划能力和预见力，将前前后后的事情都规划好了。实际情况往往是，当你处于任何一个环节的时候，都面临着很多不确定因素，这一步究竟会走成怎样，最起码会有 3 种可能，如果整个过程存在 5 个环节的话，最终可能会出现 243 种不同的结果。即使你策划好了几条路径，只要其中任何一个环节没有按照达到预期效果，整个计划就会变成一纸空文，所谓的严密也就成了笑谈。

这些成功者每一次决策之时，都跟我们一样，面临着若干风险，很多时候不得不走一些险棋。也许他们经营技术高超，但不能保证每次都有很高的把握，也不能保证有百分之百的把握。因此他们看似环环相扣的成功，并不是事先设计好的，而是积极面对挑战、个人不懈努力和风云际会共同作用的结果。成功人士的历次决策，多多少少都带有一些赌的因素，特别是面对高风险决策之时。

所有经营管理方面的方法、技术和模型，无论是否冠以科学之名，更大的作用只是帮助你提高成功的概率，并不能确保万无一失。因此一旦进入创业状态，白花花的银子砸进去之后，你某种程度上就成了上了赌桌的赌徒，很多事情再也由不得你了，不想赌已经变得不太可能，一个比较现实的选择是如何最大程度提高自己的“赌技”。

也许你原本是一个中规中矩之人，树叶掉下来都怕打破头，但只要你涉足商海，这种状态就必须改变。你规避掉了所有的风险，也就意味着丧失了绝大多数机会。在创业过程中，你试图逃避风险，反而会使自己陷入更加危险的境地。这就如同上了炮火连天的赤焰战场，或者是进入虎豹丛生的原始森林，尽管险象环生，但你也只能奋力拼搏，只有这样才存在着生还的希望，才可能成长为万众瞩目的英雄。在这种情况下，如果你贪生怕死，慌慌张张，不敢前进，反而会死得更快。即使能够生存下来，也基本是原地踏步，丧失做大做强的机会。

在我们身边，也可以经常看到这样的创业者，由于害怕风险，担心市场价格波动，不敢雇员经营，不敢扩大规模，最终眼睁睁地看着很多非常好的机会从身边溜走，还整天像祥林嫂那样，逢人就讲，倘若自己当年抓住了某个机会，现在会如何如何，一副悔不当初的可怜相。像做矿石、钢材、煤炭、大豆、原油等大宗生意的，不少人都在羡慕他们的惊人财富，但做这行的天天都会面临着较大幅度的价格波动，而且并不是每一次操作都会赚钱，生意很容易大起大落，从业者更需要具备赌性，胆子小一点的，压根儿就不敢涉足。

当然，这里的“赌”是一个形象的说法，指的是对待风险的一种态度。除了敢于直面风险，勇于接受挑战之外，创业者要想取得成功，还必须具备其他方面的一些条件。一、需要拥有比较充足的资金，资金是项目的血液和原动力，如同战场上的给养，如果这个没有了保障，其他一切都是空谈。二、具有较为丰富的经验，对行业和经营管理有着较好的把握，虽然不能规避所有的风险，但基本上能够做到知己知彼。三、通过苦心经营，已经积累了良好的人脉资源，与供应商、客户、同行、银行以及其他公共部门关系不错，你的商务网络在密度、广度和结构上都比较合理。四、不怕辛苦，坚持不懈，一步一个脚印，将各项基础工作都做扎实，厚积薄发，直至将项目送上发展的快车道。创业者在商海中浮沉，具备一些“赌性”是必要的，但这种赌必须建立在一定技术、实力和能力，以及对全局有较为准确判断的基础之上。否则，无异于将刚刚出生的羔羊投放到荒山野岭之中，是一种非常极端的冒险行为。

铁律99 家族性创业团队在创业初期具有更大的能量

在创业初期，招聘困难和队伍不稳是一种常态，而建立家族性创业团队是突破这一困局的现实选择。这些人身上肯定存在着各种不尽如人意之处，如何有效整合他们的力量，提高团队的专业素养，以及凝聚力和战斗力，成为能否做大做强的关键。

在时下各种流行的经营管理理论当中，家族企业有被妖魔化的倾向，很多接受过高等教育并在正规企业工作过的创业者，也往往对创业过程中大量任用亲属的行为不屑一顾，认为这样的项目肯定难成气候。大家可能没有想到，在我国现在比较风光的一些民营企业当中，超过一半当年都有依靠自家亲属征战的经历。

为什么会出现这种情况呢？这跟创业之初企业所能应用的人力资源有很大关系。绝大多数项目在初创阶段，甚至在更长的一段时间内，公司规模很小，实力有限，待遇不高，前景不太明朗，很难从社会上招到专业素养较高的员工，队伍也处于极不稳定的状态之中，极端一点的，几乎每周都有人来，又都有人走，能够干满一年的都很少。即使一些人勉强留了下来，都寻思着如何找到下家尽快脱身。任何企业要想真正发展，队伍稳定都非常重要，最起码也应该能稳定住一个核心圈。因此对中小企业而言，员工的忠诚度也往往比他们的能力更为重要，只要你干得不是太差即可。

外来员工招聘困难且不太稳定，迫使创业者实施家族性团队策略，于是自己的老婆、父母、兄弟姐妹、侄子侄女，甚至七大姑八大姨都进入了企业当中。尽管他们能力有限，在管理上照样存在各种各样的问题，但从外面招聘来的人员往往也好不了多少，这样操作队伍还是相对要稳定一些。我们在各个方面，都可以有自己的理想，然而现实往往是残酷的，更多时候只能退而求其次，在自己能够把握的范围内选择最优。

这里又涉及了一个非常关键的问题，就是如何对企业当中的家族成员进行激励和管理，最大程度挖掘他们的效力，将他们培养成开疆拓土的大将，共同把项目做大做强，并分享相应的果实，而非天天扯皮窝内斗，最终原地踏步，甚至导致项目失败。能否顺利解决这个问题，考验着创业者的能力和水平，如果能够渡过这关，你就有机会做大做强，倘若过不了这个坎儿，所有的精彩和荣耀都跟你无关，你也注定只是商海中的一个匆匆过客。

打造高质量家族创业团队，首先是要解决思想认识问题。针对每个成员，通过一系列沟通活动，使他们意识到出于个人职业生涯良好发展的需要，必须努力提高自己的业务能力和专业化水平，使其牢固树立报酬永远是和贡献成正比之观念，推动他们养成良好的职业习惯和内驱力。并可以考虑让他们以出资的方式适当入一些股，将大家的利益真正捆绑在一起。

人往往会有惰性，特别是当有依赖对象的时候，企业中的家族成员在这方面表现出的问题会更为严重。比如总是倾向于做一些比较轻松的工作，不愿意承担更多的压力，乐于干辅助和内勤类的事情。这样对公司业绩的提升并没有多大帮助，而创业型企业更为需要的是一线干将，能够给公司业绩提升产生直接影响。在创业过程中，必须将家族成员按照能征善战的将领进行培养，应用各种办法，甚至不惜用强制手段把他们充实到一线去锻炼，只有这样才能真正发挥出家族创业团队应有的作用，为未来企业的做大做强奠定坚实的基础。

赏罚分明，信守承诺，在亲属类员工的管理过程中，也有着非同寻常的意义。这似乎是一个不必赘言的话题，但现实当中很多老板还在犯忌，其中也不乏企业管理科班出身以及有丰富大企业工作经历的。在本人了解到的真实案例当中，就有一些人因为自己经营效益不好，克扣自己外甥女、侄儿、堂弟、小舅子薪水的事情，承诺的工资本来就很少，最终一克扣，更是所剩无几。还有一个例子，某个老板由于缺乏技术人员，就将自己的侄女婿拉了过去，当时也没有把待遇谈好，只是口头上说“好好干吧，肯定不会亏待你的”。转眼间一年到头，他给人家兑现的待遇不但比其上家低很多，而且在同行当中都属于底限。像以上这样的做事方式，不但调动不了亲戚们的积极性，反而会使他们有一种非常强烈的羞辱感，渐渐萌生去意，同时还会导致亲属关系紧张。极端一点，还会产生众叛亲离的后果。

每个人专业素养的提高，更多需要在实践中锻炼和不断总结。对创业队伍当中的家族成员，带头大哥应利用各种手段，来最大程度降低这些人在工作当中的随意性，推动他们持续提高专业能力并优化其中的结构。作为领头人，在这个过程中要同时扮演老板、大哥、教练和督导、师傅等多重角色。从技术层面来讲，要做到这一点，必须有一整套能力结构发展体系、现状评估体系、发展监督体系、相关管理模板、进度管理体系来作为保障。靠泛泛的要求，是难以取得理想效果的。

也许有人感觉，这样一来，对自己要求太高了，所面临的压力也太大，所以不太愿意这样行事。事实上，忙碌和压力大是创业者的一种宿命，要想打破这种宿命，必须培养出几员大将出来。从短期来看，这样做确实会给自己增添巨大的压力；从长远来看，如此操作恰恰是为了降低自己的压力，使自己从具体的事务当中解放出来，去考虑更为重要的事情。在草根创业的过程中，老板不得不更多地去扮演全能角色。

铁律100 成功，就是把所有潜在的风险和障碍解决掉或者规避掉

对创业者而言，所谓的成功，其实就是要把所有潜在的风险和障碍解决或者规避。这里的规避并不意味着放弃，而是通过一些方法和手段绕过障碍，使事情进一步沿着有利于项目的方向发展，进入良性循环状态。

日月如梭，不知不觉中，几个月的时间已经过去，创业图书的写作也最终告一段落。本人的初衷并非打击创业者的积极性，而是希望大家能够对创业有一个更加理性的认识，提高项目成功概率。也许有人会问，你讲了这么多，创业究竟有没有秘诀？针对这个问题，我们可以回答说有，也可以回答说没有。如果说有，秘诀就是将面临的问题依次解决掉，将潜在的风险逐一规避掉，使项目始终处于良性循环状态。而这一切里面都是有规律、方法和技巧的。倘若说没有，是因为尽管并不是所有人都能做到这一点，但道理貌似所有人都知道。

由于基础条件和所处环境不同，创业者在征途中，面临的挑战与障碍，具有相当大的差异。同样的事情，比如合伙人之间的磨合及协作，在甲这里可能是非常棘手的问题，在乙那里则可能根本就不是问题。某类事情，例如铺货等信用管理问题，张三创业过程中可能会经常遇到，甚至会成为发展瓶颈，而李四可能自始至终都不会遇到。不少道理，在部分人看来，的确是再平常不过的常识，而对另一部分人，却可能是闻所未闻。退一万步来讲，也许某些道理说起来，连三岁小孩都知道，但你是否真正领悟到了其中深刻的含义？你在实践中是否能够真正做到？谁都知道，

要想成功，坚持是非常必要的。但很快就引出了一系列非常现实的问题。比如，你坚持的方向是不是存在巨大问题，现有的资源和条件能不能支撑你坚持下去，有什么样的方法和技巧可以让你坚持更久，如何才能让有限资源发挥出更大的效力，怎样避免不必要的损失，怎么才能够有效缩短导入期并加快项目的发展速度。

很多事情说起来非常简单，没有多么深刻的道理，但做起来不一定简单，这个坎儿别人也许能轻易过去，你过不去就是过不去，无论你以前如何英雄。众所周知，副食代理非常关键的一项工作就是拓展终端网络。很多无权无势、初中都没毕业的创业者，通过多年来的不懈努力，在副食终端拓展和掌控方面都能取得不俗的成绩，最终发展成为当地非常有影响力的副食大王。而一位某名牌大学硕士毕业的文化局局长，自己家代理某外省品牌白酒，经过一年的尝试，愣是铩羽而归，本来认为自己文化程度高、社会资源广，还可以通过体制内的地位施加一些影响力，最起码也要比那些草根强很多，可是现实往往出乎人的意料。当然创业效果跟身份没有太大关系，而是受很多具体细节影响和决定。

作为创业者，需要具备一个良好的心态。首先是不害怕、不逃避和不厌倦摆在面前的风险与挑战。东征西讨，乐于战斗，连续作战，是军人的天职，也是对创业者的基本要求。因为如果不这样，你最起码不是一个合格的创业者，而且会牺牲得更快；其次。这种心态应该是建立在一定资源、方法、技巧和心智保障之上的。本书中提到的一些问题，也许你会遇到，也许不会遇到，也许解决得好，也许解决得不好，也许目前正在遭遇，也许将来某一时间会遭遇，但起码还是可以当做一种知识储备。

倘若走上创业之路，你就注定是一个战士。你可以充满无限激情，满怀无数理想，但面临的问题却还是非常现实的，需要一个一个地解决，甚至每一个都非常棘手。在我们的创业道路上，旧的问题刚刚解决，新的问题又接踵而至，正如歌词中唱的那样，“爬上这座山，越过那道岭，眼前又是一座峰”。在一定程度上讲，项目不断成长的过程，就是创业者将面前的各种风险及障碍，逐一解决和规避的过程。无论你出于运气还是能力，无论你有意为之还是误打误撞，无论你主观奋斗还是客观有利，只要你面对的问题都化解掉了，成功就属于你自己。如同所有开国故事一般，通往成功的道路就是这样构成的。然而，相对于运气，我们创业者应该更看重心智、方法和手段，在这里本人希望能给广大战友们带来一些启发。

在创业过程中，我们自然需要规避许多问题，但规避并非逃避。逃避并不能解决问题，往往会使问题变得更糟。比如在合伙创业中，有人由于种种原因，在艰难困苦面前会选择退却甚至是放弃，如果你对此视而不见，或者实施鸵鸟战略，问题非但不能得到解决，反而迟早会酿成大祸。倘若你事先采取了一系列措施，使他基本没有退却或者放弃的可能，你的这个问题就成功规避掉了。

在通往成功的道路上，创业者更应该是一个技术派而非运气派。这就需要我们掌握更多的项目运作规律，具备更加适宜的商业理性，培养更为精巧的心智模式，应用更多的方法和手段，成功解决和规避横在我们面前的种种问题，跨越无数障碍，使项目进一步沿着良性循环的方向发展，达到永续经营之目的。

很多人对一些问题的认识，都会经历“看山是山，看水是水”、“看山不是山，看水不是水”、“看山还是山，看水还是水”这三个阶段，其实项目运作也一样。最后衷心希望和本人一样的每个创业者，在商海实践中能够不断领悟项目运作的真谛，并与更多战友分享。

图书在版编目（CIP）数据

给你一个公司，你能赚钱吗 / 刘如江著.
—长沙：湖南文艺出版社，2011.6
ISBN 978-7-5404-4904-9

Ⅰ.①给… Ⅱ.①刘… Ⅲ.①公司—企业管理—通俗读物 Ⅳ.① F276.6-49

中国版本图书馆 CIP 数据核字（2011）第 061202 号

上架建议：企业管理

给你一个公司，你能赚钱吗

作　　者： 刘如江
出 版 人： 刘清华
监　　制： 伍　志
责任编辑： 丁丽丹　刘诗哲
特约编辑： 于向勇
封面设计： 柏拉图创意机构
出版发行： 湖南文艺出版社
（长沙市雨花区东二环一段 508 号　邮编：410014）
网　　址： www.hnwy.net
印　　刷： 北京嘉业印刷厂
经　　销： 新华书店
开　　本： 720 × 1040　1/16
字　　数： 286 千字
印　　张： 20.5
版　　次： 2011 年 6 月第 1 版
印　　次： 2014 年 1 月第 7 次印刷
书　　号： ISBN 978-7-5404-4904-9
定　　价： 35.00 元
（若有质量问题，请致电质量监督电话：010-84409925）